Lo que teníamos que tener: raza y revolución en Nicolás Guillén

Jerome Branche, editor

ISBN: 1-930744-11-0

© Serie *Antonio Cornejo Polar*, 2003
Instituto Internacional de Literatura Iberoamericana
Universidad de Pittsburgh
1312 Cathedral of Learning
Pittsburgh, PA 15260
(412) 624-3359 • (412) 624-0829 FAX
iili@pitt.edu

Colaboraron en la preparación de este libro:

Carátula: Jerome Branche y Erika Braga
Composición y diseño gráfico: Erika Braga
Correctores: Cornelio Delgado, Luciano Martínez, Ana Miramontes, Alicia Ortega y Susana Rosano

Lo que teníamos que tener: raza y revolución en Nicolás Guillén

Jerome Branche, editor

Nicolás Guillén y Antonio Cornejo Polar

Lo que teníamos que tener: raza y revolución en Nicolás Guillén

Jerome Branche, Introducción. "Tener lo que se tenía que tener" 7

Historiografía y crítica

Roberto Márquez, "Algunos apuntes sobre Guillén y la crítica" 19
Ángel Augier, "Nicolás Guillén: Esquema de la evolución estético-ideológica de su poesía" 43
Roberto Fernández Retamar, "Nicolás Guillén: hispanidad, vanguardia y compromiso social" 59

Raza y sujetividad

Dolores Aponte-Ramos, "Habladurías sobre la diferencia: la corporalización de la mulata en Nicolás Guillén" 73
Clément Animan, "El sujeto cultural negro y su "alter ego" identitario en "Balada de los dos abuelos" de Nicolás Guillén" 87
Maria Zielina, "Descubriendo el otro a partir de sí mismo" ... 99

Política y raza

Tomás Fernández Robaina, "La prosa de Guillén en defensa del negro cubano" 123
Luis Duno Gottberg, "Los imaginarios sosegantes de la nacionalidad: Nicolás Guillén y la ideología del mestizaje" 147
René Depestre, "Palabra de noche sobre Nicolás Guillén" ... 165

Nacionalismo y caribeñidad

Nancy Morejón, "Cuba, Guillén y su profunda africanía" 181
Jerome Branche, "Para hablar en caribeño de verdad: sobre
  martirio y mitopoiesis en la literatura caribeña" 199

Para el arte, el arte

Keith Ellis, "Nicolás Guillén y el modernismo hispanoamericano: hacia la superación de obstáculos" 229
Marilyn Miller, "Palomas de vuelo popular: los poemas
  de Guillén más allá de la hoja blanca" 245

Sobre los colaboradores 271

Introducción: tener lo que se tenía que tener

Jerome Branche

Tener lo que se tenía que tener: al presentárseme la oportunidad de editar un volumen para marcar el centenario del gran poeta cubano, caribeño y americano, esta paráfrasis de uno de sus versos célebres me pareció encerrar de forma más nítida los dos hilos centrales de su amplia temática;[1] es decir, la cuestión racial con toda su complejidad y envergadura socioafectiva, y la cuestión de la revolución, tan profunda y provocadora como fue y sigue siendo. De hecho, a cada tema se pueden dedicar tomos enteros. A decir verdad, mi acercamiento al título tal y como se me ocurrió no estuvo exento de cierto atisbo de temor. De alguna manera *"Lo que teníamos que tener"*, tenía sabor a tratado ochentista, década en la que aún vivía el viejo maestro y así la crítica celebratoria y afirmativa (véase la evolución de la crítica guilleneana hecha por Roberto Márquez en este volumen), pero de todos modos década caduca, a partir de la cual se han venido abajo muchos entusiasmos. Fue la carta de aceptación del Doctor Ángel Augier, Presidente fundador y actual Presidente de Honor de la Fundación Nicolás Guillén, quien quizá ha dedicado más páginas y horas laborales a los estudios guilleneanos, la que me decidió por fin. Al enviarnos al Instituto su contribución, dijo que era un "título sugestivo". Lo tomé como el visto bueno.

Y no es por nada que menciono esto. Si hay algo que define la palabra poética guilleneana, es su cualidad enigmática y ese dije especial del verbo

---

[1] Se trata de "Tengo" de la colección que lleva el mismo nombre, 1964.

que lo hace vibrar en su verdadera plurivalencia. La define también el genio "pre-lingüístico", digamos, del autor; aquello que produce el contenido amorfo que existe antes de que el significante le eche mano y le haga un signo completo dentro del código de la lengua. Quizá por eso es que me encontré por un momento titubeando ante otra alternativa. ¿Por qué no virar la paráfrasis en otra dirección y explotar, en cambio, la sugestividad de "lo que *tenemos* que tener?" Si bien en la primera opción había la alusión pretérita, victoriosa, cerrada ("todo lo pasado fue peor," citaría Maria Zielina también en este volumen), acudir a otro tiempo verbal, el presente, daría más vuelo futurístico, transformativo, al contenido de esa frase feliz. Reconocería, en otras palabras, que la historia que hacemos los seres humanos, es un proceso y que la revolución, al igual que un fin, es también un comienzo. Pero la segunda opción implicaba inmiscuirse, tal vez, en la intencionalidad del poema. Me pareció que semejante invasión quedaba fuera de mi derecho como crítico. La decisión fue, entonces, serle lo más fiel posible al texto en la paráfrasis y mantener en ella la relación con la historia que el poema proyectaba para su sujeto colectivo. De cualquier forma, la ley de la plurivalencia del significante seguiría vigente y ese texto, como cualquier otro, seguiría viviendo la autonomía de sus varios registros pero sujeto, por su propia naturaleza, a la pluralidad de lecturas.

Pensar en la relación entre la intencionalidad autorial y la versatilidad del signo (poético) en el caso guilleneano, nos lleva inevitablemente a las reiteradas afirmaciones acerca de la maestría verbal del poeta cubano. Si bien el español bruñido de sus versos lo valida como "ciudadano de la lengua", tal como lo hace al otro mestizo célebre César Vallejo (véase a Retamar en este volumen), también es cierto que es su dominio del lenguaje que inspira la relación que le hace Smart con el Legba yorubano, aquel orisha tramposo del verbo.[2] Es conocido el consenso crítico acerca del intelecto fino y la sátira mordaz de Guillén, su capacidad de ironizar o de explotar las posibilidades lúdicas de la palabra, ya sea mediante el soneto quevediano o el choteo vernáculo. Quiero decir con esto, que la lectura de "Tengo", como la simple celebración del socialismo sin más, nos abre la posibilidad de verle detrás otra cosa de lo que convencionalmente se ha dado a entender. Y a ello volcaremos la atención por un momento.

De por sí el poema no es de los que nos llevan por senderos obtusos ni abstracciones eruditas. Su premisa es evidente. Se trata de un hablante

---

[2] Véase Smart, "Discovering Nicolás Guillén through Afrocentric Analysis" 113.

colectivo que celebra la llegada de la revolución y todas las libertades y tenencias que ésta le brinda. El socialismo le reivindica sus derechos a la totalidad material de su país en la misma medida en que se la quitó a la burguesía entreguista y a sus amos imperialistas de ultramar. El antes Juan sin Nada es ahora "dueño de cuanto hay en él". Además del empleo, la vivienda, la comida y el inapreciable alfabetismo que ha conquistado la revolución hecha en su nombre, en el orden sicoafectivo el sujeto disfruta el alivio de no tener encima la congoja del despotismo y la arbitrariedad de los guardias rurales. Tampoco tiene que someterse a la humillación de dirigirse a los poderosos en un idioma extranjero. Y no hay racismo. Por otra parte, en la lógica interna reivindicadora del poema no parece haber ninguna diferencia entre el poeta mismo y su hablante ficticio. De hecho, es ese posicionamiento escritural de Guillén, su vocación colectiva, que justifica la calificación que Retamar le hace de poeta nacional. La obra de Guillén, afirma, "da voz permanente a una gran experiencia suprapersonal, que acaba de confundirse con la de su nacionalidad" (179).

La borradura de la distancia entre lo personal y lo suprapersonal que ha sugerido el crítico nos lleva, inevitablemente, a la problemática de la representación literaria. Para el caso pareciera estar bien fundado el supuesto de que Guillén pueda hablar por el subalterno social, ese "campesino, obrero, gente simple", que evoca el poema. El supuesto de que los dos hablen con la misma voz seguramente se fundamenta en los antecedentes personales del poeta mismo, o sea, en las trabas que le había puesto el prejuicio racial y clasista en el transcurso de su vida, y en el sufrimiento ocasionado por los asaltos omnímodos a la libertad bajo la dictadura de turno que le habían llevado al exilio. En su obra temprana, Guillén, además de protestar contra el racismo con valor y vigor admirables, no sólo había reivindicado la presencia e historia negras en la isla, sino también fue crítico acérrimo de los abusos del militarismo. De hecho, los últimos versos de su *West Indies Ltd.* profetizaron la revancha del oprimido que traería algún día la revolución.[3] La validez de su voz en representación de los de abajo, entonces, cobraría a la hora y ocasión posrevolucionarias de "Tengo", una legitimidad de profundo arraigo.

Pero pensando en "Tengo", quizá sería bueno si el sujeto colectivo por el que el poeta habla no se manifestara tan a gusto con su nuevo estado. Por el poema el lector se entera, no sin alguna sorpresa, y no obstante el analfabetismo de antes y las pésimas condiciones materiales de vida

---

[3] Véanse *Sóngoro cosongo* y *West Indies* Ltd, de 1931 y 1934 respectivamente.

prerevolucionaria,[4] que la colectividad subalterna cubana carecía aparentemente hasta de la capacidad intelectiva del pensamiento. "Tengo, vamos a ver,/ que ya aprendí a leer,/ a contar,/ tengo que ya aprendí a escribir/ *y a pensar*", reza el verso.[5] De igual forma al leer la primera estrofa nos da la impresión, no obstante la trascendencia de la hazaña revolucionaria en sí, de que los beneficiarios de la misma emergían de un profundo estado somnífero al darles el sol del socialismo. "*[V]uelvo los ojos,/ miro,/ me veo y toco/ y me pregunto cómo ha podido ser*", dice el hablante (subrayados míos). Curiosamente en "Tengo" se pasa por alto la oportunidad de reconocer y reafirmar las colaboraciones objetivas y subjetivas del campesinado cubano durante el proceso guerrillero de hacía poco tiempo. Más bien, al contrario, éste se convierte en asombrado recipiente de la maravilla histórica efectuada por la vanguardia armada.[6]

El componente racial negro de esa colectividad (proletaria), por su parte, tampoco recibe el mejor trato por el poema. Tras la celebración ostensible del fin de la discriminación racial que los versos exponen, se esconde, al parecer, una condescendencia semejante hacia la participación del afrocubano en la centenaria lucha por la liberación nacional. Al indicarnos que el negro ya puede acceder libremente a un hotel sin temor al rechazo, o a un centro nocturno, se hace un empequeñecimiento poco sutil del sujeto.[7] Después del involucramiento masivo por parte del sector afrocubano en la Guerra de la Independencia a fines del siglo diecinueve,

---

[4] Véase Gérard Pierre-Charles, *Génesis de la revolución cubana*.

[5] Subrayados del autor.

[6] El testimonio del Comandante Che Guevara acerca de la guerilla en la Sierra Maestra hace constancia no sólo de la colaboración material y moral del sector campesino, sino enfatiza la cualidad recíproca de ésta: "La guerrilla y el campesinado," afirma, "se iban fundiendo en una sola masa, sin que nadie pueda decir en qué momento del largo camino se produjo, en qué momento se hizo íntimamente verídico lo proclamado y fuimos parte del campesinado. Sólo sé, en lo que a mí respecta, que aquellas consultas a los guajiros de la Sierra convirtieron la decisión espontánea y algo lírica en una fuerza de distinto valor y más serena. Nunca han sospechado aquellos sufridos y leales pobladores de la Sierra Maestra *el papel que desempeñaron como forjadores de nuestra ideología revolucionaria.*" Subrayados del autor. No es casual que el "Che" estipulara que el que testimoniara la guerrilla fuese "estrictamente veraz" 6.

[7] "Tengo, vamos a ver,/ que siendo un negro/ que nadie me puede detener/ a la puerta de un dancing o de un bar, O bien en la carpeta de un hotel/ gritarme que no hay pieza,/ una mínima pieza y no una pieza colosal,/ una pequeña pieza donde yo pueda descansar."

y sus valientes luchas por la emancipación sociopolítica en el veinte, parece difícil que tan bien arraigada conciencia libertaria se conformara con la mera posibilidad de bailar en compañía racialmente mixta, o de dormir en un aposento libre de la discriminación.[8] Es decir que al hacerle llegar a la revolución con las manos vacías como su homólogo Juan sin Nada, el poema circunscribe aparentemente el alcance del deseo sociopolítico negro, y asimismo la conciencia de su protagonismo en la evolución histórica nacional. Mientras los bienes materiales y espirituales de la revolución corren por implicación a crédito de la agencia revolucionaria (blanca), el afrocubano de "Tengo" no ha logrado rebasar ni siquiera las limitaciones del reductivo y tradicional estereotipo músico-danzario.

El tema de la representación en "Tengo", en el que la distancia entre el poeta y el sujeto hablante se borra bajo el uso del retórico "yo negro", evoca otros poemas guilleneanos del antes aludido período de su juventud. En el caso de "Sabás" de 1934, por ejemplo, el negro era el *otro*, interpelado sintácticamente por el "tú". En la elegía magistral a Jesús Menéndez de 1951 (sobre el que discurro en este volumen), se invoca la subjetividad negra en tercera persona. Significativamente, en esas representaciones del afrocubano, la rebeldía poética de Guillén no reparaba en restricciones de ninguna índole. El poema a "Sabás" es un llamado al viejo mendigo a que deje el disimulo de ser un negro "loco", "bruto" y "bueno". En altivo tono inspirador este último es instado a lo siguiente:

> Coge tu pan, pero no lo pidas:
> coge tu luz, coge tu esperanza cierta
> como a un caballo por las bridas.
> plántate en medio de la puerta,
> pero no con la mano abierta,
> ni con tu cordura de loco:
> aunque te den el pan, el pan es poco,
> y menos ese pan de puerta en puerta.

---

[8] El estudio de Aline Helg cita la aseveración hecha por Evaristo Estenoz, el líder del Partido Independiente de Color y ex-combatiente en las huestes libertarias pro-independencia (1895-98), de que murieron unos 82,000 afrocubanos en la guerra finisecular, en comparación con 26,000 de sus compatriotas blancos. 153. El tema de la lucha del PIC por sus derechos civiles y su aplastamiento sangriento en 1912, bajo la primera república, ha salido recientemente del claustro de la tabuización historiográfica en Cuba. Se celebró, los días 6 y 7 de Junio de 2002, a instancias del grupo COLOR CUBANO, auspiciado por la UNEAC, un evento académico dedicado al tema de poner fin a la "conspiración del silencio" (según tituló su intervención Eduardo Torres-Cuevas).

Sabás es aconsejado, además, que mejor es morir, si con dignidad no se puede vivir ("La muerte, a veces, es buena amiga,/ y el no comer, cuando es preciso/ para comer..."). En la "Elegía a Jesús Menéndez" la especificidad de la negritud cubana recibe el más alto elogio posible bajo el paradigma marxista.

Al considerar las aparentemente contradictorias posiciones *vis-à-vis* al personaje negro en estos poemas, pareciera que la ambivalencia guilleneana en "Tengo" se debe más bien al deseo autorial de controlar la imagen del afrocubano. Es una imagen producida por un Guillén que aparentemente tiene un reducido compromiso con la liberación negra en sí, relativo al que fue evidente en "Sabás." La imagen que se proyecta ahora es de un ciudadano negro agradecido y conformista para con la revolución. Esta ambivalencia puede resolverse solamente suponiendo que Guillén tuviera alguna razón oculta al redactar un "Tengo" de lectura al parecer tan transparente. Si su amigo y colega, el crítico y poeta René Depestre, tiene razón al suponer una relación de interés personal estratégico entre Guillén y el directorio revolucionario (véase dicho testimonio en este volumen), esto podría explicar el conformismo fácil. Por otra parte si el entonces poeta nacional (en 1964) retenía la misma rebeldía de años previos, allí entraría en juego el aludido tema de la palabra bifurcante, y el uso del *signifying* como táctica verbal.[9] Después de todo, no hay por qué "Tengo" tenga necesariamente que leerse como documento cerrado. Es decir que si bien para el poeta nacional la utopía racial había llegado con la revolución, los mismos afrocubanos a cuyo nombre hablaba no acogían con el mismo entusiasmo semejante supuesto.[10]

La cultura oral y musical afrocubana había servido de fuente primaria para la temprana poesía guilleneana. Como mulato ésta le dio el sello de autenticidad ante la crítica letrada prerrevolucionaria y permitió, a la postre, la incorporación de su tesis de inclusión cultural negra, como punto de referencia obligatorio al discurso oficialista de la revolución. Curiosamente, es esa misma cultura vernácula afrocubana la que ha arrojado, con el correr de los años, un contradiscurso al oficialismo y a la representatividad negra guilleneana supuestamente reflejada en "Tengo". Mediante el vehículo contemporáneo del *rap*, resulta ser tan elocuente como tajante el rechazo del discurso oficialista contenido en, y generado por, el poema de Guillén.

---

[9] Para la tesis sobre la influencia del orisha yorubano en la cultura vernácula afroestadounidense, véase Henry Louis Gates, *The Signifying Monkey*.

[10] Al respecto véanse las entrevistas y los testimonios del escritor afrocubano Pedro Pérez Sarduy a finales de 1995, "¿Y qué tienen los negros en Cuba?"

Según los Hermanos de Causa (Soandres del Río Ferrer y Alexis Cantero Pérez), en su versión finisecular de "Tengo", gran parte de lo que celebraba el poema original en 1964 como una situación *de facto*, aún queda por cumplirse; de ahí la nota de urgencia en su testimonio al describirse éste como "crónica compacta/crónica que impacta", ya que "pasan los años y la situación sigue intacta." Ante el racismo, las insatisfacciones laborales, la falta de oportunidades y las restricciones a la libertad de expresión, *tener* se convierte en su opuesto, una letanía de ausencias y deseos frustrados.

> Tengo una raza oscura y discriminada
> tengo una jornada, que me exige y no da na'
> tengo tantas cosas que no puedo ni tocarlas
> tengo instalaciones que no puedo ni pisarlas
> tengo libertad entre paréntesis de hierro
> tengo tantos provechos sin derechos encierro
> tengo tantas cosas sin tener lo que he tenido
> tienes que reflexionar y analizar el contenido...[11]

Entonces, la pregunta que se nos impone radica en si hubo o no una intencionalidad disimuladora en "Tengo," de Guillén. Si bien al hablar de la poesía revolucionaria ha reconocido el elemento propagandístico que ésta conlleva, al dar su palabra de poeta en otra ocasión afirmó que su "poesía ha sido siempre coherente consigo mismo".[12] De ser así nos da la pista para suponer que tras la sintaxis aparentemente cerrada y celebratoria de "Tengo" ("tengo lo que tenía que tener"), queda la voluntad disimuladora de un poeta en plena conciencia de que está poniendo en práctica la legendaria "cordura de negro" (¿a lo Sabás?), producto de la dinámica del poder racializado.

Los ensayos que enseguida aparecen comparten todos la premisa de la importancia de la obra de Nicolás Guillén, aun cuando no estén de acuerdo en cuanto a los ejes constitutivos de la misma. En la primera sección la historiografía y la crítica guilleneanas son tratadas por sus conocedores más destacados. Roberto Márquez, cuyos trabajos tempranos trajeron a Guillén a la atención de muchos lectores anglófonos en los años setenta,

---

[11] Agradezco a John Beverley y a Sujata Fernandes el haberme traido a la atención el trabajo de este grupo. El tema, al parecer aún no estrenado comercialmente como grabación, fue cantado durante el Festival Cubadisco celebrado en la Habana en Mayo de 2001. Lo transcribió Sujata Fernandes, investigadora.

[12] Véase Morejón 57. El "artículo" es un compuesto de varias entrevistas al estilo de un pastiche.

hace un recuento analítico de la crítica sobre Guillén que va desde la década de los cuarenta, hasta la de los noventa del siglo pasado. Al paso toma nota de cómo iba reflejándose el clima político-cultural del momento en esta crítica. Su artículo es complementado por el recorrido sintético que hace Ángel Augier de la obra del poeta, desde 1930 hasta 1977. En su discusión Augier hace hincapié en las características de forma y contenido en la obra guilleneana, es decir, su gran variabilidad métrica, ya tradicional, ya innovadora, así como su firme fundamento ideológico, manifestado en la temática antifascista, antiimperialista y antirracista de su obra. Concluye la sección Roberto Fernández Retamar haciendo alusión al profundo humanismo del poeta, que lo hace trascender la temática política o racial del momento y alcanzar un verdadero valor universal y duradero.

La segunda sección versa sobre el tema racial y político de Guillén de una manera más detallada, elucidando algunas obras específicas desde un punto de partida teórico. Así, Dolores Aponte-Ramos explora el chisme como discurso regulador en el establecimiento de valores "raciológicos" en la comunidad antillana, y de ahí efectúa un abordaje fructífero de uno de los "Motivos de son" de Guillén, "Mulata". Clément Animan hace un esfuerzo parecido para destacar la visión transracial que expresara una vez el poeta a través de su metáfora "color cubano". Maria Zielina en su ensayo toma el poema "Tengo", para explorar de nuevo el juego dialéctico entre la identidad y la otredad a partir de la siempre combativa postura del poeta y su reivindicación de los valores ideológicos de la revolución cubana.

La prosa periodística de Guillén desde 1929 hasta 1976, es el asunto que trata Tomás Fernández Robaina. De nuevo el antirracismo y la política integracionista del poeta son subrayados para indicar cuán estrecha es la relación entre su poesía y su quehacer periodístico; relación que el mismo poeta ha afirmado. En esta sección sobre política y raza, el artículo de Luis Duno cuestiona el propósito y la función política de la ideología nacional de la mulatez, articulada esta última a partir del negrismo y el nacionalismo cultural de los años veinte y treinta. Duno ve una política racialmente conciliadora tras la retórica mulatista del estado, dirigida más bien a sosegar las tensiones raciales. El testimonio del poeta René Depestre es elogio y crítica a la vez. Expresa el elogio de un poeta a otro por su brillantez, su maestría técnica y profundo humanismo, y su desilusión con el que antes fuera amigo, por su papel de funcionario público.

En el ensayo de Nancy Morejón se hace una defensa de la integridad de la isla de Cuba ante el reduccionismo y el maniqueismo de los estereotipos del discurso hegemónico. Morejón, como en sus trabajos anteriores, reitera el importante papel del poeta nacional en dar a conocer la profunda raigambre humana e histórica de los elementos africanos en la comunidad cubana. El trabajo de Branche explora un ejemplo específico de este aporte africano a través de la subjetividad del trabajo expresado de forma dramática en la elegía que dedicara Guillén al líder laboral Jesús Menéndez. Pone el asesinato de Menéndez al lado de un homicidio análogo, el del intelectual orgánico guyanés Walter Rodney, cuya vida fue elogiada por otro destacado poeta caribeño, Edward Kamau Brathwaite. Entre los dos poetas se establece un diálogo caribeño de resonancias no solo sincrónicas sino diacrónicas.

En la última sección vemos el arte puesto al servicio del arte, es decir, el son cubano convertido en poesía en las primeras colecciones de Guillén, y ésta, a su vez, hecha canción en un gesto complementario y transgenérico. A esto se dedica el ensayo de Marilyn Miller quien traza la impresionante difusión internacional de los sones de Guillén, no sólo a partir de su expresión en forma musical, sino también incorporados en producciones de teatro y cine. Acude el arte una vez más, en el cápitulo de Keith Ellis, para inspirar y guiar la creatividad del mismo poeta. Como demuestra Ellis, la cultura poética de Guillén tiene seguras y objetivas raíces, ya que viene nutrida por un conocimiento íntimo e inteligente de los maestros del modernismo, sobretodo de su antecedente y compatriota José Martí, así como del inigualable nicaragüense, Rubén Darío.

Bibliografía

Fernández Retamar, Roberto. "El son del vuelo popular". *Recopilación de textos sobre Nicolás Guillén*. Selección y prólogo de Nancy Morejón. La Habana: Casa de las Américas, 1974. 177-198.

Gates, Henry Louis, Jr. *The Signifying Monkey: A Theory of African-American Literary Criticism*. New York: Oxford University Press, 1992.

Guevara, Ernesto Ché. *Pasajes de la guerra revolucionaria*. La Habana: Ediciones Unión, 1963.

Guillén, Nicolás. *Nicolás Guillén: Obra Poética, 1920-1972*. La Habana: Editorial de Arte y Literatura, 1974.

Helg, Aline. *Our Rightful Share: The Afro-Cuban Struggle for Equality, 1886-1912*. Chapel Hill: University of North Carolina Press, 1995.

Morejón, Nancy. "Conversación con Nicolás Guillén". *Recopilación de textos sobre Nicolás Guillén*. La Habana: Casa de las Américas, 1974. 31-61.

Pérez Sarduy, Pedro. "¿Y qué tienen los negros en Cuba?" *Encuentro de la cultura cubana* 2 (1996): 39-48.

Pierre-Charles, Gérard. *Génesis de la revolución cubana*. México: Siglo XXI, 1978.

Smart, Ian. "Discovering Nicolás Guillén through Afrocentric Literary Analysis". *The Cultures of the Hispanic Caribbean*. Conrad James y John Perivolaris, eds. London: Macmillan Education Ltd., 2000.

Historiografía y crítica

Algunos apuntes sobre Guillén y la crítica[1]

Roberto Márquez

AL TRIUNFO DE LA REVOLUCIÓN CUBANA NICOLÁS GUILLÉN ERA YA POETA grande, trovador antillano de amplitud y alcance latinoamericanos, sonero mayor de talla y estatura mundiales: "universal y cubano". Otorgado el titulo de "Poeta Nacional" y elegido primer Presidente de la Unión Nacional de Escritores y Artistas de Cuba (UNEAC) apenas dos años más tarde (puesto que desempeñaría en adelante), para 1959 Guillén había ya producido una extensa obra, de indiscutible e innovadora originalidad. En ella se encontraban ya algunos de los más hermosos y consecuentes poemas escritos en lengua española y podía, asimismo, comprobarse una impresionante gama de recursos estilísticos, técnicos y formales; una envidiable inmediatez comunicativa en que las más intrincadas y desoladoras complejidades cívicas, etno-históricas, políticas y sociales lograban un vestir de desafiante y engañosa sencillez; un humor pícaro y sagaz, tan seductor como subversivo; y una finamente punzante, revelatoria y desinfladora ironía. Poesía con "la raíz en la tierra y base de hecho real", como Martí la quería,[2] lo apuntalaba toda una visión sintética, dinámica y matizada, a la par de ojo juicioso y congregadora del proceso de mestizaje étnico y de ineluctible transculturación que da perfil propio y distintivo a la identidad cultural y experiencia nacional cubanas;

---

[1] Las notas que siguen no pretenden, ni mucho menos, la olímpica e imposible tarea de un examen exhaustivo. Por el contrario, sólo aspiran a bosquejar y, de manera muy sumaria y concisa, sugerir algunas corrientes generales, típicas, representativas y determinantes.

[2] *Obras completas.* (La Habana: Editorial Lex, 1953) 874.

y, guardando todas las diferencias de su heterógenea expresión a nivel hemisférico y regional, a la proteica y policromática realidad caribeña y americana. Siempre alerta a lo que aún queda de irresuelto y problemático en el legado –y a los actuales parámetros– del encuentro desparejo y antagónico entre el egoísmo, la soberbia y los prejuicios de "los que mandan" y las irreprimibles aspiraciones y astucias cimarronas de "los mandados" de los tiempos modernos y coloniales, en estos y otros lugares del mundo, la aguda sensibilidad y la ética radical del poeta darán también un tono a la vez profundamente elegíaco y de radical optimismo histórico a esa obra; y, además, un ámbito temático de inusitada, creciente y enraizada catolicidad, tan abarcadora, inclusiva y espaciosa –tan fieramente humana– como fuera de lo común.

Presentándonos, en "su forma más apropiada, algunas escenas creadas con dos brochazos... gente común tal como se mueve entre nosotros. Tal como hablan, tal como piensan", *Motivos de son* dará una nueva textura, menos pintoresca, de más penetrante realismo y mayor densidad social, al movimiento de la poesía afrohispana de aquel entonces y un primer anticipo de la importancia seminal y constitutiva de esa forma autóctona popular y del "verso mulato", que el poeta luego teorizaría y presentaría en *Sóngoro cosongo* (1931). En este segundo libro, de perspectiva más abarcadoramente nacional, los poemas, nos anuncia su prólogo, "participan acaso de los mismos elementos que entran en la composición étnica de Cuba, donde", se precisa con ladina guasa deshinchadora de toda pretensión pigmentocrática, "todos somos un poco níspero".[3] "La inyección africana en esta tierra", insistirá su autor, "es tan profunda, y se cruzan y entrecruzan en nuestra bien regada hidrografía social tantas corrientes capilares, que sería trabajo de miniaturistas desenredar el jeroglífico" (102). En palabras de "La canción del Bongó": "siempre falta algún abuelo, / cuando no sobra algún don".[4] Para Guillén pues, será cosa evidente que "una poesía criolla... no lo será de un modo cabal con olvido del negro" [I, 114] y, así, traerá con su "Llegada" "nuestro rasgo al perfil definitivo de América" [I, 116].

West Indies, Ltd. (1934), ensanchando aún más su área de interés para ceñir también a las demás islas del archipiélago, nos revelará el drama

---

[3] *Obra poética. 1922-1958* (La Habana: Editorial Letras Cubanas,) 102.
[4] *Obra poética 1920-1958*. Tomo I (La Habana: Instituto del Libro, 1972) 117. Donde no se indique lo contrario, toda referencia a los poemas de Guillén será a los dos tomos de esta edición. En adelante, sólo indicaré, en el texto mismo y entre corchetes, el tomo y la(s) página(s) respectiva(s).

angustioso de cubanos blancos y negros, chinos y mulatos y, asimismo, el de esas otras "ramas de un mismo árbol de miseria", [I, 152] en un abrazo precursor del panantillanismo contemporáneo, tan fraternalmente (re) orientador en su ámbito, como el que cuatro años más tarde dará fama al autor trinitario de *The Black Jacobins*, C.L. R. James. "[S]ale una voz llena de rabia": [I, 162] pesar, e indignación ante el abuso, la injusticia y humillación diarias que sufren los pueblos de la región –y de modo particular el cubano y los negros– bajo el imperio de "los servidores de Mr. Babbit" [I, 166] "coroneles de terracota,/ políticos de quita y pon" [I, 161] y "piratas de levita," [I, 164] en la sociedad "del very well,/ donde nadie está bien" [I, 166] y donde aquellos que sueñan y luchan por cambiarla "reman en lágrimas,/ galeotes dramáticos...." [I, 167]

Bajo el impacto de la guerra civil española, la insinuación de epopeya, dolorida e inconclusa, que aquel poema titular ofrece, asume mayor proporción épica en *España, poema en cuatro angustias y una esperanza* (1937) para culminar luego en la osadía formal y ambición narrativa, en el enérgico vigor, la sobrecogedora intensidad y sostenido lirismo épico y rebelde de sus varias *Elegías* (1948-1957) subsiguientes.

Los demás poemarios que publica entre el fin de los años treinta y finales de la década del cincuenta –*Cantos para soldados y sones para turistas* (1937), *El son entero* (1947) y *La paloma de vuelo popular* (1958)– no dejarán duda alguna de su habilidad y elocuente sondear de las profundidades del son, del poema mulato; o de su cálida simpatía y comprensión humana del pobre que "se pudre abajo/ y que tras tanto luchar,/... o tiene en la frente un sello,/ o está con el agua al cuello, sin poderlo remediar"[I, 199-200]; ni tampoco de su excepcional dominio de todas y, sobre todo, las más (histórica y culturalmente) representativas y significativas formas del verso clásico y popular en español. Testimonian, por otro lado, un buen – y todavía insuficientemente estudiado– poeta del amor y de un sutil y afectuoso erotismo. Dando dimensión hemisférica e internacional a esa criolla "voz llena de rabia" y a su compasiva y colectiva representatividad cubana, afilan y agudizan el tono militante y la atmósfera de acusatorio dolor y denuncia. Cristalizan "Sangre y llanto/ bajo [su] risa ligera" [I, 225]. Y nos adelantan, en cantos

> De vida y muerte
> con que saludar el futuro ensangrentado,
> rojo como las sábanas, como los muslos, como el lecho
> de una mujer recién parida, [II, 19]

la esperanzada urgencia con que el poeta espera a la Revolución que, considera, la era va incubando. Atestiguan, finalmente, la copiosa e insólita maestría de un verdadero artista y, no menos, la amplia extensión y multifacéticas dimensiones de su eficacia integradora; la poderosa impronta de su sensibilidad de poeta, la extraordinaria fertilidad creativa e inventiva que tan constante y cabalmente la sostiene.

En las tres décadas después del cincuenta y nueve que aún le quedarán de labor literaria, Guillén dará nuevas pruebas de la vitalidad productiva y juvenil madurez de su atrayente y fecunda sensibilidad lírica. En obras como *Tengo* (1964), *El gran zoo* (1967), *La rueda dentada* (1972), *El diario que a diario* (1972), los zorros y pedagógicos "poemas para niños mayores de edad" de *Por el mar de las antillas anda un barco de papel* (1977), y los más íntimos y personales versos de amor de *En algún sitio de la primavera: elegía* (publicados póstumamente en 1994), dará fe tanto de su admirable capacidad renovadora, inventora audacia y aprovechada exploración y experimentación formales, como de la firme constancia afiliativa y representativa de su trabajo de cronista poético de su pueblo y de su época. Añadiendo a sus preocupaciones de siempre las nuevas posibilidades temáticas que le proporciona una revolución en pleno desarrollo, se aproxima a ambas con nuevo ahínco y reanimado brío, dando paso a un tono novel de complacida satisfacción ante la realidad revolucionaria que ahora pasará a glosar, a celebrar, y –sobre todo– a historiar líricamente, aportando también nuevos matices a su más típico acento elegíaco anterior y a su épica óptica de siempre.

Al revelarnos el acervo de sus poemas de aprendizaje anteriores a 1930 y conceder, asimismo, desacostumbrada atención y relieve particular a aspectos y componentes menos conocidos o celebrados de su ancho y cuantioso haber poético previo, la aparición del primer tomo de su *Obra poética 1920-1958* (1972) y la más tardía publicación de *Poemas manuables* (1975), *Música de cámara* (1979), *El libro de las décimas* (1980), y otros tantos textos antológicos semejantes, da ocasión para contextualizar y apreciar con mayor claridad la comprensiva consistencia orgánica y ya bien experimentada versatilidad del poeta que aquellos textos posrevolucionarios dramatizan, la *longue durée* y nutrida plurivalencia artística y cultural de la poética de Guillén, de su estética militante *cimarrona* y de sus poemas.

No obstante esa *longue durée* y esa versátil plurivalencia, la verdad es que la crítica convencional anterior a los sesenta y setenta inclinaba a presentarnos a un Guillén algo disminuido y parcializado, evidentemente de difícil acomodo y, generalmente, reducido a sólo una u otra de sus múltiples facetas. Uno más de ese triunvirato de figuras cimeras de su generación que incluye a César Vallejo y Pablo Neruda (lo que hace imposible, claro está, excluirlo de cualquier consideración mínimamente seria de la poesía contemporánea latinoamericana), será por mucho tiempo, sin embargo, el menos críticamente atendido de ellos. No obstante su merecida fama y popularidad, para la crítica resulta, pues, un valor ilustre apocopado y, a plena vista y en pleno público, apenas percibido de cuerpo entero no obstante esa repetida atención que sí recibe. Salvo algunas honrosas excepciones, no lo acompañaba un reconocimiento y comprensión críticos a la misma altura de sus méritos y merecimiento. Comentado sólo ocasional y fragmentariamente, muchas veces subestimado y tácitamente marginado cuando no francamente tergiversados su contenido y mensaje, será, en más de un aspecto, un escritor que estaba aún por descubrirse y medirse cabalmente. Recordando sus años de bachillerato, Roberto Fernández Retamar nos informa que "no estaba entonces en el programa de estudios" (*El son de vuelo popular* 9). Algo así podría decirse, con las excepciones de siempre, de la crítica. Guillén parece que no se ajustaba bien al programa prefigurado.

Una revisión rápida de la *Bibliografía de Nicolás Guillén* preparada para la Biblioteca Nacional José Martí por María Luisa Antuña y Josefina García Carranza, que (con su "Suplemento 1972-1977") es la más completa que sobre el período tenemos, nos suministra los siguientes datos: de las referencias recogidas en el apartado "libros y folletos" de la bibliografía pasiva con fecha anterior a 1960, que suman un total de cuarentitrés, sólo tres nos remiten a "libros" dedicados exclusivamente al estudio de nuestro poeta. Se trata, en cada caso, de tesis de grado presentadas en universidades norteamericanas, ninguna de ellas publicadas posteriormente y, por tanto, de difícil acceso a un público general y aun a muchos interesados más especializados. Encontramos, por otro lado, referencias a historias de la literatura, resúmenes descriptivos o manuales (12) en los que, reducido casi siempre al papel de "poeta negrista", Guillén es catalogado como uno más, aunque el más acabado, entre otros tantos; y, asimismo, colecciones de ensayos en las que, entre otros de tema diverso, se incluye alguno sobre su poesía. Entre estos sobresalen las meditaciones de Juan Marinello incluidas en *Poética; ensayos en entusiasmo* y su lúcido *Hazaña y triunfo americanos de Nicolás Guillén*.[5] Relaciones todavía más recientes, como la más breve "Bibliografía actualizada sobre Nicolás Guillén" compilada por

---

[5] Que originalmente prologó *Cantos para soldados y sones para turistas.*

Clement White en 1985, ratifican ese perfil general del panorama. La conclusión, en fin, es tan asombrosamente obvia como inesperada: en los años anteriores a los sesenta no se había *publicado*, que sepamos, un sólo libro de sostenida exégesis exclusivamente dedicado a nuestro autor. La ausencia de ese libro en el mundo de habla hispana es todavía más sorprendente y llamativa.

El restante de la bibliografía pasiva, la mayor parte de ella, reune gran suma de artículos periodísticos, comentarios breves, reseñas varias, con una minoría de estudios y análisis de más largo vuelo y variada calidad aparecidos en revistas académicas, de crítica literaria, o culturales. Visto todo ello en su conjunto, tomando en cuenta los criterios jerárquicos de la época y aparte esas distinciones de calidad, es evidente el carácter predominantemente ocasional y además de efímero y "secundario", más bien de reseña y poco sistemático de la gran mayoría de esa crítica. Hay, quiero decir, un palpable predominio de los géneros entonces considerados "ligeros" y "ancilares", más bien al margen de la crítica más "seria" y "perdurable". Y no me refiero, desde luego, solamente a los comentarios, por demás interesantes y reveladores, suscitados por el *succès de scandale* de *Motivos de son*, cuando la novedad debutante propiciaría alguna, aunque parcial, explicación de esa particularidad genérica. Algo parecido ocurre con las normativas apreciaciones del autor más definido de textos desde *Sóngoro cosongo* hasta más álla de las *Elegías*. Sopesando en uno de esos trabajos de excepción el raro y estupendo logro de la "Elegía a Jesús Menéndez", la cubana Mirta Aguirre, por ejemplo, habría de apuntar, para reprocharlo, el hecho de que casi "toda la crítica literaria nacional [y, añadiríamos, convencional latinoamericana] señala en voz baja... el logro más alto de cuanto ha producido la poesía cubana en cien años" (*La Última Hora* 48). Si no precisamente un silencio categórico y rotundo, difícil de justificar, el lector de esa crítica registra, efectivamente, aun en el elogio y la atención consagradoras, los recelos y reticencias de ese reconocimiento a *sotto voce*, un tanto ambiguo y algo escamitoso.

Para una crítica como la convencional de los cuarenta y cincuenta la obra de Guillén presentaría, cuanto menos, una tenaz provocación y porfiado reto. Regida por un "universalismo" abstracto, por los persistentes rezagos del hispanismo tradicional, un eurocentrismo fatuo o un cándido o sincero idealismo (ninguno, desde luego, siempre libre de cierto dejo "raciológico"), esa crítica menospreciaba –y, cuando lo hacía, solía alabar– como "mero folklore" expresiones de la experiencia o cultura popular criolla como esas que preconizaba y defendía Guillén. Privilegiaba, explícita o tácitamente, formas de un presunto "arte" o "cultura" "mayores". Oponía a la "contaminación" "extra-literaria" de "lo social", un ideal platónico y restringidamente formalista de la "poesía pura". Así, muchas veces soslayaba o evitaba examinar el contorno, el complejo peso social o cívico-partidario de la obra, su *función* ideológica y cultural precisa y particular, para, de preferencia, entregarse al estudio "intrínseco" de "el objeto literario en sí". De sus valores estéticos y críticos se desprendía, en consecuencia, cierto correspondiente ahistoricismo y un subjetivismo radical inconfesado. Valores en franca contradicción con todo lo que Guillén representaba y perseguía, sus propios principios y métodos, por tanto, le prohibían verlo debida y globalmente en toda su compleja y dialéctica sencillez, con menos equívoco, reserva y condescendencia. Lo cierto es, en todo caso, que para una crítica tal, Guillén no podía ser, desde luego, objeto de urgente o sostenida prioridad. La atención que, con todo, ella concede a lo incontestablemente magisterial de su concienzuda "impureza," e "indecorosa" aristocracia de poeta dará, no obstante, de todo un poco: desde la admirada taxonomía formalista más puntillosa y puramente descriptiva, hasta las distintas variantes de una indulgente reducción y la compartimentación temática, racial o conceptual, que cuando no va encaminada a cierta *domesticación* –teórica o real– de su *cimarronería* o, mediante el mote de "lo folclórico," a desgajarla discreta y tácitamente del cuerpo mayor de la poesía hispanoamericana, conducen al contrario y por *apropiación*, a una misma apreciación estática e insuficiente, cuando no evidentemente errónea de su significado último y trascendencia.

El juicio emitido por Enrique Anderson Imbert es, en este sentido, típico y parece resumirlo todo. En su conocida *Historia de la literatura hispanoamericana*, éste, con intención de elogiar y subrayar el logro literario del poeta, nos dice que

> *A pesar de* su atención a los pobres y humillados, *a pesar de* su afanosa acogida al *folklore, a pesar de* sus temas de la vida cotidiana y elemental, del ritmo de canto popular y de sus mensajes políticos, Nicolás Guillén *es poeta aristócratico por la fina postura* de perfil con que su lirismo corta el aire. Poeta mulato [que] voluntariamente dió expresión al modo de ser de los negros cubanos [¿en contraposición a la negritud de los cubanos todos?]... *Pero su imaginación tiene todos los brillantes colores del mejor lenguaje poético... Sus 'jitánjoforas' suenan a voces negras;* son, *sin embargo*, de la familia dadaísta. (Tomo II, 169; énfasis mío)

Tenemos que, a fin de cuentas, para esta crítica Guillén será el estimabilísimo poeta del *a pesar de*. Se insiste así en una escisión tajante, previa y en una jerarquía social y cultural que el poeta explícitamente rechaza, que ni su estética reconoce ni su poesía y procedimientos demuestran. Se nos presenta así, y *a pesar del encomio*, una imagen algo falseada y trunca de la integridad y organicidad indivisible que constituye, precisamente, uno de los puntales de su sincrética originalidad e importancia *como poeta*, uno de los logros centrales de su quehacer lírico, y parte inextricable del reto que plantea su ubicua *cimarronería* literaria y cultural.

El idealismo crítico no dejará, sin embargo, de dar frutos tan notables y consecuentes como *La poesía contemporánea en Cuba* (1954) de Roberto Fernández Retamar y *Lo cubano en la poesía* (1958) de Cintio Vitier. Ellos también, no obstante, reflejan –al igual que las previas observaciones hechas, por ejemplo, por Arturo Torres-Ríoseco y las más tardías de Emir Rodríguez Monegal– criterios que, en última instancia, inducen a sus autores a percibir mal o subvalorar las profundas implicaciones y toda la intrincada urdimbre de la obra guilleneana. Las anotaciones del primero sobre éste parten de una bifurcación previa algo artificial, más indicativa ("poesía negra" o "folklórica" *vs.* "poesía social"; poesía de "temas puros" *vs.* poesía "de asunto político"). Entre su cúmulo de observaciones por demás interesantes, se mantiene una jerarquía de principio que, al leer la "Balada del güije" y "Sensemaya", por ejemplo, ven sólo una muestra de "la línea subjetiva de la poesía negra" y "un momento de felicísima captación... del hondón misterioso del alma negra". *Lo cubano en la poesía*, por su parte, y junto a su justo reconocimiento del "Hallazgo del son" y de la defensa de "lo específico y libremente cubano" que bien anota en Guillén, muestra cierta inquietud con su insistente afirmación *afro*-hispana –vale decir, con la definición de la identidad nacional cubana que personifica y propone– y, así, nos lleva a la conclusión –errónea– de que se trata de "un porfiado africanismo recurrente", "de un negrismo un tanto demagógico" que alza "frente a un racismo, otro". Con lo que, en ambos casos, dejan de ver en toda su envergadura rearticuladora que es a la expresión concreta, completa y desprejuiciada, de "lo específica y libremente cubano", nada menos, a donde va encaminado ese sostenido énfasis.

Aunque ésta no haya sido la única crítica existente, sus premisas y convenciones sí fueron, durante mucho tiempo, predominantes. El marxismo que ejercen los intelectuales ideológicamente más cercanos a Guillén, entre ellos algunos de sus exégetas más devotos –Mirta Aguirre, Juan Marinello, José Antonio Portuondo y Ángel Augier entre otros y, en su mayoría cubanos– es más bien la excepción que entonces confirma la regla normativa. Representa la nota comparativamente discorde, una corriente alterna y contestataria, anticipadora y, en el sentido que Raymond Williams dará luego al término, emergente. Su repercusión crítica mayor estaría aún en ese futuro "cuando en Cuba no... [sería ya] subversivo el reconocimiento de los valores de la *Elegía a Jesús Menéndez*" (*La Última Hora* 48) y de toda la poesía –"de miedo", diría positivamente el habla popular– de Nicolás Guillén. De ello se encargará la realidad misma.

Los años sesenta y setenta no sólo serán los años dramáticos, arrojados y urgentes, de la institucionalización del carácter socialista de la Revolución Cubana (que Guillén parecía haber antes pronosticado y cuya ruptura radical con el pasado su verso pasa ahora a convalidar y aplaudir, anunciando que ya "tengo lo que tenía que tener" [II, 80] y que "cualquier tiempo pasado fue peor" [II, 98]). Además de la influencia, la autoridad moral y el prestigio sin precedentes de que ésta goza a través de las Américas y el mundo, son también años de un radicalismo y de una actividad revolucionaria más difundida y generalizada. Esa influencia e impacto en el área del Caribe será, ciertamente, notable.

> Desde la revolución en Haití de 1792 –declarará el historiador y poeta barbadiense Edward Kamau Brathwaite– ningún territorio antillano había conseguido una importancia mundial y una integridad local tal merced a tener el coraje de oponerse y derrotar a los jaguarnautas [sic] del mercantilismo. [...] el éxito de la revolución se basaba en su confianza en los recursos nativos de tal modo que los iluminaba y expandía de la isla misma hasta la matriz Caribeña y de ésta a una resonante contribución a las aspiraciones e ideas de toda la familia de naciones. Cuba, pues, ...nos regresó del aislamiento a la responsabilidad Caribeña ... ("The Love Axe ..." 54)

Época de la guerra de guerrillas latinoamericana –de Fabricio Ojeda y Carlos Marighella, Camilo Torres y el MIR peruano, de Turcios Lima y los Tupamaros–, del gobierno de la Unidad Popular chilena y la lucha y triunfo inicial de los Sandinistas nicaragüenses, fue también momento cumbre del movimiento de la descolonización angloantillana. Aparecen el "Cooperative Socialist Republic" de Guyana y *The Politics of Change* del jamaiquino Michael Manley. Emerge el New Jewel Movement Granadino. Crece el impacto cultural del revitalizado nacionalismo negro de los *rastafarians* y estallan, en Trinidad, las crisis provocadas por las protestas del "Black Power Movement" local. Políticas del cambio no menos evidente en la promoción creciente, en las islas francófonas, de una *antillanité* y una *creolité* más auto-afirmativas. Etapa crucial y definitiva del "Civil Rights Movement" y de la protesta contra la guerra de Vietnam en Estados Unidos, coincide también con la decisiva emergencia política independiente del África y de Asia, con todo lo cual surge, para confirmar sus transformadoras implicaciones, una conciencia cada vez más difundida y aguda de lo impropio e inadecuado de la mirada del criollismo patricio o eurocentrista y demás paradigmas críticos tradicionales. Con ella aparecerá una sensibilidad más atenta a la singularidad autóctona; y más precavida y vigilante respecto de las expresiones acaso menos obvias si no menos trascendentes del (neo) colonialismo, de sus mecanismos culturales y elástica adaptabilidad; del racismo, sus evasiones y presunción, y asimismo de lo que Frantz Fanon denominaría "The Pitfalls of National Consciousness". De la relación concreta que, en cualquier caso, podrían tener, pues, "raza", "casta", "clase", "sociedad civil" con definiciones hegemónicas de "identidad", "cultura", "estado", "nación" y "nacionalidad". El contenido –implícito o expreso– de las categorías críticas cobrará así cierta apremiante vigencia. Lo que también dará lugar a un resurgimiento del interés en las realidades del mundo popular y, especialmente, del afro-americano general que, se nos asegura, rivaliza y hasta sobrepasa al período de apogeo de la poesía "negrista" de los treinta y cuarenta. En lo que a las Américas concierne, "the big difference now", el investigador Richard Jackson apuntará en 1977 que "is that more black scholars then ever before are focusing attention on the black experience in Spanish America" ("Research on Black Themes in Spanish American Literature" 90-1). De igual manera, crece la percepción general de que "Afro-Hispanic authors are underrepresented in the standard Spanish American anthologies and literary histories, or in such local publications dealing exclusively with regional authors" (92). Algunas de estas voces afro-hispanas resaltarán con (para algunos) sorprendente o (para otros) alentadora inconformidad que "la enajenación repugnante sufrida por el negro [latinoamericano] ha sido aplastante, constante, y sistemática", que "el dato más omnisciente y original [del racismo en nuestra América] es la absurda y obstinada negación de su existencia" (*Narciso descubre su trasero* ... 24). Se comienza también a registrar que el discurso criollista convencional del mestizaje no siempre resulta incompatible con premisas racistas y que, por tanto, no deja de ser problemático e impone cierta cautela y precaución. Años, en fin, de efervescencia militante y reevaluativa, de renovados patrones y nuevas perspectivas.

En este contexto, más simpático y afín, la obra de Guillén cobrará una nueva actualidad y vigencia, mayor visibilidad y relieve. El interés y atención que ahora suscita, dentro y fuera de Cuba, asumen, incluso, las proporciones de un súbito *mini-boom* y, vista desde nuevos puntos de partida, la crítica sobre ella cambiará estimable y sustantivamente. Cobra repentino impulso una ola extraordinaria de nuevas ediciones, compilaciones y antologías, reseñas biográficas, reportajes, entrevistas, estudios críticos, tesis de grado, traducciones, comentarios varios y bibliografías que ahora con regularidad se suceden. Aún descontando la enorme cantidad de artículos de todo tipo, la republicación de las críticas más sobresalientes del período anterior, los múltiples números especiales de revistas, y los textos de crítica comparada, dan, sin embargo, como resultado no menos de once libros dedicados al estudio exclusivo y más o menos sostenido de la obra de Guillén, a los que los años por venir añadirán otros. Se nota, además, en la mayoría un crecido esfuerzo por enfocar más *globalmente* la obra que ha producido el escritor y, situándola social, histórica, y sobre todo ideológicamente, logra deducir no sólo sus temas particulares y hallazgos formales sino la descolonizante *función* cultural y el proyecto *(etno) constructivo de la nación* de estos en el proceso evolutivo de esa obra. Es evidente, quiero decir, un esfuerzo de unitiva rearticulación, de dar nueva configuración y más amplia dimensión a aquel Guillén un tanto "folclórico", incómodo y acaso inoportuno, del *a pesar de*. Se destaca en ese esfuerzo una radical reapreciación, no solo del lugar que le corresponde, por derecho propio, en el canon e historia literaria cubana, antillana y latinoamericana, sino de la densidad radiográfica y de la consistencia ideológica interactiva de su escritura y discurso. La nueva inflección acelera así el progresivo "descubrimiento", por así decirlo, de campos de estudio inéditos o tradicionalmente ignorados en la producción y perfil general de nuestro escritor. Es posible, desde luego, señalar ciertas etapas y estratos –no mutuamente excluyentes, ni tampoco rigurosamente delimitados– en la aparición de esta nueva inflección crítica.

Los años 1962 y 1964 son, si hay algunos, años claves y hasta cierto punto inaugurales. El sexagésimo aniversario del poeta (1962), marca también la aparición de los dos tomos de *Nicolás Guillén: Notas para un estudio biográfico-crítico* (1962-1964) de Ángel Augier. Libro esencial, con él comienza en serio y ya definitivamente el comprobable ensanche contemporáneo de nuestra imagen del poeta. Su presentación, sustanciosa y detallada, del itinerario vital e intelectual de Guillén da mayor peso y precisión contextual a nuestro aprecio de su personalidad literaria y humana. La crónica que ofrece Augier de su cotidianidad circunstancial, junto a la variedad y riqueza de su base documental, pone de manifiesto el nivel de intencionalidad y conciencia que informa el proyecto literario, nacional y político de Guillén y el amplio radio de acción a que el escritor y el hombre lo aplica. El uso de los escritos en prosa del poeta que hace Augier, más allá de su utilidad documental, ya sugiere el grado de complementariedad con su lírica y la alta calidad literaria de un aspecto del trabajo de Guillén hasta entonces inexplorado. Contribuye así a una aproximación crítica menos limitada y limitante, sugerente de ignotas o desapercibidas complejidades y riquezas no minadas. Labor que Augier, el más asiduo y dedicado de los guillenistas, adelantaría luego con la recopilación de esos escritos en los tres tomos de *Prosa de Prisa*, aparecidos tres años después de los generosamente anotados dos volúmenes de la *Obra poética* que también editara. En todo caso, tanto el biógrafo como el editor hacen patentes su claro afán de una urgente revisión crítica. La aparición de las primeras bibliografías sostenidas y sistemáticas de Guillén redondea este asentamiento de fuentes primarias indispensables.

El son de vuelo popular de Roberto Fernández Retamar, que recoge escritos también en su mayoría de 1962, y *La poesía afrocubana de Nicolás Guillén* (1966), del argentino Ezequiel Martínez Estrada son obras complementarias de ese esfuerzo revisionista y rearticulador. Ambas son también claramente obras de transición. El primero de los cuatro ensayos del libro de Retamar acata, en más de un punto, ese "folclorismo" y "esteticismo" que "organizan una poesía, en su línea, pura, de suelto y cabal deleite" (23) y que, en las palabras de Juan Ramón Jiménez que cita con aprobación, consideran "que nada tiene que ver fatalmente con la...poesía mulata o... tiene que ver con ella tanto como la de la blanca, más general, *más natural*" (23). Es el único ensayo incluido con fecha anterior a los sesenta. Los ensayos que le siguen tienen ya una tónica muy distinta. "La revolución", nos confiesa su autor en el ensayo titular, "...nos ha obligado a poner todas las observaciones previas en tela de juicio. Hay que revisarlo todo. Y mientras algunos hechos pierden importancia, otros crecen y parecen alcanzar su verdadero sentido. Así la poesía de Guillén. No es de ahora que la leemos, la gustamos y aún la estudiamos, sino de muchos años atrás. Pero sí es de ahora que la vemos en su verdadera dimensión..."(*El son de vuelo popular* 46). Los comentarios que siguen, en los que ya se define la de Guillén como "poesía de la descolonización" (49), son, además, escueto atisbo de su epocal *Calibán* y de los criterios y énfasis que luego informarán, entre otros, *Para una teoría de la literatura hispanoamericana y otras aproximaciones*.

En las jerarquías raciales y culturales de su implícito eurocentrismo criollo, así como en su aparente desestima de la dinámica sincrética y epigenética del historicismo cultural del antillano, el ensayo de Martínez Estrada refleja asimismo elementos de continuidad con las perspectivas y planteos de los años anteriores. Nos dirá, por ejemplo, que "la poesía de Guillén tiene tan poco que ver con África como él mismo. Guillén es hombre culto, fino, mucho más europeo que americano en sus gustos, modales y preferencias literarias" (*La poesía afrocubana de Nicolás Guillén* 15). El trabajo del argentino tiene, simultáneamente, el mérito mayor de subrayar la tremenda batalla literaria, cultural y lingüística que monta, recoge y dramatiza esa poesía. No deja de reconocer lo que hay en ella de crítica profunda y revolucionaria frente a una larga tradición heredada y su hegemonía. "Considerada la literatura española e hispanoamericana como una literatura blanca", escribe, hermanando más crítica y perspicazmente las dos opuestas vertientes,

> sin mestizaje, castellana e hidalgamente pura... no solo sin africanismo sino, de ser posible, sin arabismo, masculinismo ni judaísmo, la de Guillén es herética, exótica y jenízara. Como ninguno de los rebeldes contra la prepotencia del blanco –que Guillén personifica en el yanqui...– que usa de superioridad fiduciaria, profesional, doctoral y jafética para someter al infeliz, Guillén se encresta y sus sóngoros y sones a la vez son desafío y menosprecio a esa superioridad en bloque... (*La poesía afrocubana de Nicolás Guillén* 8)

Las investigaciones llevadas a cabo por Hans Otto Dill a finales de la década, que extenderán y darán mayor desarrollo analítico a la importancia crítica de la relación entre la prosa y la poesía de Guillén, que Augier había ya insinuado y que trabajos más tardíos luego ratificarán, acrecientan y amplían el campo de estudio y cultivo. Acentúan esa renovación y redefinición de límites y perspectivas que el examen de la obra de Guillén va experimentando. Su "De la exposición periodística a la representación artística", cuyo original en alemán es de 1969, es también, en este sentido, un trabajo pionero y sugerente de esta etapa de transición.

Los que en esos años iniciales dan impulso a la revisión son, en su mayoría, críticos que, como es evidente, prosiguen y continúan una labor crítica iniciada en el período anterior. Marxistas entonces o no, conforman, por tanto, una cierta unidad de época o generacional: nacidos en los treinta o antes, se trata de críticos formados mayormente por la atmósfera y realidades anteriores al cincuenta y nueve.

Los más jóvenes que, en los setenta y ochenta, se suman a ese trabajo de revisión crítica y lo llevan adelante y lo solidifican –los antillanos Nancy Morejón (Cuba), José María Ruscalleda Bercedóniz (Puerto Rico), Alfred Melón (Martinique) y Keith Ellis (Jamaica) de manera sobresaliente– ya constituyen una nueva promoción, que complementa y continúa con sus investigaciones los esfuerzos iniciales de su predecesores radicales más inmediatos o distantes. Los amplifican, extienden y ahondan, en inevitable polémica con la crítica tradicional antecedente y sus premisas. "Ya va siendo hora de ajustar desenfoques", declara francamente Nancy Morejón en el prólogo a su antología clave de crítica guilleneana, que avanza el trabajo editorial de colección de materiales de base comenzado por Augier. A la par suma crítica y superación de lo mejor o más representativo que aquella dio, esta compilación es también réplica-manifiesto del nuevo enfoque que, con óptica descolonizante y reapropiadora, busca "elucidar toda una suma de equívocos echados a rodar... [por una crítica] de valores permeados de 'criollismo', colonización cultural y posiciones de clase [que] invalidan y desorientan todavía". Los ensayos de *Nación y mestizaje en Nicolás Guillén*, que Morejón publicará luego, recalcan sus enunciados. Contra las reducciones y cegueras del "folkorismo" y "negrismo" formalista convencional elabora, con lo absolutamente central de esa ecuación definitiva, lo social, política, y literariamente anticipatorio de una obra que, en los resortes de sus estrategias poéticas y en lo visionario y revolucionario de su pensamiento rector, "emprende una lúcida marcha hacia la obtención de una nación integral, regida por las clases populares" (*Nación y mestizaje en Nicolás Guillén* 137), "que más que asustar al burgués lo remplaza..." (*Recopilación de textos* ... 10). La nota antes discorde o emergente deviene, pues, mayor punto de partida. Ya es normal y patente, para estos críticos, las diferencias de énfasis o procedimiento individual, aparte la conveniencia de "estudiar la poesía de Guillen dialécticamente... en íntima relación con el suceder histórico que la motiva... [pues] únicamente así puede apreciarse su sentido total".[6] Guillén, en consecuencia, dejará de ser, sobre todo, el autor escindido del hallazgo formal del son, juglar de ritmos folclóricos, "negrista" de *jitanjóforas dadaístas* asimilado a la literatura "culta". Asume mayor dimensión como escritor antillano antirracista y anticolonial que no sólo apunta a la africanía *en* Cuba sino a la africanía *de* Cuba, subrayando la activa reciprocidad mutua y multivalente de los distintos componentes étnicos en su concepto evolutivo de la nación y simultáneamente el imperativo nacional de la soberanía y la necesidad urgente de superar un sistema social ignominioso. Al escritor parcializado sucede un más íntegro y completo intelectual revolucionario y, figura precursora de la lírica más actual, "uno de los artesanos de mayor envergadura de la poesía total, es decir, de la realización, a escala mundial, de la poesía como síntesis".[7] Se reemplaza así el poeta *del a pesar de* con el poeta singular y presente del *nosotros* y el *mira cuánto(s)* que "captó ... admirablemente, y expresó, en los pueblos considerados como pasivos, la fuerza y la inmensa capacidad revolucionaria que significan esta paciencia exterior, esta sonrisa serena, bajo la cual bulle una cólera subterránea". [Que] Leyó el volcán en el hombre

---

[6] Ver Jorge María Ruscalleda Bercedóniz. *La poesía de Nicolás Guillén (Cuatro elementos sustanciales)* 5.

[7] Ver Alfred Melon. *Realidad, Poesía e ideología* 28.

oprimido y aparentemente resignado" (*Realidad, poesía e ideología* 46). Poeta, en fin, totalizador, de la nacionalidad, de las clases desvalidas, de la revolución y, así, de la indivisible conjugación, feliz y eficaz, de lo estético, lo político y lo social.

A esta fase de redescubrimiento y redefiniciones pertenece también toda una onda internacional de nuevas traducciones, entre ellas las de Claude Couffon al francés y los tres primeros libros antológicos de traducciones aparecidos en inglés desde que Langston Hughes y Ben Frederick Carruthers publicaron, en 1948, su *Cuba Libre. Poems by Nicolás Guillén*, que también reflejan una nueva presentación e imagen del poeta;[8] así como el primero de los libros sobre el poeta salidos de las antillas inglesas, *The Poetry of Nicolás Guillén. An Introduction*, del guyanés Dennis Sardinha.

Para finales de los setenta y principios de los ochenta la más amplia imagen salida de esta reconsideración crítica, desplazando sino eliminando completamente la imagen tradicional anterior, será ya la más prevaleciente y la de más influyente autoridad crítica. Ni falta hace decir que la labor –y la crítica– de sus creadores continúa en la actualidad.

Algo del importante impacto que, junto a un creciente impulso interdisciplinario, comparativo y transnacional, tiene –directa o indirectamente, implícita o expresamente– la influencia general del *black esthetic* norteamericano, conceptos de la enajenación psicológica (racial), y la mayor presencia internacional de estudiosos negros en este proceso de renovación crítica es comprobable también en el *Harlem, Haiti, and Havana*, de la afro-norteamericana Martha Cobb, y *Self and Society in the Poetry of Nicolás Guillén*, de la jamaiquina Lorna Williams, respectivamente. Ambos, como los ya mencionados, comienzan por rechazar lo peor del formalismo condescendiente, sus limitaciones críticas y cortedad de miras. Parten, asimismo, de la premisa de que "the poet's creative work forms a coherent body of expresión" (*Self and Society in the Poetry of Nicolás Guillén* 139). A pesar de lo poco convincente y la inconsistencia con que Williams parece aplicarlo, lo indispensable de un escrutinio consecuente del contexto histórico preciso que informa esa expresión será otro de sus principios declarados.

---

[8] Ver Claude Couffon. *Nicolás Guillén; Man-Making Words. Selected Poems of Nicolás Guillén*. Roberto Márquez y David Arthur McMurray, trads. *¡Patria o Muerte! The Great Zoo and Other Poems by Nicolás Guillén*. Roberto Márquez, trad. *Tengo*. Richard Carr, trad.

Para Williams, que procura una indagación algo abstracta y no siempre convincente de "the nature of perception" (ix), el de enajenación psicológica (racial) será concepto clave en un análisis esencialmente temático. En ese análisis, Williams reconoce que, desde sus poemarios de *Tengo* en adelante, su "support for the regime did not blind Guillén either to its failings or to the difficulties of the historical task it had set for itself" (145) y que aún en esa poesía posrevolucionaria revela "a public acknowledgement of the existence of racial discrimination in Cuba" lo que constituye en sí mismo un acto revolucionario (130). Es, sin embargo, un reconocimiento no exento de crítica ante lo que, en comparación con la militancia que el poeta celebra en los activistas afro-norteamericanos de la lucha por la igualdad racial, Williams percibe como "Guillén's reluctance to portray contemporary Afro-Cubans in other than a conformist light" (130). Hay en ese escepticismo más que una insinuación de reparo ante la posible sugerencia de que el de razas es acaso sólo problema de las sociedades capitalistas. Cobb, por su parte, no dejará de constatar que un principio de base de los logros de Guillén, Jacques Roumain, y Langston Hughes es, efectivamente,

> Their ability to combine, utilize, discard, and rework Western and African traditions, infusing these with newer literary developments in the United States, the Caribbean and South America, thus creating something uniquely Afro-American in the word's broadest connotation... whether English-speaking, French-speaking or Spanish-speaking. [Y subraya con mayor y más énfasis todavía que] Out of such a blend it is possible to consider Guillén, Roumain, and Hughes as writers who were as important to the development of a black literary esthetic as black musicians were to the development of new musical forms in the Americas. (*Harlem, Haiti, and Havana*)

Observación, esta última, que hasta cierto punto Ian Isidore Smart más tarde tomará como punto de partida, enfatizando en Guillén su papel fundamental como representante de un arte (pan) caribeño con raíz en la música y *oralatura* populares. Para Smart ese arte, expresión y reflejo de una antillanidad esencial, "owes its distinctiveness to the African cultural heritage and is, in effect, a legitimate neo-African cultural manifestation". Asimismo, este "African West Indian caracter accounts for the originality and basic value of Guillén's art and links Guillén inextricably to the rich popular poetic tradition of the region" (2-3). Ésta incluye, no sólo a los Roumain, Walcotts, y Brathwaites de la literatura escritural, sino y sobre todo a los grandes exponentes de la música y poesía oral de kaiso, calypso, reggae, rumba, guaguancó, bomba, plena, salsa, merengue y, desde luego, son. En todos, apunta Smart, "the areas of essential literariness spring from a common Pan-Caribbean, neo-African source" (22).

En los años que van desde mediados de los ochenta hasta el presente, surge una nueva corriente a compartir el escenario y a disputar a la crítica de los setenta su reciente predominio e imagen del poeta. En lo que es un (felizmente nada nostálgico) retorno al formalismo literario, en el contexto y con los métodos y las herramientas mucho más avanzadas y sofisticadas de la deconstrucción pos-estructuralista y el pos-modernismo, ésta objetará con insistencia particular la primacía reductiva que, alega, aquella da a consideraciones ideológicas y sociológicas, a los temas políticos y a la imagen del poeta marxista y de la Revolución, en detrimento de la prioridad que pide para las categorías de análisis y los asuntos de estudio estrictamente artísticos y (multi) culturales. Opondrá a ese predominio de la política, el de la literatura; a la imagen del poeta marxista, la del hacedor de textos y creador de tropos, elusivos e indomables. A la par texto y pretexto, para esta crítica, Guillén será, no menos, orfebre y archivo. Su proyecto declarado es, en todo caso, "rescatar" al poeta de sus críticos sociales y socialistas y, a veces parecería, hasta a Guillén de sí mismo.

El año 1987, dos antes de la muerte del poeta, asume cierto relieve particular. En ese año aparecen sucesivamente un número especial de la revista *Callaloo* dedicado a Guillén y *Against The American Grain. Myth and History in William Carlos Williams, Jay Wright, and Nicolás Guillén*, ambos obra de Vera M. Kutzinski, promotora mayor y paladín de la nueva modalidad. El propósito (re)evaluativo central del primero es descubrir un "'new' highly literate as well as much more elusive Guillén" ("Re-Reading Nicolás Guillén ..." 165), "a poet who is ultimately preoccupied not with complexion but with complexity" (164), [and who] "demonstrates just how intricate and ambiguous an affair the textual marriage of poetry and politics is..." (166). De mayor amplitud multicultural y panamericana, la intención del segundo, es, de nuevo, "rescatar" –la palabra es suya– a Guillén, demostrando en su obra "the underlying presence of a controlling consciousness whose main motivation is freedom from literary and ideological constraints" (*Against the American Grain* ... 202). El enfoque central es la actividad figurativa con que los escritores escogidos generan "historical, as well as mythological, fields, dense tropological clusters that contract... into a set of ideogrammatic master tropes" que, en todos, confirman que en las Américas "there is no one cultural tradition that can legitimately claim... centrality and assert its superiority over another" (249). En lo que a Guillén concierne, está examinar los aspectos "of linguistic freeplay and intertextuality" de manera que la representativa figura de una "algarabía carnavalesca" quede revelada como tropo central de su neobarroquismo (200). Ese concepto de Guillén como figura de sensibilidad (neo) barroca es, asimismo, elaborado por Roberto González Echevarría, quien recogió y antes exploró el tema en la obra de Alejo Carpentier. Para Echevarría, Guillén logra "a general poetic revisión at the core of modern poetry written in the Spanish language" gracias precisamente a su retorno a las tácticas y estrategias poéticas del barroco (302). El concepto de contornos o "espacios mitológicos" servirá luego como la base analítica de partida de Clement White, para quien, además de ser su demoledor, Guillén es también hacedor de mitos. Con la publicación, en 1993, de *Sugar's Secrets. Race and the Erotics of Cuban Nationalism* Kutzinski destacará, con mayor inflexión feminista, otra dimensión de su proyecto de "rescate": su rechazo de nociones –históricas y actuales, racistas o útopicas– de *mestizaje* permeadas por una "Sublime Masculinity", en que los poemas de Guillén, insiste, no dejan de participar y que, en palabras de Teresa de Lauretis, propugna en la figura de la mulata

> The paradox of a being that is at once captive and absent in discourse, constantly spoken of but of itself inaudible or inexpressible, displayed as spectacle and still unrepresented or unrepresentable, invisible yet constituted as the object and the guarantee of vision; a being whose existence and specificity are simultaneously asserted and denied, negated and controlled. (*Sugar's Secrets* 164)

Los practicantes mayores de esta corriente –Kutzinski, Echevarría, José Piedra y, sólo hasta cierto punto y de manera algo anómala, Ian Isidore Smart– muestran, como es de esperar, una cierta preferencia por las obras y poemas en que, además y acaso incluso más que "su mensaje", la nota de innovación técnica, la imaginería organizadora, o de mayor complejidad formal y lingüística-cultural sobresale: el primer ciclo de los sones, las elegías, y sobre todo ese verdadero *collage* de *textos* de todo tipo, *El diario que a diario*. El suyo es, sobre todo, el poeta *literato* de la forma y la figura, del signo perturbador, de la alusión ambivalente, de la metáfora ágil y condensadora, de la eficaz indirecta y la apertura o cerrazón retórica, de un *signifying* lingüístico o literario inatrapable e ingobernable; o, en el caso particular de Smart, de un *soneo* discursivo de putativa raíz africana. Esta corriente "rescatadora" no es, desde luego, novedad sin precedentes. Todas sus protestas al contrario aparte, es posible, además, señalar ciertos puntos de no siempre reconocida relación y contacto con la crítica de los setenta que le sirve de antagónico impulso provocador.

En tanto sus practicantes –aunque no todos, obviamente– terminan por concluir que en las Américas ninguna tradición cultural puede legítimamente aspirar a pretensiones de una superioridad de *primus entre pares*, rearticulan (si acaso con mayor énfasis multilingüístico y transnacional, en términos más críticos del triunfalismo revolucionario de los sesenta y setenta, y en el vocabulario más semiótico de los posmodernismos) una premisa central expuesta por más de uno de los críticos inmediatamente anteriores. Por encima de toda discrepancia y sus claras diferencias de contexto y énfasis, los análisis de Kutzsinki y Nancy Morejón, respecto del *mestizaje* y el problema de las razas, por ejemplo, no son del todo incompaginables. Un principio contextualizante y de reciprocidad continua e interacción constante informa a ambos. En su poema así titulado, Morejón también hará de la despreciada "Mujer *negra*" presencia primaria –central, activa y hablante– y poderoso símbolo histórico y actual. El poeta de la síntesis tampoco está tan lejos del juglar totalizante de la *algarabía* como se pretende. La importancia de la orfebrería poética y lingüística de Guillén, y su importancia como precursor de las técnicas y espíritu de la poesía más moderna, también ya había sido anticipada por Alfred Melon y José María Ruscalleda. Las incompatibilidades, así, a veces pueden exagerarse. En tanto una aproximación feminista a la obra guilleniana asume mayor impulso y perfil, se continúa el justo ensanche de áreas insuficientemente exploradas a indagar. Si acaso aran con mayor ahínco y éxito ese surco, por otra parte, no fueron, desde luego, los primeros en poner la pala. En tanto que, en la era poscolonial, también se ve el "problematic validation of *mestizaje* as a cultural discourse and nacional ideology", retoma y avanza uno de los temas más debatidos de las dos épocas anteriores. Apunta, asimismo, a lo que de veras divide las dos corrientes de manera más fundamental: distinto énfasis y percepción política del asunto racial y de género, sus muy distintos conceptos de la obra de arte y su general postura ante la revolución cubana.

Para unos –aunque de estos no todos, claro– el problema de *clase* tiende a prevalecer sobre el de raza y género. Raza y género tienden, en general, a verse como expresiones superestructurales o como cosa finalmente epifenomenal. Los otros se acercan a percepciones y posiciones de una larga historia y tradición de conceptos racialmente hegemónicos o paternalistas del estado y la nación; conceptos en que, tras la idea de la nación congregadora, puede bien ocultarse la sombra, patricia y blanquecina, de un racismo solapado o un machismo sospechoso. Para estos últimos –y, otra vez, de ellos no todos– raza y género son asuntos tan fundamentales como el de clase, no menos básicos ni menos definitivos y cruciales, que no se pueden evadir así nomás. No son ni subsumibles ni subalternos de la categoría de clase o, incluso, de la convencional de la nación y lo nacional. Si las conclusiones a que los lleva no son siempre las mismas, todos, sin embargo, convienen en que Guillén sobresale entre sus contemporáneos en su eficaz percepción y balanceo, en su calibración y dramática revelación poética del complejo tinglado y muchas capas de esa enmarañada y variable relación entre raza y clase. La actitud respecto del género es y resulta más dispareja.

A pesar del artístico esmero con que siempre la ejerció, la literatura para Guillén siempre fue *su medio* y no *su fin*. Su fin fue ver *cambiada* una penosa realidad cotidiana y contribuir con sus escritos a la transformación de una sociedad manifiestamente injusta y a la superación de la desigualdad racial en el mundo. Esta visión instrumental del arte es, desde luego, la que predomina en la crítica de los setenta. Un bienvenido resalte de la meticulosa atención que el poeta presta a los asuntos técnicos, estructurales y artesanos de su medio, como la que viene luego, no obvia, en absoluto, la primacía del fin a que, en última instancia, ella va encaminada. Ese fin es la columna vertebral, inmovible e ineludible de la poesía de Guillén. Con todo, en cuanto a lo que a esa instrumentalización se refiere, el lector de los "rescatadores" de Guillén, a veces tiene la sensación, no obstante las muchas y nada nimias excelencias de su trabajo, de que hubieran preferido que el artista consumado que en él admiran hubiera sido otra cosa que el marxista y defensor de la Revolución que, a fin de cuentas y consistentemente, fue. En cierta manera y hasta cierto punto, pues, aspiran, efectivamente, a "rescatarlo" de sí mismo. Su interlocutor polémico –tácito y expreso– es, en todo caso, la Revolución Cubana a la que se dedicó y de la que fue símbolo y poeta. En este punto, sí, la zanja es real y grande. Pues si es verdad Guillén ha sido y es muchos poetas – ¿y qué poeta tan espacioso y genuino no?–, no lo es menos que, después de todo, fue el poeta que fue y no otro. Esa distinta percepción del arte mismo también revela en esta etapa más reciente una crítica no menos política que la anterior. Se percibe, además, que, asuntos de pura literatura aparte, el debate real gira también alrededor de quien, en lo adelante, acabará siendo custodio crítico de la obra, singular y plurivalente, y del legado en múltiples sentidos revolucionario, de particularidad sin particularismos, del gran poeta cubano y universal.

Lo que en este año centenario de su nacimiento es, en todo caso, evidente es que la obra de Guillén sigue *vivita y coleando*. Que es hoy tan vital, tan actual y fructífera, provocante como siempre; y que en el inacabable hondón marítimo de sus profundidades todavía hay espacios y misterios que explorar donde ciertamente nos aguarda aún a todos más de una imprevista, incitadora imagen, y más de una sorpresa.

Bibliografía

Aguirre, Mirta. *La Última Hora* 2/23 (La Habana, julio 1952): 3-4, 48.
Anderson Imbert, Enrique. *Historia de la Literatura hispanoamericana*. México: Fondo de Cultura Económica (Tomo II), 1954.
Antuña, María Luisa y Josefina García Carranza. *Bibliografía de Nicolás Guillén*. La Habana: Instituto Cubano del Libro, 1975.
_____ "Bibliografía de Nicolás Guillén. Suplemento 1972-1977". *Revista de la Biblioteca Nacional José Martí* 68/XIX (La Habana, septiembre-diciembre 1977): 61-163.
Augier, Ángel. *Nicolás Guillén. Notas para un estudio biográfico-crítico* (tomos I y II). Santa Clara: Editorial del Consejo Nacional de Universidades, Universidad Central de Las Villas, 1965.
Brathwaite, Edward. *LX, the Love Axe/1*. Leads: Peepal Tree, 2002.
Carr, Richard (Trad.). *Tengo*. Detroit, 1974.
Cobb, Martha. *Harlem, Haiti, and Havana: A Comparative Critical Study of Langston Hughes, Jacques Roumain, Nicolás Guillén*. Washington, DC: Three Continents Press, 1979.
Couffon, Clausde. *Nicolás Guillén*. París: Editions Pierre Seghers (col. Poétes daujourd'hui 111), 1964.
Dill, Hans-Otto. *Der Übergang von publizistischer Darstellung zu Kunstlerishcher Gestaltung bei Nicolás Guillén*. Berlín: Humbolt Universittät, 1969. Versión española en *Revista de la Biblioteca Nacional José Martí* 63/2 (mayo-agosto, 1972): 55-63.
Fernández Retamar, Roberto. *El son de vuelo popular*. La Habana: Unión de Escritores y Artistas de Cuba, 1978.
_____ *La poesía contemporánea en Cuba*. La Habana: Orígenes, 1954.
Guillén, Nicolás. *En algún sitio de la primavera*. La Habana: Unión de Escritores y Artistas de Cuba, 2000.
_____ *Elegía a Jesús Menéndez*. La Habana: Unión de Escritores y Artistas de Cuba, 1998.
_____ *El diario que a diario*. La Habana: Editorial Letras Cubanas, 1985.
_____ *El libro de las décimas*. La Habana: Unión de Escritores y Artistas de Cuba, 1980.
_____ *Música de cámara*. La Habana: Unión de Escritores y Artistas de Cuba, 1979.
_____ *Por el Mar de las Antillas anda un barco de papel: poemas para niños mayores de edad*. La Habana: Unión de Escritores y Artistas de Cuba, 1978.
_____ *Elegías*. La Habana: Unión de Escritores y Artistas de Cuba, 1977.
_____ *Prosa de Prisa*. La Habana: Editorial Arte y Literatura, 1975.

_____ *Poemas manuables.* La Habana: Unión de Escritores y Artistas de Cuba, 1975.
_____ *Obra Poética.* 1922-1958. La Habana: Letras Cubanas, 1972.
_____ *Obra Poética.* 1920-1950. La Habana: Instituto del Libro, 1972.
_____ *La rueda dentada.* La Habana: Unión de Escritores y Artistas de Cuba, 1972.
_____ *Gran zoo.* La Habana: Instituto del Libro, 1967.
_____ *Tengo.* Santa Clara: Editorial del Consejo Nacional de Universidades, Universidad Central de Las Villas, 1964.
_____ *Antología mayor. El son entero y otros poemas.* La Habana: Unión de Escritores y Artistas de Cuba, 1958.
_____ *La paloma de vuelo popula [y] Elegías.* Buenos Aires: Editorial Lozada, 1958.
_____ *Sóngoro cosongo; Motivos de son; West Indies Ltd; España, poemas en cuatro angustias y una esperanza.* Buenos Aires: Lozada, 2da edición. 1957.
_____ *Cantos para soldados y sones para turistas.* México: Editorial Masas, 1937.
Hughes, Langston, Nicolás Guillén y Ben Frederic Carruthers. *Cuba libre, poems.* Los Angeles: Anderson & Ritchie, 1948.
Jackson, Richard. "Research on Black Themes in Spanish American Literature: A Bibliographic Guide to recent Trends". *Latin American Research Review* XII/1 (1977).
Kutzinski, Vera M. *Against the American Grain: Myth and History in William Carlos Williams, Jay Wright, and Nicolás Guillén.* Baltimore: Johns Hopkins University Press, 1987.
_____ *Sugar's Secrets: Race and the Erotics of Cuban Nationalism.* Charlottesville: University Press of Virginia, 1993.
_____ "The Cult of Caliban: Collaboration and Revisionism in Contemporary Caribbean Narrative". *A History of Literature in the Caribbean.* James Arnold, ed. Amsterdam/Philadelphia: John Benjamins Publishing Co., 1997.
_____ "Re-Reading Nicolás Guillén: An Introduction". *Callaloo* 10/2 (Spring 1987): 165.
Marinello, Juan. *Poética; ensayos en entusiasmo.* Madrid: Espasa-Calpe, 1933.
_____ y Nicolás Guillén. *Hazaña y triunfo americanos de Nicolás Guillén.* S.E.: s.n., 1970.
Márquez, Roberto. "Racismo, cultura y revolución: ideología y política en la prosa de Nicolás Guillén". *Escritura.* Caracas, Universidad Central de Venezuela.
_____ (Trad.). *¡Patria o Muerte! The Great Zoo and Other Poems by Nicolás Guillén.* New York: Monthly Review Press, 1972.

___ y David Arthur McMurray (Trads.). *Man-Making Words. Selected Poems of Nicolás Guillén*. Amherst, MA: University of Massachusetts, 1972.

Martínez Estrada, Ezequiel. *La poesía afrocubana de Nicolás Guillén*. La Habana: Unión de Escritores y Artistas de Cuba, 1967.

Melon, Alfred. *Realidad, poesía e ideología*. La Habana: Cuadernos de la Revista Unión, 1973.

Morejón, Nancy. *Nación y mestizaje en Nicolás Guillén*. La Habana: Unión de Escritores y Artistas de Cuba, 1980.

Recopilación se textos sobre Nicolás Guillén. La Habana: Casa de las Américas, 1974.

Rodríguez Monegal, Emir. *The Borzoi Anthology of Latin American Literature*. New York: Alfred A. Knopf, 1977.

Ruscalleba, Jorge María. *La poesía de Nicolás Guillén (cuatro elementos sustanciales)*. Río Piedras: Universidad de Puerto Rico, 1975.

Sardinha, Carl Dennis y Nicolás Guillén. *The Poetry of Nicolás Guillén: An Introduction*. London: New Beacom Books, 1976.

Smart, Ian. *Nicolás Guillén, Popular Poet of the Caribbean*. Columbia: University of Missouri Press, 1990.

Torres-Rioseco, Arturo. *The Epic of Latin American Literature*. New York: Oxford University Press, 1942.

Vitier, Cintio. *Lo cubano en la poesía*. La Habana: Instituto del Libro, 1970.

White, Clement A. *Decoding the Word: Nicolás Guillén as Maker and Debunker of Myth*. Miami: Ediciones Universal, 1993.

___ "Bibliografía actualizada sobre Nicolás Guillén". *Inti. Revista de Literatura Hispanoamericana* 21 (Madrid, 1985).

Williams, Lorna V. *Self and Society in the Poetry of Nicolás Guillén*. Baltimore: Johns Hopkins University Press, 1982.

Zenón Cruz, Isabelo. *Narciso descubre su trasero: el negro en la cultura puertorriqueña*. Humacao: P.R.: Editorial Furidi, 1974

Nicolás Guillén: esquema de la evolución estético-ideológica de su poesía

Ángel Augier

EL CENTENARIO DEL NACIMIENTO DEL GRAN POETA CUBANO NICOLÁS GUILLÉN (1902-1989), prolonga naturalmente en la actualidad literaria del incipiente siglo XXI –con impulso de continuidad–, la extraordinaria resonancia de su obra literaria, una de las más significativas de la centuria precedente, en la expresión del espíritu y del proceso histórico de nuestra América, con punto de partida en Cuba y las demás naciones insulares de las Antillas.

Una profunda y dilatada dedicación al estudio de esa sobresaliente obra poética, me incita a intentar el diseño de un esquema de su evolución estético-ideológica, algo así como un urgente resumen del proceso evolutivo de sus fundamentales características de forma y contenido, cuyos genuinos valores artísticos y humanos, enraizados en una circunstancia geográfica e histórica determinada, le otorgaron fama y reconocimiento generales, que han de permanecer vivos indefinidamente en el tiempo y en el espacio.

En sentido general, es indudable que la obra poética madura de Nicolás Guillén comienza con los "Motivos de son" (1930), como resultado de su asimilación de las tendencias renovadoras del vanguardismo, después de haber renegado de sus versos juveniles de filiación modernista, reunidos en un volumen titulado *Cerebro y corazón* (1923), que prefirió mantener inédito. Esa actitud de renuncia a una obra primigenia no desprovista de auténtico lirismo y de méritos formales, ya obsoletos al tomar su determinación, muestran la conciencia de rigor artístico y la voluntad de estilo que habrían de caracterizar a Nicolás Guillén.

Ya se sabe lo que significó la irrupción de los "Motivos de son" en el agitado ambiente político y cultural de Cuba en abril de 1930. En lo artístico como en lo social logró alcanzar categoría revolucionaria en un momento histórico de inconformidad nacional que reclamaba radicales transformaciones. Con ser apreciable y sorprendente el logro de una nueva forma poética extraída del genio musical popular, lo era mucho más por lo que sacaba a flote de un sector de la vida popular habanera, marginado entonces no sólo de la literatura, discriminado en la sociedad: el negro. Personajes negros protagonistas de los poemas, con sus conflictos, hábitos, pequeñas tragedias, a veces grotescas, con sus modismos y su particular prosodia. Los "motivos" en cuadros breves, chispeantes, de un vigoroso estilo entreverado de drama y humor y de seductora fuerza rítmica. La magia sonora del ancestro afroespañol agitaba la peculiar música del son.

Participaba Guillén, pues, en la llamada etapa negrista de la poesía antillana, extendida a la costa caribeña de países sudamericanos. Pero era evidente que esa modalidad, en Guillén, no respondía a una actitud esnobista o pintoresca, sino a una honda necesidad de expresar la recia presencia de la pretérita población negra de la que el poeta formaba parte. Y sus problemas y valores esenciales de vida y cultura, en el molde musical mestizo cuajado en el proceso de transculturación de los descendientes de España y África en la Isla.

Si "Motivos de son" fue el punto de partida de la etapa negrista de Guillén, *Sóngoro cosongo* (1931) –los "motivos de son" incluidos– fue el apogeo de esa etapa, su clímax; como subtítulo: *Poemas mulatos*. En lo formal, el hallazgo rítmico del son encuentra manifestaciones más depuradas respecto de los esquemas de los "motivos". En posesión absoluta de su instrumento poético, de su oficio magistral, muestra Guillén su personal asimilación y exposición de las principales ganancias de la poesía moderna, visible en los poetas de la generación española de 1927: audacia en los tropos, tono conversacional, renovación de formas tradicionales como el romance, plasticidad y movimiento dentro de un dominio musical del verso.

Particularmente, su concepción metafórica es concreta, sensual, objetiva, más apegada a las manifestaciones de la naturaleza que al juego de las abstracciones o a las divagaciones subjetivas, más dirigida a la captación de los sentidos que de la inteligencia, lo que le permite reflejar figuras, sonidos, sabores, peculiaridades de su entorno tropical, dentro del ámbito rítmico de la música popular criolla, características que predominarán con renovados aportes en su obra futura.

A tales características formales de su evolución estética, debe agregarse las de su proceso ideológico, que en ese momento se concretaba en una actitud beligerante frente al racismo blanco. Si en aquella sociedad sujeta a prejuicios y convencionalismos racistas fue bastante atrevimiento que los "motivos de son" rompieran el tabú del tema negro, ya es de imaginar el revuelo que provocó el nuevo poemario, al prolongar la atmósfera de los poemas-son con mayor virtuosismo estético y desafiante tono polémico. Era la expresión poética genuina de una realidad circundante vigorosa que no solía aflorar al verso por ser considerada no apta como tema poético. Se confirmaban, pues, las previsiones de los intelectuales del círculo de Domingo del Monte, en la primera mitad del siglo XIX (en especial José Jacinto Milanés y Félix Tanco), sobre la gran fuerza poética de la presencia negra en Cuba.[1]

Como hombre de origen mulato, que compartía los atropellos, vejaciones y limitaciones infligidos a la población cubana de ostensible descendencia africana, Guillén combatía la discriminación racista en crónicas y reportajes de la página "Ideales de una raza", en el *Diario de la Marina*. Es natural que también los combatiera en distintos planos de su poesía, con la exaltación de los valores físicos y morales de la raza negra, con la belleza de sus manifestaciones folclóricas, con la sátira como la de "La canción del bongó", donde con suprema gracia y afilada ironía recuerda a los blancos desmemoriados sus débitos de sangre o de espíritu al ancestro negro, que se les revela cuando bailan obligados por la sonora convocatoria de los ritmos del tambor denominado bongó.

---

[1] Recuérdese la carta de Félix Tanco (1797-1871) –escritor de origen colombiano, entonces jefe de correos de la ciudad de matanzas–, al pródigo animador de la literatura cubana Domingo del Monte (1804-1853), de fecha 13 de febrero de 836: "¿Y qué dice usted de *Bug-Jargal*? Por el estilo de esta novelita quisiera que se escribiese entre nosotros. Piénselo bien. Los negros de la Isla de Cuba son nuestra poesía y no hay que pensar en otra cosa, pero no los negros solos, sino los negros con los blancos, todos revueltos, y formar luego los cuadros, las escenas, que a la fuerza han de ser infernales y diabólicas; ¡pero ciertas, evidentes! Nazca pues nuestro Víctor Hugo, y sepamos de una vez lo que somos, pintados con la verdad de la Poesía, ya que conocemos por los números y el análisis filosófico la triste miseria en que vivimos". Véase *Centón epistolario de Domingo del Monte* (51). El poeta José Jacinto Milanés (1814-1863), expresó la misma opinión a uno de sus corresponsales, en la misma época.

Pero ya se insinuaba en *Sóngoro cosongo* algo más que habría de singularizarse en la obra posterior del poeta. En cuanto a la forma, el verso atlético, vibrante, airoso, de "Llegada", poema inicial del cuaderno, donde la voz lírica alcanza tonos y giros peculiares en la proclama de una nueva presencia decidida a vencer. El núcleo rítmico del son encuentra manifestaciones más depuradas respecto de los esquemas de los "motivos" (como los titulados "Rumba", "Chévere", "Quirino", "Pregón" y, con algunas variantes, "Canto negro"). Hay que anotar, asimismo, un renovado tratamiento del romance en "La canción del bongó", "Velorio de Papá Montero" y "Secuestro de la mujer de Antonio", aunque en estos últimos, basados en personajes de sones populares de la época, la cadencia romancera es interrumpida por los ritmos y el estribillo del son.

La intención central del poemario –explícita en el prólogo, implícita en los poemas–, era la ya apuntada de expresar valores sustanciales de la población negra cubana y las manifestaciones del mestizaje intrínseco nacional, como una manera de combatir el racismo del blanco. Pero también ya se anticipaba, en forma embrionaria, un rasgo que habría de desarrollarse después en la poesía de Guillén, en la medida en que penetrara más profundamente en los problemas fundamentales de la nación cubana frustrada radicalmente a causa de su dependencia económica y política de Estados Unidos, cuestión que estaba en el centro del movimiento revolucionario contra la tiranía machadista. En "Pequeña oda a un negro boxeador cubano" (el famoso Kid Chocolate que vencía en los *rings* neoyorquinos de la época), le advertía:

> [...] ese mismo Broadway / que unta de asombro su boca de melón / ante tus puños explosivos / y tus actuales zapatos de charol; / ese mismo Broadway, / es el que estira su hocico con una enorme lengua húmeda, / para lamer glotonamente / toda la sangre de nuestro cañaveral.

Mucho más expresivo en la nota patriótica, antimperialista (cuando el poeta aún no militaba en partido alguno y era más rigurosa la represión de la tiranía apoyada por Estados Unidos), es el poema-síntesis titulado "Caña":

> El negro / junto al cañaveral. // El yanqui / sobre el cañaveral. // La tierra / bajo el cañaveral. // ¡Sangre / que se nos va!

Los tres años que median entre la publicación de *Sóngoro cosongo* y la de *West Indies Ltd.* (1934), fueron de gran intensidad en la vida cubana. La recia lucha popular contra la tiranía imperante, también pretendía recobrar la independencia nacional secuestrada por Estados Unidos al constituirse la República en 1902, pero cuando logró triunfar en agosto de 1933, la intervención del gobierno norteamericano volvió a frustrar las aspiraciones históricas de independencia, que propugnara el poder revolucionario, mediante un golpe de estado que estableció una dictadura militar. Esa experiencia revolucionaria dejó honda huella en el espíritu de los cubanos, que no se resignaban al inicuo coloniaje norteamericano.

Esa huella es naturalmente perceptible en "West Indies Ltd." poema que integra la segunda parte de la colección y que aporta su título al cuaderno. La primera parte está compuesta por poemas sueltos donde los de tema negro reaparecen en sus diversos aspectos, otra vez con la exaltación de elementos raciales y motivos folclóricos de origen africano. La nota polémica al estilo de "La canción del bongó" –de combatir la discriminación racista con la denuncia del mestizaje vergonzante y oculto— reaparece en el soneto "El abuelo". Pero es ostensible que ha evolucionado el poeta en el tratamiento de problema tan agudo en la sociedad cubana de entonces. Este cambio lo expresa la "Balada de los dos abuelos", donde los abuelos negro y blanco se encuentran y se abrazan, sintetizando lo cubano integral. La ironía en la batalla contra la discriminación racista cede su incisivo reproche a una persuasiva demanda de la convivencia racial en igualdad cívica.

Este nuevo enfoque derivado de la experiencia revolucionaria, obedecía a la convicción de que los problemas fundamentales de la sociedad y de la nación –incluyendo el de la discriminación racista, su conversión en convivencia fraterna de las dos razas que integran el complejo social de la Isla—, no podrían ser resueltos dentro del *statu quo* de una burguesía blanca reaccionaria y extranjerizante amparada por los intereses financieros estadounidenses. Sólo una profunda revolución social que llevara implícita la liberación nacional, sería capaz de resolver ese problema. La comprensión de ese fenómeno parece explicar que el poeta modificara el enfoque de su poesía y lo abriera a una visión más amplia y profunda de la realidad. Por eso en la primera parte de *West Indies Ltd.* algunos poemas reflejan problemas de los asalariados, de los explotados en general, además de los típicos del negro.

Esa transformación en la visión y la sensibilidad del poeta, impuesta por las circunstancias históricas de la nación, determinó que del problema racial, en particular, pasara a una visión de lo social donde aquel estaba incluido; y de lo nacional, a una visión más amplia del panorama antillano, una circunstancia no sólo "presa en el aro del trópico", sino también en la trampa del dominio imperialista norteamericano.

Pero el cambio cualitativo reflejaba también un cambio formal apreciable en el cuaderno que comentamos. De los quince poemas de la primera parte, sólo hay tres en verso libre: "Palabras en el trópico", del mismo cálido metal que "Llegada" del libro anterior, "Madrigal" y "Dos niños" Los demás acusan un regreso autónomo al verso aconsonantado y a una estilización del romance, como en *Sóngoro cosongo,* pero sin olvido del hallazgo del son , como en el titulado "Caminando".

Era evidente que lo más importante del cuaderno radicaba en el extenso poema final que le da título, "West Indies Ltd." Ajeno estaba el poeta entonces a que con esa composición inauguraba la serie que mucho después iba a denominar sus "grandes elegías", y que daría a ésta el subtítulo de "Elegía antillana". En personal aporte, Guillén usa en este poema una estructura irregular de dos planos poéticos, en ocho secciones. Cinco de ellas –numeradas 1, 3, 4, 6 y 8–, componen el discurso, concebido en variedad de metros y de combinaciones de rimas consonantes, en una especie de silvas. El otro plano –las secciones numeradas 2, 5 y 7–, no obstante romper la factura del discurso con el ritmo del son, lo complementa en su ambientación criolla, antillana.

Este poema acusa un grado notable en el proceso de radicalización del poeta. Sustancialmente, es una elegía de la Revolución Cubana del treinta, nacionalista y antimperialista, frustrada por la intervención norteamericana. Mientras el discurso satiriza a la burguesía antillana asimilada en mentalidad, vasallaje y costumbres a Estados Unidos, y describe la tragedia político-social de los países que esa potencia denomina, "West Indies", los sones de Juan el barbero –en sus cinco minutos de interrupción, cada vez–, denuncia a golpe de ritmo sonero los atropellos de la nueva tiranía cubana aupada por Tío Sam, contra los trabajadores que exigen más humanas condiciones de vida. Hay que apreciar igualmente, en lo que se refiere a su evolución ideológica, otro aspecto señalado por algunos críticos de esta poesía: que ella refleja el proceso de ideas y hechos de la descolonización en nuestra América, conforme a la tesis de Frantz Fanon.[2]

En el análisis de la evolución estética de la obra de Nicolás Guillén, hay que anotar su ruptura formal con el verso libre de su primera etapa vanguardista y con la estructura y motivos de los sones. Pero ese retorno ocasional a formas tradicionales y a la rima consonante en modo alguno

---

[2] Véase al respecto Jorge Ruffinelli, *Poesía y descolonización.*

significaba concesiones al modernismo ni un salto atrás. Las formas clásicas cobran un brillo distinto, por la aplicación de metáforas y giros novedosos de cuño muy personal, y por el desenfado con que utiliza y combina versos de metros variados y el juego de las rimas.

Al examinar los cambios en los procesos ideológico y estético del poeta, se tiene la impresión de que uno y otro se corresponden, como si al despertar Guillén a la plena realidad del drama histórico de Cuba y de las Antillas, sintiera la necesidad de expresarlo en forma más accesible a las mayorías, pero sin ceder en preocupación artística, sino por el contrario, ensayando fórmulas de mayor eficacia para la expresión poética.

A manera de resumen de este estadio de la obra del poeta cubano, se advierte que liquida la etapa negrista y entra en la antesala de su etapa revolucionaria. Su conquista del son como expresión popular, no sólo de la población negra, se mantiene y enriquece, a la vez que se acentúa el regreso al cultivo de formas tradicionales de la poesía de lengua española.

Si con *West Indies Ltd.* Guillén situó su poesía en la antesala de una nueva etapa, la revolucionaria, con *Cantos para soldados y sones para turistas* (1937) ya la inserta en ella firmemente, y en ella va a permanecer desde entonces. Permanecer, pero no estático, sino, como el río, renovando sin cesar su corriente creadora, con el fluir continuo de la realidad en movimiento y con la inquietud natural de todo poeta ante la plural manifestación de esa realidad, en lo objetivo y en lo subjetivo. Desde entonces se advierte una peculiaridad en su poesía: brota de la realidad como del manantial el agua fresca y cristalina. En hondo y lento proceso el poeta se ha consustanciado con el destino histórico de su pueblo. Ello explica que en el libro anterior, como en éste, se perciba el aliento de aquel instante cubano cargado de insurgencia frente a una nueva satrapía de signo castrense, de mayor supeditación al dictado extranjero.

A la frustración del movimiento popular en el poder, en enero de 1934, siguió la feroz represión de la huelga general revolucionaria en marzo de 1935, que estableció de hecho una dictadura militar manejada desde Washington. Ante la aguda crisis económica provocada por el bajo precio del azúcar –industria fundamental del país—, el régimen militar emprendió el desarrollo de la industria turística, con gran despliegue de propaganda dirigida, naturalmente, a la principal fuente turística posible, los Estados Unidos.

El nuevo libro de Nicolás Guillén se inspiró en ambas vertientes de la situación nacional. La primera sección identificada en el título, *Cantos para soldados*, exaltaba el origen de clase –obrera y campesina– de la masa castrense y demostraba al soldado que era ciego instrumento de la oligarquía nacional y de los intereses foráneos, y que debía cobrar conciencia de su origen clasista y defender a los suyos en lugar de ser instrumento de la injusticia social. La otra sección, *Sones para turistas*, presentaba el violento contraste entre las miserables condiciones de vida de la población trabajadora cubana y los alardes dispendiosos del turista yanqui.

El poeta, con pleno dominio de su instrumento artístico, rebasó el peligro de caer en lo prosaico de tales objetivos. Sus recursos formales en la primera sección del libro guardan estrecha relación con los del libro anterior: el regreso a formas tradicionales de la poesía castellana se hace más ostensible, enriquecidas por metáforas, matices y giros renovadores, dispuestos con su innegable maestría técnica como complemento de la autenticidad del contenido. Su magistral "Elegía a un soldado vivo" condensa con impresionante fuerza dramática el objetivo funcional del libro, cuya segunda sección, *Sones para turistas*, vuelve a mostrar nuevas posibilidades del molde rítmico del son, que descubrió para la poesía. Como los de su libro anterior, se trata de sones "que no se pueden bailar", advertencia del travieso personaje "José Ramón Cantaliso".

Este libro de soldados y turistas fue escrito en Cuba, pero publicado en México, a donde viajó Guillén a principios de 1937, invitado a participar en un congreso de escritores revolucionarios. Durante su permanencia en la capital mexicana, el poeta también participó en actos de solidaridad con los heroicos defensores de la República Española, frente a la rebelión militar apoyada por el eje fascista Roma-Berlín. La epopeya del pueblo español le inspiró entonces *España, poema en cuatro angustias y una esperanza*, que también tuvo su primera edición en México y la segunda en Valencia.

Si en lo estético logra Guillén, en este poema, la consolidación de una manera propia, de una forma y un tono distintivos (que habrían de caracterizarse en la estructura de sus futuras *Elegías*), en lo ideológico avanzaría a definiciones más categóricas. El ímpetu revolucionario de su pueblo que ya había asumido en principio, se fortaleció durante su estancia mexicana con una concepción más global de los problemas de América Latina, frente a la dominación norteamericana, y con una concepción internacionalista de las contiendas sociales de nuestra época. Y en el crisol de la guerra que libraba el pueblo español –de la que fue Guillén testigo y cronista excepcional–, decidió fundir su vida y su obra al partido de vanguardia de la clase obrera revolucionaria. En medio del fuego y la pólvora de las trincheras antifascistas españolas, solicitó el poeta su ingreso en el primer partido marxista-leninista de su país, en aquel turbulento 1937.

Esa concreta definición ideológica militante de Nicolás Guillén en un instante histórico determinado por el funesto avance de la criminal amenaza nazi-fascista que habría de culminar en la Segunda Guerra Mundial, –como en los casos de Rafael Alberti, Bertolt Brecht, Paul Eluard y Pablo Neruda, para mencionar algunos de los más significativos–, en modo alguno afectó el alto nivel artístico ni la autenticidad lírica y humana de su creación poética, ni la amplitud y variedad de sus temas, sino que los estimuló al máximo.

Lo demostró Guillén con su libro *El son entero*, editado en Buenos Aires en 1947, dentro de la "summa poética 1929-1946" de sus libros anteriores. Ello ocurrió luego de un demorado periplo por países sudamericanos – Venezuela, Colombia, Perú, Chile, Argentina, Uruguay y finalmente Brasil–, que valió al poeta, además de excepcional experiencia personal y profesional sobre las peculiaridades y realidades de nuestra América, amplia difusión de su obra en los más disímiles círculos, tanto intelectuales como populares, que acentuaron su dimensión general y continental.

Como he afirmado alguna vez,[3] el adjetivo en el título del libro está justificado, porque en él es cierto que aparece el son entero, es decir, no sólo en todo el tamaño de sus posibilidades como forma poética expresiva de la sensibilidad cubana, sino también de las más complejas e íntimas emociones del ser humano. No deja de ser patrióticamente combativo, en "Mi patria es dulce por fuera", por ejemplo, ni de fustigar la esclavitud, como en "Sudor y látigo", pero estrena su extraordinaria capacidad rítmica en el canto a las emociones y percepciones de la naturaleza, en el reiterado merodeo de la muerte y en el rastro imprescindible del amor. El son, nacido del registro musical vernáculo, llega a su estilización poética suprema, a una máxima expresión lírica, sin abandonar, cuando es preciso, la intención revolucionaria del autor, en alto momento de fructuosa madurez.

Corresponde a esta importante etapa de madurez lírica de Nicolás Guillén, el ciclo fundamental de sus *Elegías* ("a Jacques Roumain", "a Jesús Menéndez", "El apellido", "Elegía cubana", "a Emmett Till", "Elegía

---

[3] Véase Ángel Augier, *Nicolás Guillén. Estudio biográfico-crítico*. También del mismo autor, "La poesía de Nicolás Guillén". Prólogo a *Nicolás Guillén. Obra poética*.

camagüeyana").[4] En este ciclo, la evolución estética y la ideológica del poeta han llegado a una simbiosis suprema, a un punto de cristalización. El poeta, en plenitud artística, más que nunca se ha consustanciado con las aspiraciones del pueblo, de la nación a que pertenece, tanto como con las tareas y responsabilidades históricas del proletariado, de la clase social revolucionaria, por lo que su poesía rezuma, por igual, el espíritu combativo de la tradición revolucionaria cubana y latinoamericana y el impulso redentor de los ideales internacionalistas –humanistas– del socialismo.

Estas seis composiciones de un ciclo culminante de la poesía guilleneana están concebidas y estructuradas de distinta manera, conforme a sus temas y circunstancias, pero las identifica una profunda pasión revolucionaria y una impresionante intensidad lírica, capaces de aportarles certero equilibrio entre forma y contenido en cada caso. Grita en ellas la denuncia de crímenes de la injusticia y de la explotación, el dolor ante la pérdida de seres que honran el género humano, la protesta contra el sistema imperialista culpable de la frustración nacional cubana; se evoca indistintamente el ancestro africano desde su doloroso pasado de esclavitud y la ciudad natal de sus raíces, como recuerdo del origen entrañable y como desnuda confirmación de la identidad, lográndose, en conjunto, una hazaña artística e ideológica de indiscutible trascendencia en la historia de la poesía de nuestra América.

Esta sobresaliente obra poética ininterrumpida a lo largo de varios lustros, fue forjada en medio de una existencia de continua actividad de servicio social, como periodista de la prensa revolucionaria, agudo

---

[4] Estas elegías corresponden, respectivamente, al poeta haitiano Jacques Roumain, al dirigente de los obreros azucareros cubanos asesinado, Jesús Menéndez, y a un niño negro norteamericano, Emmett Till, asesinado; "El apellido", que el autor denominó como subtítulo "Elegía familiar", de gran intensidad lírica y social; "Elegía cubana", sobre la tragedia nacional de Cuba oprimida por EE.UU., y "Elegía camagüeyana" de su nostalgia de la ciudad natal. Posteriormente, Guillén decidió reunir todas sus elegías como núcleo central de su obra poética, al encomendarme la compilación de ésta para la colección venezolana Biblioteca Ayacucho, bajo el título de *Las grandes elegías y otros poemas*, selección, prólogo, notas y cronología por Ángel Augier, 1984, donde agregó a las ya mencionadas, *West Indies Ltd.* y "Elegía a un soldado vivo" de *Cantos para soldados* ... En 1992, en la conmemoración del 90 aniversario del nacimiento del poeta, la Fundación Nicolás Guillén, en nueva edición de *Las grandes elegías*, agregó las composiciones *España. Poema en cuatro angustias y una esperanza* y *Che Comandante*.

comentarista y crítico de la actualidad política y cultural, en una prosa distintiva que le sitúa entre los maestros del idioma; o como activista político circunstancial, o como conferencista en su carácter de miembro del Consejo Mundial de la Paz, con frecuentes desplazamientos a diversos meridianos.

Precisamente, cuando Guillén, en julio de 1953, visitaba Brasil, luego de participar en Santiago de Chile en el Congreso Continental de la Cultura, la severa represión que predominó en Cuba luego del fracasado asalto revolucionario a cuarteles militares de la provincia de Oriente, obligó al poeta a un prolongado exilio. Fue, como se sabe, aquella heroica hazaña del 26 de julio, en el año del centenario del nacimiento de José Martí, el inicio del poderoso movimiento comandado por Fidel Castro contra la dictadura que sufría Cuba, respaldada por el gobierno norteamericano, sobre la que habría de triunfar en enero de 1959, tras la legendaria gesta de la Sierra Maestra. Fue el de Guillén un destierro de más de cinco años, durante los cuales el poeta no permaneció inactivo ni en silencio.

La publicación del poemario *La paloma de vuelo popular* (Buenos Aires, 1958), fue como un balance lírico de ese prolongado período de exilio del poeta. En ese mismo volumen donde agrupó las composiciones escritas en ese amargo pero laborioso período de desplazamientos por distintos países de Europa, Asia y América Latina (en las que vibra el eco de la epopeya libertadora que libraba su pueblo), incluyó Guillén su ciclo de las *Elegías* y hay que advertir que todo el libro, en sus más diversos aspectos, participa del alto grado de madurez artística y revolucionaria ya subrayada, que se manifiesta en su amplio registro de medios expresivos de muy personales características.

Pero la circunstancia histórica decidió que ese libro fuera la liquidación de una etapa de la obra poética de Nicolás Guillén, por lo mismo que con el último día de aquel 1958 quedó cerrado un angustioso período de la historia de Cuba —el de la condición semicolonial del país impuesta por Estados Unidos—, y se abrió una nueva época de esperanza y desarrollo, la época de plenitud de la Independencia Nacional y de renovación profunda de medios y procedimientos de la nación y la sociedad en beneficio de su pueblo. El triunfo de la Revolución Cubana el primer día de 1959 constituyó para el poeta —como para la inmensa mayoría del pueblo cubano— la realización de un sueño por el que libraron cruentas batallas, desde principios del siglo XIX, varias generaciones criollas, batallas donde siempre participaron las armas sutiles pero poderosas de la poesía.

El regreso a la patria en 1959, tras el prolongado exilio, también significó para el poeta, naturalmente, el inicio de una nueva etapa de su obra, en la que el espíritu de lucha por una patria y un mundo mejores entraba en una fase distinta, desde las nuevas trincheras y nuevas perspectivas de la Revolución en el poder. Era una misma posición ideológica la suya, pero en un nivel superior de su evolución personal y del proceso de su poesía. Fue necesario foguearse en el enfrentamiento con los mismos adversarios de siempre, pero en primer término contra el poderoso complejo, soberbio y prepotente, del imperialismo norteño, que utilizaba y utilizaría todos los medios posibles, hasta los más reprobables e infames, para arrebatar al pueblo cubano su legítimo derecho a la independencia de la nación y a disponer libremente de su destino. Un bloqueo inicuo, verdadera guerra económica, calificada certeramente de genocida.

En el poemario *Tengo* (1964), Guillén recoge la vibrante, cálida, resonante poesía del primer lustro del proceso revolucionario cubano. Ya el simple título del libro –que es el de uno de los poemas centrales de la colección– lo define con sencilla elocuencia. Es una poesía forjada al fuego del entusiasmo creador de la plena soberanía nacional y de una nueva sociedad justa y solidaria y también al calor de la contienda popular contra las agresiones y las turbias maniobras del gobierno estadounidense. La gloriosa epopeya del pueblo cubano arde en estas páginas, con el júbilo y la ira, el canto y la imprecación, el ímpetu y la firmeza de cada jornada de lucha y de victoria, y donde no falta el ondear de las banderas de la solidaridad internacionalista.

Nuevamente, Guillén explaya en esta colección su vasto repertorio formal, donde se entrelazan los diversos recursos de su peculiar manera, sin excluir la refrescante presencia del son, en uno de los cuales, el titulado "Se acabó", se sintetiza con suprema gracia popular el rescate de la independencia nacional, que fuera el propósito de la guerra de independencia organizada por José Martí en 1895:

> ¡Ay, que linda mi bandera, / mi banderita cubana, / sin que la manden de afuera, / ni venga un rufián cualquiera / a pisotearla en La Habana! / Se acabó. / Yo lo ví. / Te lo prometió Martí / y Fidel te lo cumplió. / Se acabó.

La poesía que desemboca en *Tengo* es ya parte entrañable de un decisivo período histórico de Cuba y de las Antillas. A esa altura de su obra, en un punto culminante como expresión artística vital –y cuando otros en similar momento de máxima energía creadora comienzan a mostrar señales de declinación–, Nicolás Guillén no cesaba de ofrecer nuevas facetas de su portentosa versatilidad, de su genio y de su imaginación. La frescura y el vigor de su estro aparecen renovados, enriquecidos en nuevas obras, que marcan sucesivos jalones de su evolución ideológica y estética.

En 1967, la aparición del poemario *El gran Zoo* constituyó una grata sorpresa, tanto por lo novedoso de la concepción de la obra cuanto por la *sugestiva* factura de los poemas. En trazos breves, en líneas escuetas pero eficaces, se presenta un imaginario parque zoológico, donde asumen categoría animal los objetos, fenómenos naturales y sociales, ocupaciones y oficios, sensaciones físicas, costumbres, frutos, mientras que los auténticos animales seleccionados cambian o extienden sus atributos a veces hasta lo humano-bestial. Gracia poética, cernida ironía y la intención política o revolucionaria manifestada con la elegancia, el aliento y el tono inconfundibles de Nicolás Guillén.

Cinco años después, en la oportunidad de arribar el poeta a su septuagésimo cumpleaños, fue nueva sorpresa la aparición de dos nuevos poemarios suyos: *La rueda dentada* y *El diario que a diario*. En el primero, se prolonga la línea emocional y testimonial de *Tengo*, es decir, vibra en él todo el hervor combativo del pueblo cubano en su ardua tarea histórica de establecer una estructura socialista de base democrática, el clamor generoso de la solidaridad con la lucha revolucionaria de pueblos hermanos y la resistencia heroica y la denuncia enérgica de la constante y criminal ofensiva norteamericana contra el derecho de Cuba a su plena independencia nacional, todo dentro de una rica variedad de recursos formales, al estilo original del poeta.

En *El diario que a diario*, Nicolás Guillén una vez más demuestra la frescura y originalidad de su estro, junto con la profundidad emotiva y sentimental de su oficio de periodista, al imaginar y componer este genuino remedo poético informativo de un prolongado y laborioso período de la historia de Cuba. Son intencionados *collages* de juvenil inventiva y original realización, de tono satírico y estilo desenvuelto, donde el poeta logra ofrecer los puntos significativos, a veces recónditos, de nuestro proceso histórico. En lo esencial, con otros recursos de sostenido aliento lírico, el poeta ya había reflejado en su poesía aspectos de nuestra dramática realidad histórica. Pero este enfoque inusitado y sugestivo, merece estudio y atención, por la forma pintoresca de desnuda poesía, en que recorre los cien años de lucha cubana contra la esclavitud y la injusticia, contra la opresión colonial española y contra el dominio de los monopolios financieros estadounidenses, que impedían el desarrollo efectivo de nuestros recursos naturales en el propio provecho de nuestro pueblo.

Aún reservaba Nicolás Guillén más testimonios de su vitalidad creadora, con sus poemas "para niños mayores de edad", del libro *Por el mar de las Antillas anda un barco de papel* (1977), con todas las virtudes de forma y contenido de su ya conocido y consagrado quehacer poético, en una faceta difícil que ya había asomado esporádicamente en sus libros anteriores. Inspirado en sus nietos, con su genio fantasioso y su dominio de las formas, dejó a la infancia del mundo un hermoso legado poético que ha de perdurar.

La recia contextura física en que se afirmaba aquel talento privilegiado y aquella generosa y fecunda sensibilidad, de aportes tan brillantes y fundamentales a la tradición de la cultura cubana y a la conciencia de nuestra nacionalidad, fue rendida por naturales achaques de la edad el 16 de julio de 1989, seis días después de haber arribado a sus ochenta y siete años. Su pueblo, que colmó de admiración, amor y respeto sus últimos años, hizo de su sepelio un fervoroso homenaje de dolor y reconocimiento. Y de posteridad cierta, que es la seguridad de permanecer vivo en la obra de la vida.

En el vasto y complejo panorama de la literatura mundial del siglo XX, la obra del poeta cubano Nicolás Guillén –traducida a numerosos idiomas– es admirable ejemplo de un dilatado e interesante proceso estético-ideológico siempre en ascenso y hermoso exponente de genuina poesía de su tiempo y para todos los tiempos, tanto por su poderoso aliento lírico como por su generoso espíritu de solidaridad humana.

Su poesía se nutrió de las más profundas raíces de su pueblo, cuya cultura específica y consiguiente conciencia nacional —producto del proceso evolutivo de la conmistión histórica de descendientes de España y África— asumió con plenitud, expresándolas y enriqueciéndolas y contribuyendo a su defensa con excepcional vigor frente a la agresiva política imperialista norteamericana. Desde esa raigal cubanidad, la poesía de Nicolás Guillén ha expresado las angustias, luchas y esperanzas de todos los pueblos y el espíritu revolucionario del hombre contemporáneo, en el anhelo de establecer un mundo mejor, regido por el respeto a la dignidad humana, la libertad y la justicia social. Es una poesía que continúa viva y activa, con su belleza y fuerza originales, empujándonos, animándonos, invitándonos a las presentes y a las generaciones sucesivas a conquistar el futuro de felicidad que merece el género humano, salvándolo de entre las ruinas de este podrido y confuso ciclo histórico, inaugurado en los umbrales del siglo XXI.

Bibliografía

Augier, Ángel. *Nicolás Guillén. Estudio biográfico-crítico.* La Habana: Ediciones Unión, 1984.

____ "La poesía de Nicolás Guillén". *Nicolás Guillén. Obra poética.* Prólogo. La Habana: Editorial Letras Cubanas, 2002.

del Monte, Domingo. *Centón epistolario de Domingo del Monte.* 7 tomos. La Habana: Academia de la historia de Cuba, 1953.

Guillén, Nicolás. *Nicolás Guillén. Obra poética.* Edición y prólogo de Ángel Augier. La Habana: Editorial Letras Cubanas, 2002.

Ruffinelli, Jorge. *Poesía y descolonización. Viaje por la poesía de Nicolás Guillén.* Veracruz: Editorial Oasis, 1985.

Tanco, Félix. *Centón epistolario de Domingo del Monte.* Tomo VII (1823-1843). La Habana: Academia de la Historia de Cuba, 1953.

Nicolás Guillén: hispanidad, vanguardia y compromiso social[1]

Roberto Fernández Retamar

AGRADEZCO AL COMPAÑERO NICOLÁS HERNÁNDEZ GUILLÉN EL HONOR DE solicitarme esta conferencia inaugural de nuestro Congreso. Y adelanto que la he hecho apoyándome, como es natural, en lo mucho y acertado que han publicado sobre la obra de Guillén, el magnífico, ustedes, que participan en este Congreso (y otros, incluso quienes nos iluminan pero por desgracia ya no dan sombra, como diría Dante: tales los casos de Regino E. Boti, Ezequiel Martínez Estrada, Juan Marinello, Mirta Aguirre, José Antonio Portuondo, Alfred Melon, para nombrar sólo a algunos), aunque razones de espacio y tiempo me impidan por lo general señalar sus aportes específicos. No se sientan saqueados, sino asimilados. Después de todo, esto es una mera introducción y no un resumen. Además, inevitablemente, volveré sobre algunas de las cosas que durante más de medio siglo he escrito en torno al autor de *Motivos de son* (cuaderno que, entre paréntesis, se publicó el año en que nací); y llegado el caso, me rectificaré. Por último, quiero sustraerme a las polémicas que podría desencadenar el título del Congreso: "hispanidad" nos enredaría con su complicada historia;[2] "vanguardia", con las discusiones que hace décadas

---

[1] Conferencia inaugural del *Congreso Internacional Nicolás Guillén. Hispanidad, vanguardia y compromiso social*, realizado en la Universidad de Castilla-La Mancha, Ciudad Real, entre el 15 y el 18 de octubre de 2001.
[2] Véanse, por ejemplo, libros como *Idea de la Hispanidad*, de Manuel García Morente, tercera edición, aumentada o el de Xavier Rubert de Ventós *El laberinto de la hispanidad*.

se ciernen en torno al concepto; y "compromiso social", con otras discusiones, de algunas de las cuales nos ofrece ejemplos el capítulo "Literatura comprometida: el término y los problemas que origina" del libro de J. Lechner *El compromiso en la poesía española del siglo XX*. Para no hacer derivar este Congreso en un torneo de esgrima semántica, tomaré los vocablos de la manera más adánica que me sea posible, aunque aquí o allá haga alguna necesaria aclaración. Por último, es inevitable que a veces se traslapen las áreas: así como Guillén escribió que no era un hombre puro, no forzaré la pureza artificial de este texto. Y sin más, me lanzo al ruedo, sabiendo que seré seguido por intervenciones y lecturas de poemas que son un necesario homenaje a quien merece los primeros e hizo soberanamente los segundos.

CB ED

Andaba yo con no poca morriña y acidez, lejos de mi país, cuando llegó a mis manos la antología *The Penguin Book of Spanish Verse*, compilada, prologada y acompañada de traducciones suyas en prosa por el hispanista inglés J. M. Cohen, libro publicado en Londres en 1956. Ignoraba yo que iba a conocer a Cohen, e incluso me iba a unir a él una cordial amistad. Sabía, sí, que había traducido el *Quijote* y estaba familiarizado con varias literaturas. Pero ciertos aspectos de aquella antología, quizá agravado por mi estado de ánimo, me produjeron escozor. Así, sus criterios según los cuales, por una parte, la escritura de Nicolás Guillén "debe más a la tradición africana que a la española"; y por otra, Guillén "sólo por azar ha hecho uso de la lengua española". A ello respondí con brusquedad (en nota que apareció en el número inicial, de septiembre-diciembre de 1958, de la revista *Islas*) que Cohen "no nos explica cuál sea ese azar, y no nos atrevemos a pensar que sea el del nacimiento, de acuerdo con el cual sólo por azar Shakespeare ha hecho uso de la lengua inglesa, de la que quizá hubiera prescindido de haber nacido en Estonia. Tampoco se detiene a precisarnos cuál es la tradición africana a la que Guillén debe más que a la española". Algún tiempo después, cuando Nicolás cumplió sesenta años, añadí en la misma revista (julio-diciembre de 1962): "decir que sólo por azar Guillén hace uso del español [...] es ignorar que Guillén es hoy un eminente poeta de la lengua española: quiero decir, del idioma, de las posibilidades creadoras implícitas en el propio organismo verbal, lo que no siempre puede decirse de un poeta". Era cuestión que, por su importancia, yo había venido abordando desde un trabajo sobre Guillén de mi adolescencia, que nunca publiqué, y mi libro *La poesía contemporánea en Cuba (1927-1953)* (La Habana, 1954), hasta ensayos sobre Nicolás, como "El son de vuelo popular", que escribí también en su sexagésimo aniversario (*Hoy Domingo*, 8 de julio de 1962). Un acápite de este último se llama explícitamente "Paréntesis: el idioma". En vez de citar de esos textos, glosaré y ampliaré lo allí dicho.

Empiezo por lo último: por ampliar. Y recuerdo las "Dilucidaciones" que el periódico español *El Imparcial* le solicitó a Rubén Darío, y este último (a quien Ortega y Gasset llamaría "indio divino, domesticador de palabras") puso luego al frente de su libro *El canto errante* (Madrid, 1907), significativamente dedicado "A los nuevos poetas de las Españas". En aquel texto, el fundador de la poesía moderna en español aludió con altivez y amargura a su "condición de 'meteco', echada en cara de cuando en cuando por escritores poco avisados", para proclamarse poco después "ciudadano de la lengua". De igual manera deben ser considerados poetas como el cholo César Vallejo o el mulato Nicolás Guillén, en quienes se fundieron sangres hispánicas con indias en un caso y africanas en otro y son altísimos ciudadanos de la lengua, a la cual estremecieron, según hace todo poeta esencial. No está de más recordar que, a diferencia de otros idiomas que también se diseminaron imperialmente por la Tierra, como el inglés y el francés, nuestra lengua no ha engendrado dialectos. Lo que no obsta para que existan considerables matices, que son riquezas, entre las formas en que lo emplean un andaluz y un madrileño, un argentino y un cubano, un peruano y un canario. Y si se aduce que nos fue impuesta a los americanos (quienes, por cierto, somos hoy la inmensa mayoría de los hablantes de nuestra lengua), debe tenerse en cuenta que el castellano también fue impuesto como *lingua franca* a gallegos, catalanes o vascos, quienes, no obstante, han conservado sus idiomas, como muchísimos de los llamados indios de América han conservado los suyos. En Cuba, sin embargo, extinguidos sus habitantes originarios, sólo nos es dable entendernos entre nosotros valiéndonos de la lengua que llevó consigo el conquistador y hemos recreado a lo largo de casi cinco siglos. Pues las sobrevivencias de idiomas trasladados a nuestras tierras por africanos tienen usos rituales (como fue el caso del latín en ceremonias católicas), pero no pueden sustituir a la lengua de comunicación y expresión habituales: lengua en la que, sin embargo, no han dejado de tener influencia, como sustratos o como adstratos.

Volviendo a Guillén, el error de Cohen (y de otros) debió estar basado en la ignorancia de hechos como algunos de los nombrados y en un conocimiento sumamente parcial de la obra del cubano. Pues, además de haber mantenido inédito su libro inicial de aprendizaje (que fue dado a conocer por Ángel Augier como apéndice de la segunda edición del primer tomo de su obra *Nicolás Guillén. Notas para un estudio biográfico-crítico*, La

Habana, 1965), Nicolás sólo publicó poemas dispersos en revistas y periódicos hasta que en 1930, después de haberlo hecho en uno de estos últimos, recogió en un cuaderno ocho *Motivos de son*. Aunque algunos de sus versos previos habían recibido elogios de un crítico agudo como Jorge Mañach, aquel cuaderno fue su verdadera entrada, ciertamente ruidosa, en la poesía mayor. En él incorporó el ritmo del son, procedente de la música popular cubana, a la literatura más exigente; y además se valió de lo que el propio Guillén llamaría más tarde "la prosodia negroide".[3] Aunque incluyó los *Motivos* (aumentados hasta once) al final de su siguiente libro, *Sóngoro cosongo* (La Habana, 1931), jamás incurrió de nuevo en tal prosodia. Escribió el resto de su obra en un español bruñido, donde se percibe la profunda asimilación de los clásicos del idioma junto a las novedades del momento. Estas últimas incluían no sólo tropos audaces, sino además vocablos inventados o refuncionalizados (a menudo con singulares alusiones a culturas africanas), como los que dieron nombre a *Sóngoro cosongo*, y ya habían aparecido en los *Motivos*. Eran, de hecho (y Nicolás mismo lo proclamó), jitanjáforas, según el término que Alfonso Reyes extrajo de un poema de Mariano Brull. Vocablos de esa familia aparecieron, además de en Brull (quien al principio los había usado más bien humorísticamente), en el Vicente Huidobro de *Altazor...* (1931) o el Oliverio Girondo de *En la masmédula* (1956). Las jitanjáforas de Guillén, de una poderosa originalidad, nada debieron a las de autores hispanoamericanos coetáneos y no digamos españoles, porque no conozco (acaso por ignorancia) que existieran en estos.

Es innecesario subrayar el carácter hispánico de muchísimos versos y estrofas de que se valió Nicolás. En unos casos, se trató de versos de arte menor (como en los estribillos de los sones), con marcado predominio del octosílabo (habitual en el cuerpo de los sones), o de eneasílabos, decasílabos, endecasílabos, dodecasílabos, alejandrinos, ritmos endecasilábicos, versículos imprevisibles; en otro, de romances, dísticos, tercetos, cuartetos, serventesios, cuartetas, redondillas, décimas, sonetos, seguidillas, silvas, combinaciones variadísimas, que incluyeron la prosa poética... Incluso la magnífica entrada que dio en la poesía escrita al son, procedente como fue apuntado de la música popular, había sido anticipada de alguna forma por muchos de los *Versos sencillos* de Martí, de los que Gabriela Mistral escribió: "Yo me oigo en coplas la mayor parte de los *Versos* sencillos [...] Parecen versos de tonada chilena, de habanera cubana, de canción de

---

[3] En *Páginas vueltas. Memorias*, 89.

México, y se nos vienen a la boca espontáneamente".[4] Y esas piezas nacieron, como luego haría el son, del cruce entre lo español y lo criollo: en el caso del son, con fuerte impronta mulata. Se ha dicho a menudo que acaso Nicolás sea el más español de los poetas cubanos del siglo XX. Lo que, por otra parte, se aviene con el hecho de que quizá Martí sea el más español de los libertadores del siglo XIX en el Hemisferio Occidental; y Cuba, el más español de los países hispanoamericanos. Al menos, así lo creo. Puede pensarse que ello facilitó el que, influidos por Guillén, escribieran sones García Lorca y Alberti, tan afines en más de un aspecto con el cubano, a quien a su vez enriquecieron creaciones de los grandes andaluces, en fértil simbiosis.

Y el amor de Nicolás por España no se limitó al idioma y a formas literarias. Por ejemplo, en su libro de 1934, *West Indies Ltd.*, lo proclamó su "Balada de los dos abuelos", el español y el africano, don Federico y Taita Facundo, cuyas sombras juntó el cubano. Pero sobre todo lo proclamó un acontecimiento que marcaría a fuego al poeta. Así como la humillación a que los yanquis sometieron a España en 1898 provocó un acercamiento a ésta en hispanoamericanos de la dimensión de Darío (quien a partir de entonces hizo cambiar de giro su obra) y Rodó, e incrementó el antiimperialismo sembrado años antes por Martí; la guerra que, alentada por el fascismo, se inició en España en 1936, obró con mayor fuerza aún en numerosísimos hombres y mujeres del mundo y, desde luego, en hispanoamericanos. Nicolás Guillén fue de los más destacados entre ellos y en 1937 viajó a España para participar en el memorable II Congreso Internacional de Escritores para la Defensa de la Cultura, que se celebraría en la primera quincena de julio en Barcelona, Valencia y Madrid; y (después de trasladarse brevemente a París con el fin de asistir a las dos sesiones finales del Congreso) permanecería en España hasta febrero de 1938. Se encontraba aún en México, en 1937, cuando escribió y publicó en esa ciudad *España. Poema en cuatro angustias y una esperanza*, que ese año lo reeditara en Valencia, estando ya allí Guillén, el gran poeta-impresor de la generación española del 27, Manuel Altolaguirre. El espacio impide citar aquí las numerosas muestras de amor a la España popular prodigadas en los artículos escritos entonces por Guillén, que son sin embargo imprescindibles para calibrar su relación con España.[5] Me limitaré a unos versos de su cuaderno *España...* y a unas palabras de su intervención inicial en el Congreso. En el cuaderno, después de afirmar en la "Angustia tercera":

---

[4] Gabriela Mistral: "Los "Versos sencillos" de José Martí", 13 y 14.
[5] Véase el tomo primero de su *Prosa de prisa 1929-1972*.

"Las dos sangres de ti, que en mí se juntan,/ vuelven a ti, pues que de ti vinieron", añade en "La voz esperanzada":

> Yo,
>   hijo de América;
>   hijo de ti y de África;
>   esclavo ayer de mayorales blancos dueños de látigos sangrientos;
>   hoy, esclavo de rojos yanquis despreciativos y voraces;
>   yo, chapoteando en la oscura sangre en que se mojan mis Antillas;
>   ahogado en el humo agriverde de los cañaverales;
>   sepultado en el fango de las cárceles;
>   cercado día y noche por insaciables bayonetas;
>   perdido en las florestas ululantes de las islas crucificadas en la cruz del Trópico;
>   yo, hijo de América,
>   corro hacia ti, muero por ti.

En su intervención ante el Congreso, leída el 6 de julio de 1937, Guillén recordó que había nacido en Cuba, "donde el negro representa una porción muy importante del pueblo, a cuya formación espiritual ha contribuido desde el fondo de trescientos años de esclavitud, con elementos que son fácilmente reconocidos en la psicología nacional, y puedo deciros que allá vive el negro la tragedia de la España republicana porque sabe que este momento que atravesamos es sólo un episodio de la pugna que está planteada entre las fuerzas democráticas de las que él, negro, y por lo tanto pueblo, forma parte, y las clases conservadoras que ya lo esclavizaron una vez y que han de esclavizarlo siempre. Además, el negro cubano es también *español*, porque junto con los signos infamantes del siervo recibió y asimiló los elementos de esa cultura, mucho más parcos, desde luego, que los azotes del amo, pero que han ido acaudalándose cada vez que la más pequeña mejoría en sus tristes condiciones de vida lo ha permitido, hasta culminar a veces en tipos de poderosa y recia formación. Es con alma de pueblo, pues, y con alma de español que el negro de Cuba está junto al pueblo de España [...]"

Se habrá notado que, como advertí y era inevitable, hace rato que vengo penetrando en terrenos más allá de lo relativo a la primera parte del título. Pienso ahora, concretamente, en "vanguardia". Mucho se ha debatido en torno a este término, que de su origen militar se deslizó a la política y las artes, incluida por supuesto la literatura. En cuanto a esta última, vale la pena recordar que el primer balance publicado en el mundo sobre las tendencias que podrían ser englobadas con esa denominación apareció en España: *Literaturas europeas de vanguardia* (Madrid, 1925), del joven Guillermo de Torre. No era libro muy riguroso, aunque a mis veinte años lo leí con avidez. Pero cuando cuatro décadas más tarde el autor se animó a publicar una especie de segunda edición (*Historia de las literaturas de vanguardia*, Madrid, 1965), el rigor había terminado de evaporarse. Bajo la denominación de "literaturas de vanguardia" se incluía, además de lo que se tenía por tal, lo mismo al personalismo que al existencialismo, al neorrealismo que al objetivismo. Como le ocurriría por ese tiempo a Roger Garaudy con *D'un realisme sans rivages...* (París, 1963), a fuerza de expandir o borrar las fronteras, ni la vanguardia, en un caso, ni el realismo, en otro, acabaron por conservar sustantividad. En lo tocante a la vanguardia, se habló además de posvanguardismo (yo lo hice en 1957 y supongo que muchos otros también por ese tiempo), y, sobre todo los italianos, de neovanguardia. Por cosas como las anteriores, adelanté que prefería sustraer a Guillén de esa polémica. Él, como todo poeta verdadero, según advirtieron Goethe o Juan Ramón, volvió a vivir la historia de la poesía. En su libro inicial, *Cerebro y corazón* (1922), fue tardíamente romántico, modernista decorativo, algo posmodernista. Con sabiduría, como se ha dicho, no publicó tal libro. Quizá éste es buen momento para señalar el acierto autocrítico de Guillén. Ni entonces ni nunca accedió a dar a la luz poemas no logrados. En esto, y en otras cosas, se diferenció de quienes publicaron libros aún inmaduros, o descerrajaron ya en la vejez cataratas tan caudalosas como prescindibles. Después de aquel libro primero, que decidió olvidar, y tras un tiempo de silencio, Guillén retomó su historia de la poesía. Ya había pasado por el posmodernismo prosaísta; ahora lo haría además por ciertos escarceos del vanguardismo habitual que llegaron algo trasnochados a Cuba, pero que le era necesario asumir a fin de seguir adelante. En todo caso, no recogió en libro tales textos. Cuando entre 1930 y 1931 publicó *Motivos de son* y *Sóngoro cosongo*, su aprendizaje había terminado: era ya, plenamente, una alta voz nueva y propia. Rubén Martínez Villena lo percibió con claridad, al decir en una carta a su hermana, refiriéndose a esas obras: "Guillén —a quien conozco hace mucho tiempo— se ha encontrado, y aunque algunos poemas recuerdan a los romances de García Lorca, hay cosas formidablemente originales, a fuerza de ser iguales a las palabras, frases y sentimientos del pueblo negro".[6] Y también lo percibió, aun sin conocer la obra previa de Guillén, Unamuno, en una penetrante carta que le enviara en 1932 y fue la alternativa, en el sentido

---

[6] *Recopilación de textos sobre Nicolás Guillén*, selección y prólogo de Nancy Morejón, 325.

taurino, recibida por el joven cubano: carta consagratoria que estoy seguro de que va a ser citada por otro u otra en este Congreso, debido a lo cual no la traigo aquí. Por cierto que, la primera vez que leí a Nicolás fue en el volumen *Sóngoro cosongo y otros poemas*, que en 1942, esta vez en La Habana de su exilio, le publicó Altolaguirre, con la mentada carta de Unamuno (a quien yo admiraba sin tasa) y un precioso retrato de Guillén, un dibujo a línea, hecho por Mario Carreño: a este último retrato me referí en mi soneto "A Nicolás", de 1972, al escribir: "Cuando yo era muchacho, "Nicolás/ Guillén" me era una música asombrosa,/ Una voz algo pólvora, algo rosa,/ Un rostro dibujado —y mucho más". No me despediré del tema sin decir que, al margen de las vicisitudes del término, considerado a menudo con mucha más seriedad de la que lo hiciera de Torre, Guillén fue a partir de 1930 un auténtico poeta de vanguardia, lo que no quiere decir obligadamente vanguardista: si bien lo era en las audacias idiomáticas y en algunas imágenes de sus primeros volúmenes; y más tarde, quizá en *El gran zoo* (La Habana, 1967) y en otros textos retomara algo de su fugaz aventura de esa naturaleza. Sin embargo, pensando en las críticas al vanguardismo hispanoamericano hechas por cultores suyos de la envergadura de Vallejo o Borges y en el reconocimiento por ambos (y otros como Huidobro) del valor de la poesía de Darío y en general de lo mejor de nuestro modernismo (que no debe confundirse con lo que la palabra significa en idiomas como el inglés o el portugués), creo que la poesía de Guillén, más que del vanguardismo, procede, como toda la auténtica poesía de nuestra lengua desde finales del siglo XIX hasta hoy, de aquel movimiento intensamente renovador: no de sus epígonos desangrados y repetitivos, por supuesto. Sin embargo, me doy cuenta de lo discutible del criterio según el cual nuestra verdadera vanguardia sería el modernismo, y no lo doy por inmutable. Presumo que seré contradicho, lo que no habrá de extrañarme –ni quizá de convencerme–.

El inicial acercamiento de Guillén al "compromiso social" no ocurre por la vía política. Ello no es raro. En su libro sobre *La poesía de Rubén Darío. Ensayo sobre el tema y los temas del poeta*,[7] Pedro Salinas llama "poesía social" a "la originada por una experiencia que afecte al poeta no en aquello que su ser tiene de propio y singular, de inalienable vida individual, sino en ese modo de su existencia por el cual se siente perteneciendo a una comunidad organizada, a una sociedad donde sus actos se aparecen siempre como relativos a los demás". Y distingue cuatro modos de esta

---

[7] Pedro Salinas, *La poesía de Rubén Darío. Ensayo sobre el tema y los temas del poeta*, 215-16.

poesía: si el poeta se proyecta hacia el pasado, se mueve en el modo histórico; si se asume como miembro de una comunidad específica, en el modo nacional; si expresa un credo político, en el modo político; si se refiere a la humanidad en conjunto, al modo humanitario. De aceptar esta distinción propuesta por el gran poeta y crítico, Guillén comienza en su poesía social por ser un representante del "modo nacional": es el momento bien o mal llamado negrista de su obra, cuya mejor exposición teórica la hizo el propio Guillén en su agudísimo prólogo a *Sóngoro cosongo*, libro que lleva el elocuente subtítulo *Poemas mulatos*. En ese prólogo, a partir de nuestro mestizaje sobre todo afroespañol, habla de un futuro "color cubano", casi una década antes de que Fernando Ortiz forjara el término "transculturación".

La principal razón para que Guillén no se hubiera interesado inicialmente en la política, no obstante la intensa efervescencia que vivió Cuba entre 1923 y 1933, estuvo en un suceso dramático de su vida. Guillén se refirió en más de una ocasión a tal suceso, por ejemplo al decir que los acontecimientos más importantes en su existencia fueron el asesinato en 1917, siendo Nicolás un muchacho, de su padre; el derrocamiento en 1933 del tirano Gerardo Machado y las luchas que siguieron; la Guerra Española de 1936 a 1939 y la Revolución Cubana triunfante en 1959. Lo primero nos hace evocar una experiencia en cierta forma similar vivida por Alfonso Reyes: en ambos casos, dolorosas luchas políticas los dejaron tempranamente huérfanos y como consecuencia de ello vieron la política con gran desconfianza. Para Reyes, la visión fue definitiva. Para Guillén, los acontecimientos del 33 en adelante le abrieron un nuevo horizonte. Pero ya él se había interesado en la cuestión social por otro costado: el de la discriminación racial. Primero lo hizo en artículos aparecidos en la sección "Ideales de una raza", del *Diario de la Marina*, ejemplos del valioso y nutrido periodismo de Guillén, que no debe subestimarse aunque no haya alcanzado la intensidad de su labor en verso. En 1929, su lucha contra los prejuicios raciales le provoca la "Pequeña oda a Kid Chocolate", así llamada al aparecer en aquella sección, y que con el título "Pequeña oda a un negro boxeador cubano" iba a ser el primer poema de *Sóngoro cosongo* (el primero cronológicamente hablando, pues con acierto Guillén inició ese libro con el gran texto programático "Llegada"). El conocido interés por el arte negro experimentado entonces en naciones europeas (sobre todo Francia) y Estados Unidos se sumó a la realidad de Cuba, con numerosas y fuertes presencias de origen africano en su mestizaje, para impulsar en varios escritores y artistas del país creaciones de esa orientación. A partir de *Motivos de son*, Guillén se situó a la cabeza de aquéllos. Más lejos aún fue en *Sóngoro cosongo*. Pero la caída del tirano Machado y la gran conmoción que le siguió influyeron en la vida (y consiguientemente en la poesía) de Guillén. En su próxima obra, *West Indies Ltd.* (La Habana, 1934), la preocupación antirracista, que lo acompañará hasta el final de su vida, se cruza ya con lo que Salinas llamó "el modo político", anunciado en el poema "Caña", de *Sóngoro cosongo*. Este último "modo", nunca de manera mecánica ni panfletaria, también lo acompañará hasta el final de su vida, y por lo pronto reaparece en su gran libro *Cantos para soldados y sones para turistas* (México, 1937), en el mentado *España*..., en parte de la suma *El son entero* (Buenos Aires, 1947), en varias de sus grandes elegías (como *Elegía a Jacques Roumain en el cielo de Haití* [La Habana, 1948], *Elegía a Jesús Menéndez* [La Habana, 1951], *Elegía cubana* [La Habana, 1952]), en varios poemas de *La paloma de vuelo popular* (Buenos Aires, 1958), y, ya a partir de la Revolución de 1959, en *Tengo* (La Habana, 1964)... Pero no continúo así, no porque no haya nuevos títulos que nombrar, sino porque me doy cuenta de que una enumeración de esta naturaleza no puede hacer justicia a la obra múltiple de Nicolás. ¿Dónde colocar *La rueda dentada* (La Habana, 1972)? ¿Dónde *El diario que a diario* (La Habana, 1972)? Son obras variadas y de gran originalidad (más el segundo que el primero, según creo).

El último de los temas de este Congreso obliga a enfatizar lo que sin duda fue una realidad poderosa en cantidad y calidad: la poesía de preocupación social y política de Nicolás. En mi ensayo "El son de vuelo popular", dos de sus acápites se llaman "¿Poesía negra? Poesía de la descolonización" y "Un poeta anuncia la Revolución". Esos términos no requieren glosas. Aunque ya la había estudiado antes, así vi hace casi cuarenta años esta poesía mayor del idioma. Así la sigo viendo. Desde *Motivos de son*, Nicolás fue, de manera creciente, un poeta de la descolonización. Y desde entonces, aunque sólo lo asumiera a plenitud algo después, había venido identificándose con las causas más nobles de la humanidad. La descolonización, asunto de vida o muerte, encontró en el antirracista de *Sóngoro cosongo* y "El apellido", el antimperialista de *West Indies Ltd.* y *Tengo*, el antifascista de *España. Poema en cuatro angustias y una esperanza*, y (si se me permite decirlo sin sobresaltar a nadie) el comunista Nicolás Guillén, que abrazó su militancia en la España llameante de 1937 y la mantuvo hasta el final; encontró en este poeta, digo, una de sus voces más hermosas, tenaces y fieles. Pero no es posible encasillarlo en una vertiente.

Por eso, aunque no sean temas de este Congreso, no quiero dejar de decir que Guillén fue también un gran poeta del amor y de la muerte, de la nostalgia y del humor, de la flora y de la fauna, de la risa y de la ansiedad; un poeta para los sabios y para los silvestres, para los adultos y para los niños. Nada humano le fue ajeno, como a todo gran ser. Y cuando abordó sin ambages en su poesía las cuestiones políticas, lo hizo haciendo buena la observación de Engels que tanto le satisfacía citar: dejando que la obra de arte hablara por sí, no convirtiéndola nunca en el fantoche tras el cual nos castiga con su monserga el ventrílocuo. Si Martí escribió que "no es poeta el que pone en verso la política y la sociología", Guillén, a quien sin duda satisficieron esas palabras, supo bien que, glosando a Gertrude Stein, un poema es un poema, es un poema, es un poema.

Cuando en 1982 el autor de *El son entero* cumplió ochenta años, le dediqué un texto titulado "Boceto y esperanza de una profecía" (*Unión*, No. 2, 1982), que es una especie de crítica-ficción. Imaginé un acto que tendría lugar el año 2002. En tal acto, escribí, "se ve cómo se adelanta al centro del escenario un hombre de edad indefinida, hermosa cabellera blanca y piel color de níspero, como la que tienen casi todos los muchachos en 2002. No sin coquetería, finge que no encuentra en sus bolsillos lo que busca, pero al cabo da con ello. Son unas cuartillas que empieza a leer con su bella voz grave y cuyas palabras de inmediato son traducidas a todas las lenguas terrestres. Mis nietos (¿o nietas?) no necesitan que se las traduzcan, pues su idioma materno es el mismo de quien lee, y que empieza así: 'El poeta cuyo centenario celebramos hoy, queridas hermanas, queridos hermanos; el hombre que tantos y tantos versos ha escrito durante la mayor parte de su vida, aunque me da un poco de pena decirlo, soy yo, Nicolás Guillén'". Dentro de unos meses, tal celebración ocurrirá, aunque, desdichadamente, Nicolás no estará en ella. ¿Pero será de veras así? Muchos, incluso quienes no tuvieron el privilegio de encontrarlo en persona, saben que una criatura como él no puede desaparecer. Que de alguna forma estará, en sus palabras imperecederas, en sus lecciones, en sus angustias y en sus esperanzas. Este Congreso, realizado en la España que él sintió tan cerca de su corazón, en este ámbito del "rey de los hidalgos, señor de los tristes" (como Darío llamó al Caballero de La Mancha), quiere adelantar la certidumbre de esa presencia material y mágica, como la vida.

Bibliografía

Augier, Ángel. *Nicolás Guillén. Notas para un estudio biográfico crítico.* La Habana: Universidad Central de las Villas, 1965.

Cohem, J.M. *The Penguin Book of Spanish Verse.* Baltimore, MD: Penguin, 1956.

Darío, Rubén. *El canto errante.* 3ra. ed. Madrid: Espasa-Calpe, 1965.

García Morente, Manuel. *Idea de la Hispanidad.* 3ra edición aumentada. Madrid: Espasa Calpe, 1947.

Guillén, Nicolás. *Páginas vueltas. Memorias.* La Habana: Unión de Escritores y Artistas de Cuba, 1982.

_____ *Prosa de prisa. 1929-1972.* La Habana: Editorial Arte y Literatura, 1975.

Lechner, Johannes. *El compromiso en la poesía española del siglo XX. Primera parte. De la generación de 1898 a 1936.* Leiden: Univrsitaire Pers Leiden, 1968.

Mistral, Gabriela. "Los 'Versos sencillos' de José Martí". *Versos sencillos. Estudio de Gabriela Mistral.* José Martí. La Habana: Publicaciones de la Secretaría de Educación, Dirección de Cultura, 1939.

Morejón, Nancy (Ed.). *Recopilación de textos sobre Nicolás Guillén.* La Habana: Casa de las Américas, 1974.

Rubert de Ventós, Xavier. *El laberinto de la hispanidad.* Barcelona: Planeta, 1987.

Salinas, Pedro. *La poesía de Rubén Darío. Ensayo sobre el tema y los temas del poeta.* Buenos Aires, 1948.

Raza y sujetividad

Habladurías sobre la diferencia: la corporalización de la mulata en Nicolás Guillén

Dolores Aponte-Ramos

A Moses Panford

This is the secret that encircles me and holds me together: there is something of everyone in me, so I have belonged completely to no one, and I have even understood their hatred of me.

Christa Wolf

I. La facialización del negro

EL PRIMER ASEDIO HA DE SER DESENTRAÑAR LAS HIPÓTESIS ENCONTRADAS QUE, desde los rostros invocados por el poema "Mulata" de Nicolás Guillén, se nos presentan. La primera hipótesis podría asumirse en los siguientes términos: Si el sujeto racializado es constituido tanto por procesos históricos varios como por discursos metaforizados de la gramática de la construcción del rostro, entonces las políticas de la identidad –tal y como son predicadas en las propuestas mismas del proceso de racialización– estarán siempre limitadas por la imposibilidad de dar cuenta de la contingencia del sujeto y su diferencia. Por el contrario, si el sujeto y su rostro –su facialización– no son el basamento ontológico sino más bien un efecto logrado a partir de las discursividades políticas, entonces una política alternativa puede generarse con la interrogación misma de la constitución del sujeto y su diferencia.

Es ésta la encrucijada en la que se encuentra Nicolás Guillén a la hora de dar cuenta del espectro de pigmentaciones y metaforizaciones que a esas gradaciones se asignan como constitutivas de la comunidad racial cubana. Signa el poeta negrista la conformación y lectura del rostro como parte del proceso de racialización. Este planteamiento demanda dar cuenta de lo político del proceso de racialización no sólo en el nivel de representación del rostro del sujeto (la facialización) sino en la producción misma del rostro y el cuerpo. El poema "Mulata" es explicitado como una respuesta a un comentario que incide en la constitución del rostro. El comentario sobre la nariz chata de la voz masculina que responde es el ademán que genera el segmento poético que atestiguamos como totalidad lírica, pero que se plantea como procedente de un diálogo más amplio y profundo, diálogo que pretendemos desentrañar en este ensayo.

A partir del fragmento del diálogo y su invocación vemos cómo el rostro se constituye en un proceso argumentativo. La voz articula el rostro, permite liquidez en el proceso de facialización, recoge a partir de la habladuría y de la réplica las posibilidades de interpretación del rostro como espacio de debate de los mecanismos de inclusión y exclusión. El comentario en cuestión es recogido en la estructura de "me dijeron que dijiste" propia de la oralidad historiográfica de la comidilla[1] y el cotilleo:

> Ya yo me enteré, mulata,
> mulata, ya sé que dise
> que yo tengo la narise
> como nudo de cobbata.

El rostro es objetable en su construcción pues exhibe trazas de un proceso racializado distintivo de elementos no aceptables, en este caso la nariz ancha y chata, característica atribuida al cuerpo negro. La facialización –seguimos a Deleuze y Guattari– propone un asedio alternativo a esa cara que no existe antes de, o fuera de lo representacional y de las prácticas políticas en las cuales aparece y a las cuales contesta. La maquinaria de facialización, como la nominan Deleuze y Guattari, es una metáfora para un proceso más allá del sujeto. Esto es, un ensamblaje no localizable de mecanismos autónomos y automáticos en los cuales la singularidad, multiplicidad, polivocalidad e indeterminación son canalizados y traducidos en un proceso de regular rostros y sus desviaciones.

---

[1] Para un texto teórico del chisme véase *Discreet Indiscretions: The Social Organization of Gossip*.

La polivocalización del proceso de facialización es evidente en el poema de Guillén arriba citado. Así pues, en "Mulata", Guillén relata un gesto de diálogo entre un hombre que en el espejo de la mulatez se asume como negro y una mujer silente, cuyos comentarios re(de)/lata una comunidad. Un hombre que ve su rostro en las bocas de la habladuría y lo halla deficiente según los modelos de lo permisible. A partir de ello, elabora un gesto contestatario para adecuar sus facciones al modelo implícito de esta conversación, el rostro europeo blanco. Esta adecuación se dará a partir de la invocación de la diferencia, la pureza de la oposición.

Atestiguamos a medias, pues, un diálogo entre una mujer que escucha y quien presumiblemente ya ha hablado y un hombre que relata su malestar sobre ese gesto de habla, discursos ambos constructores de procesos de diferenciación racial, subyacente en la facialización. Constituir el rostro y elaborar nociones raciales se vuelve fundamental en sociedades como la cubana en la cual a la pigmentocracia se adosan condiciones de solvencia moral y de aptitud intelectual.

La racialización trata de una visión comunitaria; una creencia compartida. Esta creencia putativa, concebida en términos espirituales, culturales o políticos da pie a una racialización que se centra en una comunidad dada y sus procesos de inclusión y exclusión, de constituir el rostro aceptable. Se trata de dilucidar la pertenencia a ese cuerpo colectivo que es la identidad racial y comunitaria.

II. COMMUNIS: ASOCIACIÓN Y RUPTURA RACIAL

Dos elementos sobresalen en el ejercicio de la distinción del poema de Guillén: la descripción corporal/el rostro y la presencia de una comunidad vigilante y capaz de establecer un grupo de reglamentaciones racializadas. Esto es una comunidad que relata, transcribe y coloca el rumor como parte de sus historicidades y lo utiliza como mecanismo del proceso de facialización. Una comunidad que se alude en el gesto de haber sido informada: "ya me enteré" con que comienza la propuesta argumentativa del hablante, poniéndose bajo el ala del manejo de información comunitaria con lo que gana autoridad en su reclamo.

La comunidad, así pues, propicia el duelo lingüístico, lo enciende y lo atestigua. La idea –el ideal– de comunidad es parte del *tropos* constructor de la raza/el rostro y aun la voz misma. La comunidad se invoca como acogedora y productora de unas racialidades puras, a la vez que cuestiona y excluye otras en las que puede relatar hibridez o extrañeza. Deleuze y Guatari, en el texto arriba citado, proponen como parte del concepto de la maquinaria de facialización, que este proceso toma forma fuera del individuo más allá de su deseo o de su poder. En su lugar, la facialización constituye al sujeto, no porque sea un proceso con ontología propia, sino porque responde a la red de lo social y sus enuciados. Los sujetos se constituyen dentro de ese proceso de facialización en entes raciales marcados igualmente por el género.

La comunidad como *locus* en que se dan procesos de racialización/facialización, aludida en el poema de Guillén, participa de la ambigüedad constitutiva de su nominación, de la semántica misma del término. La raíz latina de comun/idad es *communis*. Lo curioso es que su derivación es incierta, gesto que incide en la presencia dubitativa que a la comunidad asigna Guillén. Puede proceder de com(unidos) + munis(obligación, nexo) o provenir de com (unidos) + unis (uno). De un lado, la posibilidad abierta de com/munis apunta a las relaciones sociales de obligatoriedad, reciprocidad, deuda e intercambio. Por otro lado, com/unis sugiere comunalidad, comunión, esto es unión de un plural en un singular. Ambos procesos aprovecha Guillén en su poema sin que aparezcan como modelos que compiten entre sí, antes bien vocabularios que se complementan.

La exigencia jurídica de lo com(munis)/(unis), esto es de la obligatoriedad y de lo unitario se traslapa en el texto con el conjunto de necesidades que conforman parte del proceso de racialización y su constitución del rostro. Dentro de este marco de identificación entendemos que el argumento final esgrimido contra la mulata y su descripción del rostro masculino sea el apareamiento imposible, la constitución de la unidad social encarnada en la sexualidad. El hombre/hablante escoge como compañera a quien puede identificar como su igual étnico, su unidad, el espejo de su rostro, mientras rechaza la posibilidad "mulata" como capaz de diluir los preceptos fundamentales de la identificación social de la (com)munis.

Volverse a la selección erótica como argumentación implica establecer una gramática de asentamiento comunitario-étnico, a la par que asignar nomadismo al sujeto mulata, invalidez a su rostro. Los últimos versos explican esa corriente de la ontología sexual de identificación/pertenencia conjuntamente con el rechazo:

> Si tú supiera, mulata,
> la veddá:
> que yo con mi negra tengo,
> y no te quiero pa ná!

Con esta estrategia no sólo la identificación ontológica del *unis* igualmente se mantiene, sino que también se valida la idea de pureza étnica como angular de lo comunitario, locus donde se adquiere el valor último del rostro.

El relato comunitario permite asegurar la división por pigmentación y reclamo de ancestría, la habladuría como mecanismo de control y vigilancia social entre sectores comunitarios de un mismo estamento. La comunidad contesta los rostros, permite el asentamiento de unas caras, auspicia la facialización.

Asimismo, el cuerpo en este espacio social se reclama dentro del esencialismo racial y de género. El gesto de facialización es, en este poema, constitutivo del género y del proceso de racialización. El gesto no funciona tanto como una forma de expresividad sino que actúa performativamente, para constituir femineidad y raza como cierta estilización congelada del cuerpo:

>tanto tren;
>tanto tren con tu boca,
>tanto tren;
>tanto tren con tu sojo,
>tanto tren.

III. Los recursos de la voz

En este poema las corporalidades racializadas expresan movilidad ya que se elaboran alrededor de la construcción de significaciones montadas a partir de las seducciones del habla. Ella ha hablado, a él le hablan y él habla, finalmente. Esta porción del diálogo es la única que se privilegia en el poema, que sirve como una suerte de transcripción seudofonética. El viaje escritural hacia la construcción y diferenciación racial, hacia la defensa y descualificación de rostros se manufactura a partir de un tratado de racionalidades en que el habla permite un *locus* de desautorización del cuerpo mulato y una reivindicación de la pureza de sangre, en este caso subsahárica. El cuerpo mulato enunciado y su voz relatada pero silenciada, van de la mano con la producción de una gramática de reivindicación para el cuerpo negro y su facialización. Mientras la voz de la mulata es una voz relatada, desarticulada por la narrativa de la comunidad y por el apoderamiento que de la misma hace el hombre negro, la voz individualizada del hombre negro alecciona y da ordenamiento al mundo del rumor y la maledicencia. Se constituye en una voz paralela a la voz blanca, ausente en este poema, si bien aludida como parámetro expresivo de las deficiencias anotadas en la construcción fonética y argumentativa. Curiosamente, el hombre negro usa el cuerpo/el rostro como recurso argumentativo, pero apalabra su molestia sin el uso de la habladuría, recurso "mujeril", propio de su condición de subalterna. Su reclamo de pureza de sangre valida el reclamo paralelo —si bien ausente— del blanco y asume el espacio mulato como hibridez desdeñable. Desde la voz se construyen los rostros raciales.

La voz, usada para construir cuerpo al margen del canon occidental, relata el exceso corporal. La voz tiñe de sus cualidades esa economía del exceso corporal. Lo efímero, lo irrecuperable, el rumor mismo de lo propuesto por la mulata se une a lo recuperable y lo explotable.

IV. La sangre o el relato comunitario de lo racial

Parecería de meridiana claridad que en las jerarquías estatales disciplinarias de las alianzas entre sexualidad y raza esbozadas en los espacios coloniales y de posindependencia durante el siglo XIX y principios del XX en Latinoamérica prevalecerían formas de poder emparentadas con aquellas proporcionadas por la esclavitud, las cuales en principio diferirían de aquellas propuestas en Europa y su recién estrenado sistema de trabajadores asalariados. Sin embargo, la gramática del simbolismo de la sangre, referida en la entrelínea del poema de Guillén y que sirve como metáfora ordenadora de la percepción del rostro parece ser prevaleciente en ambos lados del Atlántico. Si bien el manejo simbólico de la alusión al fluido sanguíneo apunta a la necesidad de cualificar entre racismos históricos y geográficos, la persistencia de diferenciaciones que el poema de Guillén sostiene nos avala su pertinencia como parte del relato racial y de la constitución del rostro aceptable.

En sociedades estamentales en las cuales los sistemas de alianza, descendencia y muerte son el basamento simbólico para legitimar el uso de insignias, "la sangre" funge como una realidad con una función simbólica para denotar pertenencia y derecho. En las sociedades modernas, si bien los mecanismos de poder están, como propone Foucault, "addressed to the body, to life, to what causes it to proliferate, to what reinforces the species, its stamina, its ability to dominate, or its capacity to be used" (*History of Sexuality* 147), se mantienen las viejas metáforas como pureza o limpieza de sangre para reclamar linajes y aquellos derechos validados ahora por la función productora del capital y de los bienes culturales. En este caso la hibridez, la mezcla se toma como sospechosa se contrapone a la limpieza de sangre. La sangre se reclama igualmente para legitimar ascensos sociales o la presencia de elementos preciados que parecen establecerse sobre el valor evolutivo del capital y que implican la presencia del cuerpo vital, del rostro admirable. En Guillén, la pureza racial sirve para licitar uniones, validar relaciones y diferenciar conductas apropiadas –el gesto del hombre al hablarle directamente a la mulata–, de conductas reprochables –la mulata habla a través de las murmuraciones de la comunidad que se traducen en el acto de aceptar una fisionomía dada–.

Tenemos pues, si seguimos a Foucault, que no son las insignias de la muerte/herencia de las que la ancestría sanguínea parte para recargar el signo de valor simbólico, antes bien la posibilidad de producir bienes con lo cual la sexualidad, *locus* que provee un *corpus* enorme de capital simbólico, se coloca en el espacio de preeminencia de ser objeto y blanco. El dialogante negro profesa su predilección por una mujer negra por encima de la mulata, caracterizada por su identidad basada en rasgos físicos que infructuosamente copian o se acercan a la europea blanca. El rostro de la mulata acusa la imposibilidad de atrapar discursividades de lo permitido, lo que autoriza esa gran desviación del canon, esto es, el rostro negro.

Sin embargo, esta reestructuración del campo metafórico de conformación de poder de lo sanguíneo a lo sexual para construir una facialización aceptable que propone Guillén acercándose estrechamente a los postulados de Foucault arriba citados, no ocurre sin traslapes, interacciones y resonancias. Así pues, las porosidades permiten un fluido conceptual entre unas formas y otras con la capacidad de metaforizar el poder a través del cuerpo; metáforas que a su vez se convierten en buena medida en reguladores del cuerpo/del rostro mismo.

En este contexto, las preocupaciones por la sangre presentes en el mundo hispánico en general y cubano en particular, aparecen "haunted by the administration of sexuality" lo que explica la elaboración simbólica de repudio ante el/la mulato/a. La corporalización de la carencia de diferencias significativas que implica un cuerpo transracial presupone la elaboración de una gramática de pigmentación en que el cuerpo total y no ya la pigmentación cutánea entra en juego. Si retomamos a Foucault, a quien citamos en extenso, éste nos recuerda que:

> begining in the second half of the nineteen century, the thematics of blood was sometimes called on to lend its entire historical weight toward revitalizing the type of political power that was exercised through the devices of sexuality. Racism took shape at this point (racism in its modern, biologizing statist form): it was then that the whole politics of settlement (peuplement), family, marriage, education, social hierachization, and

property, accompanied by a long series of permanent interventions at the level of the body, conduct, health and everyday life, received their color and their justification from the mythical concern with protecting the purity of the blood and ensuring the triumph of the race (op. cit, 149.)

Convendría contraponer a esta historización del racismo propuesta por Foucault cómo en las sociedades caribeñas la biologización racial estatal parece estar vigente en los siglos anteriores, sobre todo en lo concerniente a la organización de la población en términos laborales, espaciamiento urbano, jerarquía social, alianzas comerciales y matrimoniales conjuntamente con la criminalización de formas de subsistencia. En los estudios de Deborah Hoot y Verena Martínez Alier, entre otros, se ha argumentado como en Latinoamérica la noción de pureza de sangre adquiere un nuevo contenido, pues pierde gran parte de sus connotaciones religiosas –usadas para marcar conversos o moros en el mundo peninsular– convirtiéndose tempranamente en una noción racial.

Al establecer esta genealogía, no pretendemos sugerir que el contenido de las formas de racialización/facialización sea uniforme y ahistórico. Antes bien, reclamamos el uso de un léxico constante para verter en éste nuevas significaciones, codificaciones que conforman una *summa* de significados, toda vez que el nuevo contenido tiñe de referencias al viejo contenido y a la inversa.

A pesar de ello, los discursos raciales del siglo XIX y principios del XX en Latinoamérica y el Caribe reestructurados a partir de una nueva geopolítica –el credo abolicionista, el crecimiento de sectores artesanales, el sistema de agregados, los movimientos poblacionales entre islas, de un lado y del otro el positivismo y el evolucionismo– acompañan el concepto de racialización con ideas como "mancha", "degeneración" e incluso posibilidad/necesidad de "purificación". El poema de Guillén, al relatar el rostro de la mulata, acusa lo incompleto del proceso, la ineficacia de esta tecnología biorracial. Así pues, al mirar a la mulata el negro le asegura que:

> Y fíjate bien que tú
> no ere tan adelantá,
> poqque tu boca é bien grande,
> y tu pasa, colorá.

El cuerpo y el resumen paradigmáticos del mismo que es el rostro, se convierten así en la frontera que explicita el espacio cultural. Los mecanismos de facialización se aluden como centrales a la identidad (boca, textura y color del pelo). El rostro se asume como una verdad que parece no poder ser desmentida. El poema es una lucha cuerpo a cuerpo, la facialización se constituye en un discurso inacabado que usan los contendientes para inscribir lo aceptable, objetar el cuerpo del otro. El hombre responde airado ante el comentario sobre la forma de su nariz, mientras establece la producción simbólica de la femineidad y lo racial.

Ante una boca y un pelo que relatan la presencia de lo negro en un rostro ambiguo, la mujer negra, se constituye en alternativa de la hibridez racial por su pureza de sangre. El avance propuesto a partir del cuerpo y las tecnologías biorraciales queda en entredicho, por su ineficacia de borrar la presencia de lo negro. Con ello, los modelos de avance social quedan cuestionados, conjuntamente con la fibra misma de la elaboración del rostro.

Si bien los pensadores reformistas parecen esgrimir el concepto de educación o capacidad intelectual a la hora de proponer modelos de avance social, si revisamos los espacios de acceso notamos cómo la cercanía a los *loci* de poder sigue siendo esgrimida desde aquellos ciudadanos aptos para presentar una genealogía que permita una identificación con las casas peninsulares, capaces de duplicar el rostro europeo. Apropiarse de la ciudadanía misma está vinculado a la pigmentación y a los elementos constitutivos de la faz, y son la ciudad y su derecho una promesa para quienes desde el margen de su piel y su rostro viven igualmente al margen de los derechos.

En tal estado de cosas, la llamada mezcla racial pone de manifiesto los temores que se traducen en el establecimiento de límites sociales ahora que las insignias han sido popularizadas y el capital es asequible. Lo mulato se instituye, entonces, por su metafórico doble código sanguíneo y facializado en sospechoso, perturbador de la frontera del color, capaz de desmantelar los supuestos biologicistas invocados para regular, reglamentar y validar la distribución de bienes siguiendo la línea del color.

El discurso sobre la mulatez está lleno de contrapuntos importantes; se constituye a partir de propuestas tales como: "Por la sangre que corre en sus venas". Sin importar educación o accesos al sujeto se lo sigue percibiendo como infantilizado o con tendencias a lo primitivo; primitivismo al que accederá por encima de todo lo aprendido. De igual manera, se la instituye en traidora de las causas de los pobres y de los negros por entender que "la sangre europea" le impide relacionarse efectivamente con aquellos. Las personas mulatas son percibidas como las enemigas internas, figuras trágicas y altamente sexualizadas en el caso femenino; abyectas en el caso masculino, siempre divididas entre identidades, según la gramática de lo racial. Un rostro que acusa rasgos de diverso cuño, una moral dividida.

Nos encontramos, entonces, ante un racismo atestado de interrogantes sobre el cuerpo y la sexualidad, alejado de aquel cuyo epítome de limpieza de sangre investía formas conservadoras del poder, como lo es la aristocracia. Por el contrario, se trata de un racismo dinámico, en expansión y reformulación constante, sobre el cual se establecen nuevos estados y formas de dominación del cuerpo. Los discursos de clase y racismo se funden en el poema de Guillén. La perversión / herencia / degeneración conforman un sólido núcleo en las nuevas tecnologías de lo sexual-racial. La gramática del hablante en el poema confiere anormalidad a los cuerpos transraciales, marcando ciertas desviaciones morales y éticas en ese cuerpo político y sus legados hereditarios que amenazan el bienestar comunitario. El rostro se examina minuciosamente para dar cuenta de sus faltas.

Esta gramática de lo sexual y la corporalización de la amenaza/degeneración ha sido formulada por Sander Gilman y Daniel Pick, entre otros. Subrayan en sus ensayos los paralelos que la ciencia médica y el saber jurídico establecen sobre distinas fisonomías desviadas de una normativa establecida sobre la racialización del cuerpo delictivo. Así, la mujer de hotonte y las prostitutas comparten en esa logística la forma de la vulva relatada por la amplitud de las caderas, la marca física corporalizando las preceptivas raciales y éstas, a su vez, proporcionando claves éticas. Los paralelos corporales se siguen sofisticando en América, donde tendrán el valor de establecer limpieza de sangre. El catálogo es impresionante: color de encías, tamaño de las orejas, grosor de los labios, el rizado del cabello, son parte de una lista extenuante que tiene como fin dar con una caracterización efectiva del poseedor de las valencias premiadas con el más alto rango, del rostro aceptable; esto es con las mayores oportunidades en las jerarquías sociales y económicas. Guillén proporciona una gramática en torno a esto.

Subrayar el cuerpo mulato como espacio de examen e interrogación en Guillén parte de propuestas del entorno caribeño. Para el siglo XIX y principios del XX, el/la mulato(a) —producto generalmente de alianzas extramaritales— fue el punto focal de debate político social y legal, concebido como una figura cuanto menos peligrosa, subversiva, amenazante de la supremacía blanca, caracterizado como brutal por sus instintos africanos; el resultado de la moral distendida y la degeneración del europeo blanco.

El/la mulato(a) se convierte en sinonimia de lo que merece ser mejorado o reparado en Cuba, dando fuerza a la necesidad de definir de manera clara la jerarquización sobre la base de pigmentación y genealogía.[2] Se racializan los peligros de la sexualidad, al subrayar las taras morales del producto de una tecnología reproductiva sancionada por la ética. Es a los mulatos, a quienes se los caracteriza como entes de sexualidad precoz y desmedida, cuya predisposición natural es la prostitución —si son mujeres— y el parricidio, si son hombres. Son vigilados y objeto de estrictos controles estatales. Su rostro es el cualificado con mayor exactitud, el vigilado hasta el detalle, para evitar que pase como el rostro aceptable.

El estado establece políticas de endogamia y "mejoramiento de la raza" a la par que percibe el producto de tal política como parte de aquellos que representan los temores a la hibridez cultural y racial ante una comunidad de heterogeneidades no siempre distinguibles. En efecto, las autoridades centrales comienzan a ver las fuertes conexiones de grupos entre razas como amenazantes contra el estado y se produce una serie de ideologemas que exhiben la tendencia a cuestionar la posicionalidad mulata, e impedir la identificación de estos con otros sectores en puja por formas de poder. El racismo está en la ley embebido en la preceptiva de la sexualidad, estableciendo una tipología ética relacionada con el fenotipo de los amantes, con la producción de nuevos rostros.

De allí que resulta especialmene importante cuando Nicolás Guillén acuña el término de literatura mulata para definir la escritura. De un lado, establece el emparentamiento entre los procesos de racialización/facialización y aquellos de definición de políticas culturales. De otro, rescata un concepto usado para marcar espacios de transgresión y duda como reglamentación estética a una cultura donde la línea del color es elusiva, si bien se apela para determinar los derechos sobre ciertas posicionalidades y para caracterizar conductas sociales así como determinar potenciales.

V. El rostro oculto y el manifiesto

La visión de lo negro/lo blanco y lo mulato en Guillén confronta transformaciones a medida que avanza su compromiso con el ideario de la Revolución Cubana y su evolución estética. La blancura en primer lugar aparece como un supuesto normativo invisible. La mirada cuasi antropológica se vuelca hacia lo negro, se describen sus cuerpos y ritmos,

---

[2] *Cecilia Valdés* y *Sab* son sólo dos textos que ilustran la enorme preocupación que el mulato suponía para el ordenamiento de mundo cubano.

su habla y sus movimientos dentro del discurso de la atractiva anomalía de su rostro, desde la curiosa diferencia. La fascinación por explicar el yo negro es el relato de la blancura implícita y sus heteronormatividades.

El blanco en tanto norma permanece invisible, lo que apunta hacia el control que la cultura occidental tiene sobre la mirada que se vuelca sobre sí misma, especialmente la mirada de sus subalternos. No ser contemplados por el oscuro otro, parece ser la premisa implícita. El rostro velado, si bien paradigmático. Percibido siempre desde espacios de servidumbre –esclavitud, servicios artesanales, habitantes de zonas pobres en las ciudades– se espera que ese oscuro otro borre todo trazo de su subjetividad, que su rostro se descualifique como objeto de hallazgo estético. Parte integral de su capacidad servil es asumir su opacidad, su inexistencia como mirada relatora, como rostro válido. Reducidos a ser parte de una tecnología de labor física, la mirada del negro es un cuerpo que sirve, pero no es portador de una mirada capaz de localizarlo como un igual. Al cuerpo negro se lo mira, se lo describe y se lo signa, su rostro se descualifica y cada elemento que se adscribe se constituye en sospechoso.

Guillén se posiciona desde esa mirada racializada, a la que constituye como un espacio doméstico/de encuentro lírico. El espacio doméstico, la casa, para parafrasear a Gayatri Chakravorty Spivak, es aquello que no podemos no querer. Se levanta como espacio de seguridad donde no hay que explicarse como en el "afuera" e invoca una (com) unidad en la que el rostro es aceptable. Sin embargo, en manos de Guillén esa racialidad/casa puede representar la elucidación de la nostalgia por un tiempo dorado en donde se localiza el deseo y una forma de alegría de vivir bajo un protectorado recreado por las alusiones a un cuerpo gozoso. Nostalgia que elide las relaciones de poder, exclusión y diferenciación. La racialidad/casa para aquellos desplazados diaspóricos cuya geografía de identidad reside en su rostro cuestionado, constituye en Guillén el describir desde la textualidad un pasado que sirve como una suerte de autobiografía estético-racial.

Si bien el propio Guillén se pronunciará más tarde en contra de esa primera producción lírica, a la que pertenece el poema "Mulata" éste se constituye, sin embargo, en un basamento de propuestas estéticas del lenguaje. En las propuestas de domesticidad del *locus* racializado que constituyen esa mirada, pueden notarse las aristas de una racialidad/casa/rostro. En la misma se presentan a aquellos que no tienen techo permanente, ni rostro aceptable. El duelo entre subalternidades de aquellos para quienes la casa fue sólo en excepciones el espacio seguro, aquellos donde lo doméstico se constituye en un espacio de opresión y violencias, la comunidad en lugar de exclusión, el rostro: la necesidad de la máscara para ser aceptado.

El rechazo de Guillén a esta poética descriptiva inicial puede deberse a la preceptiva normalizadora de la estética negrista. Una propuesta en que un escritor mulato termina siendo extranjero aun para sí mismo, en una suerte de invisibilidad social y escritural. Ese marco de doble invisibilidad parte de una socialización normativa dentro de la gramática de la racialización/facialización, en la cual lo blanco representa los valores que Occidente asume como positivos, de conducta reguladora, canon estético y tecnologías de higiene y salud adecuadas. Por oposición lo negro funge como el espejo opuesto que asegura la existencia de lo blanco, un mundo sellado y aparte. Lo mulato es, entonces, la contaminación imposible y prohibida, el encuentro degradado cuyo origen es una sexualidad no disciplinada. Esa sexualidad y esa degradación se constituyen en las características rectoras del sujeto.[3]

El poema "Mulata" relata la necesidad de una preceptiva de la pureza de sangre, en este caso la africana en un espacio dividido y jeraquizado. La mulata se toma como el espacio de contaminación y rechazarla implica el rechazo de las fuerzas contaminadoras de las políticas de miscegenación. La ilusoria naturaleza de la pureza descansa sobre la desilusión de los escritores con los proyectos mismos de la modernidad. Lo racial, entonces, se toma como parte de la gramática de la resistencia cultural que esgrimen los escritores negristas. La definición racial relata las expectativas del intelectual sobre las posibilidades de proyectos de afirmación de lo auténtico, de aceptación del rostro. Para ello, se esgrimen argumentos contra la hibridez y la persistencia en el rostro de la memoria étnica negada.

Bibliografía

Amiel, Charles. "La purité de sang en Espagne". Etudes InterEthniques 6 (1983): 27-45.

---

[3] Cuando más tarde, en su *ars poetica*, Guillén toma la mulatez como característica paradigmática, esto es como *summa* de estéticas de diversas extracciones y posturas disímiles entre sí pero aunadas en un esfuerzo literario, está reinscribiendo ese espacio mulato visto desde la sospecha y ahora asumido como gesto de celebración; el contenido político es claro.

Bergman, Jorg. *Discreet Indiscretions: The Social Organization of Gossip*. Sweden: Aldyne de Guter, 1993.

Deleuze, G. y F. Guattari. *Kafka: Toward a Minor Literature*. Minnesota: University of Minnesota Press, 1986.

Dumbar, Robin. *Grooming, Gossip, and the Evolution of Language*. Cambridge: Harvard University Press, 1995.

Foucault, Michael. *History of Sexuality*. New York: Vintage, 1985.

Gilman, Sander. "Black Bodies, White Bodies". *Race, Writing and Difference*. Henry Louis Gates, ed. Chicago: Chicago University Press, 1986.

Gómez de Avellaneda, Gertrudis. *Sab*. La Habana: Editorial Arte y Literatura, 1976.

Guillén, Nicolás. "Mulata". *Obra poética 1920-1972*. La Habana: Editorial de Arte y Literatura 1974. 104.

Martínez-Alier, Verena. *Marriage, Class and Colour in 19th Century Cuba: A Study of Racial Attitudes and Sexual Values in a Slave Society*. London: Cambridge University Press, 1974.

Pick, Daniel. *The Faces of Degeneration: A European Disorder*. New York: Cambridge University Press, 1989.

Robin, Dumbar. *Grooming, Gossip and the Evolution of Language*. Cambridge: Harvard University Press, 1995.

Spivak, Gayatri. "Three Women's Texts and a Critique of Imperialism". *Critical Inquiry* 12 (1985): 242-61.

_____ "Can the Subaltern Speak?" *Marxism and the Interpretation of Culture*. Cary Nelson, ed. Urbana: University of Illinois, 1988.

Stoler, Ana Laura. *The Education of Desire*. Durham: Duke University Press, 1995.

Villaverde, Cirilo. *Cecilia Valdés*. La Habana: Editorial Letras Cubanas, 1984.

El sujeto cultural negro y su "alter ego" identitario en "Balada de los dos abuelos" de Nicolás Guillén

Clément Animan

WEST INDIES, LTD. (1934)[1] DE DONDE HE TOMADO "BALADA DE LOS DOS abuelos", es el tercer poemario (después de *Motivos de son*, 1930 y *Sóngoro Cosongo*, 1931) de Nicolás Guillén publicado en un contexto internacional y cubano muy peculiar. En los años treinta en Francia, el que fue presidente de Senegal, poeta y académico francés Léopold Sédar Senghor[2] y el antillano Aimé Césaire (entre otros) articulan su combate en pos del reconocimiento de los valores negros en torno a la noción de *Negritud*. Las implicaciones que sugiere la noción de *Negritud* son esencialmente políticas, culturales y estéticas, aunque el aspecto estético (literario) es el más estudiado y más conocido. En Cuba, el año 1934 marca el fin constitucional de la Enmienda Platt pero Estados Unidos sigue controlando la vida política a través de la economía.[3] La segregación racial, declarada ilegal por la Constitución de 1902, se observa tanto en el campo del trabajo (en el que los negros ocupan siempre los puestos más humildes), como en las Fuerzas Armadas (con altos mandos absolutamente blancos), en el turismo, etc. De modo que en muchos sentidos, la clase dominante

---

[1] Nicolás Guillén, *West Indies, Ltd.* Citado en *Nicolás Guillén. Summa poética*, edición de Luis Iñigo Madrigal, 89-104. A continuación, los versos de "balada de los dos abuelos" serán tomados de esta antología. Análogamente, nos referiremos al libro de Madrigal para los otros poemas de *West Indies, Ltd.* y demás libros de Nicolás Guillén.
[2] Murió en Francia el pasado 20 de diciembre de 2001 a los 96 años.
[3] Ver al respecto: –*Summa poética*, op. cit, pp. 17 y ss. –*Les années 30 à Cuba*.

(norteamericanos y burguesía nacional) se asimila a la raza blanca en tanto que los humildes y los desposeídos quedan integrados a la raza negra.

De hecho, el discurso de la *Negritud*, discurso de reposesión de la historia del negro, encuentra cierto eco en Cuba en la labor antropológica y sociológica de Fernando Ortíz, en la literatura de Alejo Carpentier, José Tallet, Ramón Guirao y Emilio Ballagas cuyas producciones a veces empiezan antes de 1934, año en que Nicolás Guillén publica *West Indies, Ltd.* En el contexto anteriormente descrito, el poeta afrocubano no aparece sólo como el "más eminente"[4] de los hacedores contemporáneos de la poesía negrista, sino también como la voz más representativa de "la gente sin historia" (los negros)[5] en Cuba. Digamos que adviene entonces lo que Edmond Cros llama el *sujeto cultural colonial*.[6] Este concepto, nacido a raíz del análisis de las relaciones conflictivas entre conquistadores e indios durante los primeros momentos del choque entre las dos culturas (europea e indígena), es:

> a la vez indisociable (colonizado y colonizador alternativamente, y simultáneamente sujeto de la enunciación y sujeto del enunciado) y sin embargo profundamente y para siempre difractado. (61)

Por una parte, cabe señalar que el adjetivo "colonial" tal y como lo entendemos en este trabajo no remite al contexto colonial de los territorios hispanoamericanos, sino más bien a cierta reproducción de las prácticas coloniales de dominación durante el período posindependentista. Por otra parte, nos parece útil destacar claramente el carácter difractado del sujeto cultural colonial y así llegar a dos instancias culturales que son: el sujeto cultural colonizado (sujeto cultural colonial con una dominante "colonizado") y el sujeto cultural colonizador (sujeto cultural colonial con una dominante "colonizador"). Está claro que por propia ley estructural y dialéctica, el carácter difractado nos conducirá a potenciar o actualizar lo indisociable en el sujeto cultural colonial.

---

[4] José Antonio Portuondo, *Panorama historique des lettres cubaines*, La Havane, Ministère des Affaires étrangères, 1961. Citado por Alfred Melon, "Poésie et rapport des forces en les années 1930" en *Les années 30 à Cuba*, op. cit., 228.
[5] Michèle Guicharnaud-Tollis, "Voies/voix africaines du discurso identitaire cubain: histoire des gens sans histoire" en *Marges 18. Les noirs et le discours identitaire latino-américain*, edición de Victorien Lavou, 41-58.
[6] Edmond Cros, *El sujeto cultural. Sociocrítica y psicoanálisis* (ver el capítulo: "El sujeto colonial: la no representabilidad del Otro"), 49-65.

A partir de la noción de sujeto cultural colonial, pretendemos pues mostrar que, en "Balada de los dos abuelos", el negro ya no es un "objeto" representado y "colonizado" sino que aparece como una instancia discursiva/instancia narrativa, es decir un sujeto cultural que se (re)presenta a sí mismo (Ego) y al Otro (Alter) como dos instancias culturales que participan de la misma formación identitaria caribeña/latinoamericana.

Para llevar a cabo nuestro estudio, no prescindiremos de los otros poemas de *West Indies, Ltd* y de la producción de los años treinta (*Motivos de son* y *Sóngoro cosongo*), por el propio contexto y porque estamos de acuerdo con Cros en que todo signo textual accede a cierta significación en la medida en que está en relación con otro signo u otros signos dentro de un mismo texto o a través de la circulación de los signos entre varios textos.[7]

El paratexto del poemario entero (*West Indies, Ltd.*) de Guillén convoca una lengua colonial (el inglés) que inscribe en el libro cierta alienación ya que *West Indies, Ltd.* es:

> West Indies! Nueces de coco, tabaco y arguadiente
> Éste es un oscuro pueblo impotente,
> conservador y liberal,
> ganadero y azucarero,
> donde a veces corre mucho dinero,
> pero donde siempre se vive muy mal.
> Bajo el relampagueante traje de dril
> andamos todavía con taparrabos;
> Éste es un pueblo descendiente de esclavos
> ("West Indies Ltd." 1, 2, 3, 4, 5, 6, 9, 10, 11).

Siguiendo la definición de Luis Iñigo Madrigal según la cual *West Indies*, se referiría a Las Antillas,[8] podríamos decir que a imagen y semejanza del Caribe, Cuba aparece, en la alusión a la sigla "Ltd." y a los signos de la materia prima: "nueces de coco", "tabaco", como una gran multinacional anglosajona/americana (variación moderna de las plantaciones coloniales) que reproduce el modo esclavista ("pueblo descendiente de esclavos") de la economía. La instancia discursiva (Yo) que habla de sus dos abuelos describe dos ascendientes distintos: uno procede de África y fue esclavo ("descendiente de esclavos") es decir un sujeto cultural colonizado. El otro

---

[7] Edmond Cros, *De l'engendrement des formes*, 3.
[8] Luis Iñigo Madrigal, *Summa poética*, 89.

es blanco y fue amo de esclavos y por ende sujeto cultural colonizador. Ser descendiente de esclavo quiere decir ser sumiso ("pueblo impotente"), buen salvaje ("andamos todavía con *taparrabos*") y miserable ("donde a veces corre mucho dinero, /pero donde *siempre se vive muy mal*"). El descendiente de esclavo /sujeto cultural colonizado es víctima igualmente del discurso oficial que confiere a la estructura sociopolítica los atributos de una modernidad basada en la democratización de la vida pública y privada:

> Hay aquí todo eso, y hay partidos políticos,
> y oradores que dicen: "en estos momentos críticos..."
> Hay bancos y banqueros,
> legisladores y bolsitas,
> abogados y periodistas,
> médicos y porteros.
>
> ¿Qué nos puede faltar? ("West Indies, Ltd." 21-27).

Si estamos de acuerdo –como venimos suponiéndolo– que la instancia narrativa ("nos") es portadora de la voz colectiva del sujeto cultural colonizado/negro, podríamos decir que su interrogación (irónica) retoma en realidad una crítica del discurso dominante hacia el negro /descendiente de esclavos. En otros términos, si existen oportunidades políticas ("hay partidos políticos") y sociales ("abogados y periodistas /médicos y porteros") ¿por qué se quejarían los negros (¿Qué *nos* puede faltar"?)? Ahora bien, entre todos los oficios mencionados, el de "porteros" tiene una especial connotación social e histórica por lo menos si nos atenemos a lo que dice Baquero en su libro *Indios, blancos y negros en el caldero de América*:[9]

> Si, por desgracia, nos hubiese tocado Isabel de Inglaterra, yo, a título de privilegiado, sería segundo portero de un club de golf en Bermudas. Ya me veo con con unos pantalones rojos abombachados, con un enorme sombrero y una sombrilla gigantesca, abriendo y cerrando coches ...[10]

Escrito en 1962 a raíz del bicentenario de la breve dominación inglesa en Cuba (1762-1763), este artículo señala la posición del poeta y ensayista afrocubano ante el debate (viejo debate) de sí o no, Cuba/El Caribe/ Latinoamérica tiene que asimilarse a la cultura anglosajona por rechazo a

---

[9] Gastón Baquero, *Indios, blancos y negros en el caldero de América*.
[10] ¿Y qué tal si nos hubiéramos quedado con los ingleses? en *Indios, blancos y negros ...*, 158.

la cultura española, ex-potencia colonial. Para razonar su argumento en contra de una identidad latinoamericana que tuviera sus raíces en la cultura anglosajona, Baquero se refiere en este trozo de texto a una de las desventajas más visibles de la estructura social anglosajona, desventaja que sería el sitio del negro ("portero") en tal formación social.

Como referentes sociohistóricos y económicos, "West Indies Ltd." y "portero" funcionan como modalidades textuales para desmitificar el discurso dominante ya que en el contexto de dominación económica (y por ende cultural) anglosajona, el negro no puede pretender ser banquero, ni abogado, ni siquiera periodista o médico porque su "destino" es ser portero. Tal destino viene marcado por el papel atribuido al negro durante el período esclavista (reproducido en cierto modo en la gran plantación "West Indies Ltd."), según nos cuenta Michèle Guicharnaud-Tollis:

> Qu'il soit Noir *ñáñigo*, délinquant, sorcier, assassin, joueur ou querelleur, le fait est qu'il n'y est jamais héros.[11]

Michèle Guicharnaud-Tollis nos describe aquí la representación del negro (*negro bufo*) en el teatro del siglo XIX donde ése sólo tiene papeles que lo descalifican como ser social y cultural. Nos encontramos incluso en la situación que Cros llama "la no representabilidad del Otro"[12] es decir que el negro/descendiente de esclavos sólo puede tener cabida en el imaginario colectivo dominante en la medida en que se lo ningunea o se lo asimila a lo diabólico/perverso. James Pancrazio es quien nos informa de que el criminólogo italiano Cesare Lombroso, inscribiéndose en la obsesión europea y decimonónica de clasificar las enfermedades y anomalías, había llegado a la conclusión de que los labios de los violadores y asesinos solían ser gruesos como los de los negros.[13] En otros términos, la "anomalía" física del negro/delincuente haría de él un ser que faltara de valores morales.

A la luz de esta observación que nace a consecuencia de un análisis que hace Pancrazio de la poesía de Nicolás Guillén, podríamos ver en los versos siguientes de "Quirino" (*Sóngoro cosongo*, 1931)

---

[11] Michèle Guicharnaud-Tollis, "Voies/voix africaines du discours identitaire cubain: L'Histoire des gens sans histoire" en *Marges 18*, 43. Traducción: "Que sea Negro ñáñigo, delincuente, brujo, asesino, jugador o peleón, el caso es que nunca es héroe". La traducción es nuestra.
[12] Edmond Cros, *El sujeto cultural. Sociocrítica y psicoanálisis*, 49-65.
[13] James Pancrazio, "El terreno corporal: las fronteras de identidad en *Sóngoro Cosongo* de Nicolás Guillén" en *Marges 18*, 239.

> La bemba grande, la pasa dura
> sueltos los pies,
> y una mulata que se derrite de sabrosura
> ¡Quirino
> con su tres! (3-7).

La reproducción textual de los labios gruesos ("la bemba grande") y "enfermos" del negro que si es cierto que no es violador ni asesino en estos versos, aparece más bien como un chulo ("¿Quirino /con su tres") y degenerado/a sexual (la alusión a la lascivia de la mulata). Anterior a "Quirino", el poema "Mulata" (*Motivos de son*) describe esta misma imagen del cuerpo "enfermo" del negro a través de la representación de su nariz aplastada:

> Ya yo me enteré, mulata,
> mulata, ya sé que dice
> que yo tengo la narice
> como nudo de corbata (1-4).

Está claro que esta autoflagelación física del afrocubano[14] no está reivindicada por la instancia narrativa negra /mulata sino que está señalada como mirada exterior del sujeto cultural blanco y dominante. Muestra de tal hipótesis es que en el mismo poemario la instancia narrativa confiere al supuesto cuerpo negro "enfermo" toda su belleza:

> ¿Por qué te pone tan bravo,
> cuando te dicen negro bembón,
> si tiene la boca santa,
> negro bembón? ("Negro bembón" 1-4).

Ante la representación del cuerpo "enfermo" del negro, el término "santa" cobra un sentido que por cierto linda con "lo sano", la pureza estética (el uso de "boca" en vez de "bembón") y con lo ético-ideológico en la medida en que el negro deja de ser portador del mal social.

Todo lo dicho hasta ahora nos hace ver unas prácticas discursivas dominantes donde las representaciones del negro remiten a un cuerpo biológico "enfermo" y a uno de sus avatares, la perversión, mientras que las prácticas socioeconómicas heredadas del período esclavista mantienen al negro en la esfera inferior de la sociedad. Esta no representabilidad del sujeto cultural colonizado negro en los discursos y prácticas sociales

---

[14] Pancrazio subraya también tal auto-desprecio en el artículo citado.

dominantes fomenta una escritura implícita de la denuncia y otra explícita de coexistencia posible, es decir de mestizaje inevitable en "Balada de los dos abuelos".

En rigor, la denuncia de la discriminación sufrida por los negros está presente a lo largo de los poemarios de Guillén y a veces ha aparecido, a juicio de críticos muy pertinentes, como cierto cuestionamiento de la *cubanía*:

> En el soneto "El abuelo", se trata entonces de *uno* solo, el abuelo negro. [...] Frente a un racismo, otro. Guillén no ha querido conservar el bello equilibrio de la "Balada de los dos abuelos".[15]

La cubanía en términos de Vitier, que escribe estas palabras, sería el mestizaje entre blanco y negro, así que al privilegiar al "abuelo negro", Nicolás Guillén estaría abogando por un racismo al inverso sustituyendo al "verdugo" blanco por el "verdugo" negro. Ahora bien, fuera de todo discurso racista, Guillén advertía ya en el prólogo de *Sóngoro cosongo*:

> No ignoro, desde luego, que estos versos les repugnan a muchas personas, porque ellos tratan asuntos de los negros y del pueblo. No me importa. O mejor dicho: me alegra. [...]
>
> Diré finalmente que éstos son unos versos mulatos. Participan acaso de los mismos elementos que entran en la composición étnica de Cuba, donde todos somos un poco níspero. ¿Duele? No lo creo. En todo caso, precisa decirlo antes de que lo vayamos a olvidar. La inyección africana en esta tierra es tan profunda...
>
> Opino por tanto que una poesía criolla entre nosotros no lo será de un modo cabal con olvido del negro. El negro –a mi juicio– aporta esencias muy firmes a nuestro coctel. Por lo pronto, el espíritu de Cuba es mestizo. Y del espíritu hacia la piel nos vendrá el color definitivo. Algún día se dirá: "color cubano".
>
> Estos poemas quieren adelantar ese día.[16]

Hemos escogido un trozo largo del prólogo de Guillén porque transcribe implicaciones múltiples. En primer lugar, *Sóngoro cosongo* desvela un año después de la publicación del primer poemario *Motivos de son*, los conflictos socio-ideológicos y culturales que informaron la producción

---

[15] Cintio Vitier, "Breve examen de la poesía social y negra. La obra de Nicolás Guillén. Hallazgo del son" en *Lo cubano en la poesía*, 420.
[16] Citado por Alfred Melon, *Identité nationale; idéologie, poésie et critique à Cuba (1902-1959)*, 211-12.

guilleneana de los años treinta (*Motivos de son, Sóngoro cosongo* y *West Indies Ltd.*) y que la crítica suele llamar "poesía negrista" o "poesía negra y social". Luego, Guillén asume como afrocubano plenamente el papel de portavoz ("no me importa") de las voces silenciadas de los negros y del pueblo a sabiendas que, de todas formas, en Cuba pueblo y negros suelen confundirse. Para terminar, Guillén cree que Cuba tiene raíces africanas que no pueden seguir siendo ocultadas ("La inyección africana en esta tierra es tan profunda").

La cubanía como mediación conceptual del mestizo ("color cubano") es una preocupación de Guillén, pero su construcción parece un largo recorrido iniciático que pasa por la denuncia/recuerdo doloroso del pasado común transcrito en estos versos de "Balada de los dos abuelos":

> ¡Qué de barcos, qué de barcos!
> ¡Qué de negros, qué de negros!
> ¡Qué largo fulgor de cañas!
> ¡Qué latigo el del negrero!
> Piedra de llanto y de sangre,
> venas y ojos entreabiertos,
> y madrugadas vacías,
> y atardeceres de ingenio,
> y una gran voz, fuerte voz
> despedazando el silencio (27-36).

La evocación terrible (las exclamaciones) de barcos y negros recuerda la trata de esclavos tan humillante para los negros que tuvieron que servir de mano de obra barata para la prosperidad económica del sujeto cultural colonizador blanco ("¡Qué largo fulgor de cañas!/¡Qué latigo el del negrero!") y que debieron de verter sangre y llanto para participar en la construcción de una heterogénea formación social y cultural cubana.

La Enmienda "Birsinger" (1999), del nombre de un diputado socialista francés, que califica la esclavitud y la trata de "crimen contra la Humanidad"[17] muestra efectivamente cómo estas prácticas vejatorias

---

[17] Con motivo de la conmemoración del 150 aniversario de la abolición de la esclavitud en las colonias francesas (1948), hubo una serie de propuestas de ley por parte de los diputados (sobre todo los socialistas) franceses para condenar la esclavitud como crimen contra la Humanidad. Así es como en la sesión parlamentaria del 18 de febrero de 1999, se adoptó con mayoría absoluta la propuesta de ley del diputado socialista Birsinger. El artículo 1 de esta Enmienda califica de "crimen contra la Humanidad, la trata y la esclavitud de las poblaciones negras a partir del siglo XV".

fueron una empresa atentatoria a toda la humanidad y cómo por ello mismo la poesía (particularmente "Balada de los dos abuelos") de Guillén anticipa el proceso de reconciliciación entre las razas. En este contexto, la instancia narrativa de "Balada de los dos abuelos" que se identifica semióticamente con el mulato (resultado de abuelo blanco + abuelo negro) sería este sujeto cultural colonial "indisociable" (Cros),[18] es decir el punto de encuentro entre el sujeto cultural colonizador (blanco) y sujeto cultural colonizado (negro).

En otros versos de "Balada de los abuelos" vemos cómo la instancia narrativa distribuye/transcribe las palabras de los dos abuelos:

> África de selvas húmedas
> y de gordos gongos sordos...
> –¡Me muero!
> (Dice mi abuelo negro.)
> Aguaprieta de caimanes,
> verdes mañanas de cocos...
> –¡Me canso!
> (Dice mi abuelo blanco.)
> Oh velas de amargo viento,
> galeón ardiendo en oro...
> –¡Me muero!
> (Dice mi abuelo negro.)
> Oh costas de cuello virgen
> engañadas de abalorios...
> –¡Me canso!
> (Dice mi abuelo blanco.)

Al tomar la palabra en estos versos, el abuelo negro/arquetipo del sujeto cultural colonizado y dominado deja de ser un "objeto" representado sólo por la historia oficial o por el imaginario colectivo dominante cuyo arquetipo es aquí el abuelo blanco. De aquí en adelante, el sujeto cultural negro dice/escribe su propia historia y se convierte en el sujeto/amo de su destino hasta ahora programado por el sujeto cultural blanco y sus valores que hacen del negro un "bufón de Dios" y "bufón de los hombres" (Baquero).[19] La inscripción reiterativa del signo "dice" es otra modalidad textual de acercamiento a la cultura negra y a su modo de apropiación de la historia.

---

[18] Edmond Cros, *El sujeto cultural....*, 61.
[19] Gastón Baquero, *Poesía Completa*, 48.

Sabido es que la tradición oral es la principal fuente de acceso al conocimiento en África y sobre todo es el modo usual de contar los acontecimientos históricos. Según el antropólogo africano (de Mali) Sory Camara, la tradición oral permite asumir la narración de la historia de manera colectiva.[20] Análogamente, vemos en la alternancia estructural entre las palabras del abuelo negro y del abuelo blanco, la exposición de dos representaciones de la historia cubana/caribeña que participan de la "verdad" y ponen fin a las verdades absolutas y supuestamente incuestionables que nacen de un narrador omnisciente/blanco.

La retahíla de desgracias mortíferas (¡Me muero!) del abuelo negro y de los recuerdos no siempre gratos (¡Me canso!) del abuelo blanco les hace salir implícitamente de la prueba catártica (el símbolo de la noche que "los dos en la noche sueñan") de la verdad histórica y les conduce hacia un ser único: el sujeto cultural colonial *indisociable*. Indisociable como color cubano (blanquinegro) e indisociable como sujeto cultural caribeño / latinoamericano.

La estructuración de una sociedad discriminatoria y heredada del período esclavista deja paso a un modelo social construido *con* todos y para la *misma* dignidad para todos (la repetición de "mismo tamaño").

"Balada de los dos abuelos" articula finalmente un proyecto identitario y humanista donde el sujeto cultural colonial indisociable (blanco y negro) está a imagen y semejanza de lo que Todorov llama el *Alter ego*, es decir un Yo (ego) cuyas acciones tienen como finalidad el bien del Tú/Otro (alter).[21]

Bibliografía

Baquero, Gastón. *Indios, blancos y negros en el caldero de América*. Madrid: Cultura Hispánica, 1991.
____ *Poesía completa*. Madrid: Verbum, 1998.
Cros, Edmond. *De l'engendrement des formes*. Montpellier: CERS, 1990.
____ *El sujeto cultural. Sociocrítica y psicoanálisis*. Buenos Aires: Corregidor, 1997.
Guicharnaud-Tollis, Michèle. "Voies/voix africaines du discours identitaire cubain: histoire des gens sans histoire". *Marges 18. Les noirs et le discours identitaire latinoaméricain*. Edición de Victorien Lavou. Perpignan: CRILAUP, 1997.

---

[20] Sory Camara, *Gens de la parole*, 263.
[21] Tzvetan Todorov, *Le jardin imparfait, La pensée humaniste en France*, 48.

Les Années trente à Cuba: actes du colloque international. París: L'Harmattan, Université de Paris III, 1982.

Madrigal Iñigo, Luis. *Summa poética.* Madrid: Cátedra, 2000.

Melon, Alfred. *Identité nationale: idéologie, poésie et critique à Cuba (1902-1959).* La Habana: Casa de las Américas, 1992.

Pancrazio, James. "El terreno corporal: las fronteras de Identidad en *Sóngoro Cosongo* de Nicolás Guillén". *Marges 18.* Perpignan: CRILAUP, 1997. 237-247.

Sory, Camara. *Gens de la parole.* París: Karthala, 1992.

Todorov, Tzvetan. *Le jardin imparfait. La pensée humaniste en France.* París: Grasset, 1998.

Vitier, Cintio. *Lo cubano en la poesía.* La Habana: Instituto del Libro, 1970.

Descubriendo al otro a partir de sí mismo

María Zielina

> A veces deploro no haber escrito sobre cuanto he visto.
> Nicolás Guillén

La obra de Nicolás Guillén ha gozado de atención crítica fuera y dentro de América desde hace más de sesenta años y sus poemas se pueden encontrar en cualquier historia de literatura latinoamericana y en muchos libros de textos que tratan sobre cultura y civilización indo-afro-hispano-americana. Desde el punto de vista de identidad social, la obra de Guillén responde a su experiencia de mulato viviendo y observando las condiciones sociales y económicas en que vivían los afromestizos en Cuba y en las Américas. Guillén, testigo directo del prejuicio y discriminación racial que trascendía en cada ámbito de la sociedad cubana, quiso traducir en versos la angustia, el coraje y la resistencia de aquellos que día a día se afanaban por forjar una identidad que trascendiera los limites espaciales de un África mítica, o de una Cuba colonial. Desde el punto de vista de identidad cultural, la obra guilleneana responde en su formación poética, por una parte, al influjo de las quintillas de Zenea,[1] al ardor revolucionario de la poesía de Rubén Martínez Villena y a la embriaguez y el hormigueo de los versos modernistas de Rubén

---

[1] "Ya por esta época sabía que yo iba a ser poeta, o que lo era, pues había escrito algunos versos, entre ellos unos quintetos endecasílabos dedicados a una golondrina, con un evidente influjo de Zenea; el Zenea "italiano". Si se puede llamar así, es decir, el verdadero autor de las quintillas que hicieron tan famoso al mártir de la Cabaña" (Morejón, *Páginas vueltas* 47-48).

Darío. Responde a su deseo de descubrir, conocer, en que consistía el encantamiento que ejercía en los lectores o espectadores la exhibición de un cuadro cubista, la aparición de una nueva revista musical, o de una antología literaria. Como intelectual y gran lector que era, le gustaba entablar conversaciones tanto sobre cultura popular como corrientes ideológicas y sus estancias en el extranjero no hicieron más que acrecentar su deseo de que se conociese y preservase el acervo cultural afrocubano.[2] Este interés, nunca atenuado, de estar al corriente de las cambios que se operaban en el arte, las letras, la política europea o la nacional desatan una escritura tal, que le sirven a Guillén para mostrarse como un poeta irónico, lírico, humorístico, atrevido, polémico, comedido y arrogante.[3] En su búsqueda de una voz poética original, nada le parece absurdo, abyecto o insípido; parece como si se hubiera prometido a sí mismo traer la cultura afro-mestiza- cubana a sus más inesperadas formas literarias. El éxito que tuvieron sus "sones" y sus comentarios acerca de los muchos elogios recibidos a lo largo de su carrera por la creación de los mismos, demuestran que desde un principio quiso someter su obra al juicio del "otro", y que al hacerlo se desquitaba un poco de los estereotipos que habían pesado sobre la presencia del afromestizo en la sociedad cubana, sobre su obra y sobre sí mismo. Se comprende que su éxito en presentar la experiencia vital de afromestizo cubano conmoviera y entusiasmara a amigos o mentores y sirviera para demostrar lo falso e ingenuo que resultaban los enmascaramientos poscolonialistas de aquellos que trataron de acudir a la cultura taína para rechazar la africanía de la cultura cubana. Su postura de afromestizo, al rechazar una absoluta y esquemática contraposición entre negro y blanco, o africano y español desarmó a sus enemigos. Esta postura emerge en su obra, en la cual nunca se transluce una absoluta y esquemática polarización entre el negro y el blanco; la misma vendrá luego, entre trabajadores y burgueses, entre capitalismo y socialismo, es decir,

---

[2] Guillén rechazó más tarde este término porque lo consideraba redundante, pero el mismo había nacido como resultado de la polémica de los años treinta, tocante a "Motivos de son", cuando el poeta manifiesta que esos "...son unos versos mulatos. Participan acaso de los mismos elementos que entran en la composición étnica de Cuba, donde todos somos un poco níspero. ...Algún día se dirá: color cubano. Estos poemas quieren adelantarse a ese día" (Augier, *Nicolás Guillen: Notas para un estudio biogáfico-crítico*168)

[3] No se puede olvidar ni en una ni en otra etapa del camagüeyano la influencia de Lino Dou, de quien Guillén se consideró un discípulo y el que lo acercó a la página de Urrutia en el *Diario de la Marina*. Falta un estudio sobre este fiel amigo y consejero de Nicolás Guillén.

una polarización basada en ideología política, en clases sociales. Todo esto, las polémicas, halagos, viajes, hicieron que Guillén fuera reconocido, desde muy temprano, dentro y fuera del mundo intelectual cubano, como un poeta original y fecundo.

Al estudiarse la poesía de Guillén se observa que la misma presenta ciertas peculiaridades estilísticas, ideológicas y sociales que se mantienen constantes. Entre las estilísticas tenemos repetición, enumeración, paralelismos, estribillos, métrica irregular y combinación de formas literarias. Dentro de las segundas, la afirmación de una colectividad activa y revolucionaria, el nacionalismo, la lucha de clases, la solidaridad, el transnacionalismo, la hispanidad y la más obvia de todas, la afimación de una identidad étnica y culturalmente afromestiza. Esta última, por estar entramada en hechos y situaciones históricas y gobernada por períodos de aprendizaje, formación, aceptación y rebelión contra una visión de una identidad blanca y única para América, heredada del colonialismo, y por la identificación absoluta de Guillén con la Revolución de 1959, requiere aproximaciones teóricas acerca de etnicidad, raza, cultura, colonialismo, marxismo, cuyas definiciones exceden obviamente los límites de este ensayo. De aquí la preocupación de llamar a este trabajo "descubrimiento del otro a partir de sí mismo", lo que me permite acercar a estas constantes aprovechando algunos estudios teóricos que sobre identidad étnica y social se llevan a cabo, sin temor de presentar el mismo como un estudio exhaustivo. Para estudiar cómo Guillén revela esta dinámica de la identidad social del afromestizo cubano desde principios del siglo XX hasta mediados de los años setenta en Cuba, se acuden a tres poemas, "Tengo", "Problemas del subdesarrollo" y "Burgueses", cuyos análisis están enmarcados en los estudios acerca de la representación del "otro y su cultura" recopilados o propuestos por Saúl Yurkievich, Edward Said, Jesse Hirakoa, Gilberto Giménez, J. Friedman, Carolyn Vogler, C. Taylor, David Howard, y Patrick Colm Hogan. En 1988, Saúl Yurkievich, en el primer párrafo de su introducción al estudio ontológico *Identidad cultural de Iberoamerica en su literatura* escribe:

> Afirmar la identidad implica destacar la diferencia. Cuanto más empeño se pone en la identificación, más inaccesible se vuelve la identidad. Cuanto más enfática, más huera, más ilusoria, o sea, más determinación del deseo que constancia veraz. Cuanto más convicción suscita, menos propiedad revela. A mayor fijeza más grande el escurrimiento. La identidad escapa a cualquier exceso de circunscripción. Mejor es que emane de sí misma, que hurgar con denuedo en su busca. Más vale que acuda sin compulsarla, que advenga sin comparecencia, que se valide por sí misma. (3)

Estas palabras del excelente crítico traen el eco de lo afirmado por Nicolás Guillén hace más de cincuenta años, en su charla en la Sociedad Femenina Lyceum-Lawn Tennis Club del Vedado en noviembre de 1945, al describir detalladamente cómo llegó a escribir uno de sus más famosos versos de la africanía, "Negro Bembón":[4]

> [...] he de decir que el nacimiento de tales poemas –"Motivos de son"–, está ligado a una experiencia onírica de la que nunca he hablado en público y la cual me produjo una vivísima impresión. Una noche –corría el mes de abril de 1930– habíame acostado ya, y estaba en esa línea indecisa entre el sueño y la vigilia, que es la duermevela, tan propicia a estragos y apariciones, cuando una voz que surgía de no sé dónde articuló con precisa claridad junto a mis oídos estas dos palabras *negro bembón*.
>
> ¿Qué era aquello? Naturalmente no pude darme una respuesta satisfactoria, pero no dormí más. La frase, asistida de un ritmo especial, nuevo en mí, estúvome rondando el resto de la noche, cada vez más profunda e imperiosa. (Augier, *Prosa de Prisa* 210)

Aunque Guillén en su charla descarta este poema y lo califica, junto a otros de la colección "Motivos de son", como creación poética, "desprovist[a] de preocupación humana trascendental", y juzga que éstos fueron producto de la "embriag[uez] [d]el poeta con el ritmo recién descubierto", no puede negarse que en el mismo se elabora una identidad colectiva basada en la apariencia física, de un "nosotros, descendientes de africanos, tenemos los labios gruesos", frente a un "ellos", de labios finos, no mencionado. La variación fenotípica sobre la que se han construido socialmente las seudocategorías científicas sobre raza y el poder que esa construcción ha ejercido en todas las áreas del contacto humano es la que "in-conscientemente", en estado de "duermevela" generó un poema cuyo mensaje era luchar contra la internalización de prácticas racistas. La frase que no dejaba dormir al poeta y la que se repetía en su cabeza, "como si recordara algo sabido alguna vez", habla de una historia unificadora, del dolor y la amargura de aquellos que son víctimas de discriminación racial;

---

[4] En esa misma charla, establece la diferencia entre éste y su "Pequeña oda a un negro boxeador cubano", un poema homenaje al pugilista cubano Kid Chocolate, en el que se vislumbran aspectos sociales pero no el ritmo del son como uno de los objetivos principales. Guillén afirma que la "pequeña oda ... eran versos de exaltación racial y ritmo descoyuntado, en los que no asomaba todavía la línea musical característica de la producción posterior". Ver Ángel Augier, *Nicolás Guillén: Prosa de Prisa 1929-1972*.

habla de aseveraciones culturales, de enajenación o ghetización de individuos en su misma patria por no encajar en las categorías de belleza establecidos por la cultura europea. Es un poema que habla de la posibilidad de vivir en un mundo hostil sin internalizar la imagen desfiguradora que de sí mismo, el "yo" de "Negro Bembón", halla en los ojos del otro. La distinción racial está enraizada tanto en la diferencia fenotípica, un factor real, como en la construcción social de las razas, creadas y enfatizadas con el propósito de incluir o excluir al otro durante el período colonial. Por lo tanto, el yo poético que aparece en el poema es un ser sensitivo que al hablar de "labios gruesos" "y calificar a los mismos de "santos", devuelve a la víctima, al enajenado social, una positiva reafirmación estética de sí mismo.

La charla de Guillén nos provee también de otro elemento de identidad; la cultura, que hizo que su poesía se diferenciara de otras, al reconocer que al escribir estos poemas, él se encontraba "embriagado con el ritmo". Dirige su enfoque a otro punto, a la música, al baile, lo que implica una identificación transnacionalista con un "nosotros", descendiente de africanos, el que a pesar de tener lengua, religión, costumbres distintas o atenuadas o perdidas por vivir en otras regiones, climas, sociedades, continúa mostrando ese apego cultural. Al mismo tiempo, al hablar Guillén del ritmo, aborda una identidad colectiva más amplia, la hispanoamericana, pues como conocemos, no sólo él se vio "embriagado con el ritmo" que producía la adjetivación de palabras africanas, o el onomatopeyismo de golpes dados a instrumentos musicales de origen africano, o el de la clave en los géneros musicales populares, como el son, la rumba, la guaracha, o el uso de jitanjáforas, apócopes en estribillos y alocuciones. Apresados por el ritmo se vieron mucho antes, Lope de Vega, Góngora, Sor Juana Inés de la Cruz. Y hasta Miguel Unamuno confiesa sus pruebas en crear una poesía 'sonera'.[5]

---

[5] Aunque no hay duda de que tanto Lope de Vega como Góngora intentaban con la recreación del habla de los negros burlarse de los mismos, la representación de las diferencias del "otro" exigía cierta autenticidad en dicha representación. Esto, por lo tanto, obligaba a los autores mencionados a posicionarse en el espacio desde donde el sujeto, el negro, hablaba, producía significado, dentro de un sistema socio-económico específico. Uno de esos espacios era el cultural; la música, el baile, el canto, y la variedad de sus ritmos que atraían a los escritores, quienes muchas veces disfrazaban esa atracción mediante la burla. Si tomamos las ideas de Said, tendríamos que el "lenguaje de los negros" en la poesía de Lope y de Góngora era a la vez exótico y amenazante para la identidad colectiva europea de sus creadores.

> Hace tiempo, señor mío y compañero, desde que recibí y leí –apenas recibido– su *Sóngoro cosongo*, que me propuse escribirle. Después lo he vuelto a leer —se lo he leído a amigos míos y he oído hablar de usted a García Lorca. No he de ponderarle la profunda emoción que me produjo su libro ... Me penetraron como poeta y como lingüista. La lengua es poesía. Y más que vengo siguiendo el sentido del ritmo, de la música verbal de los negros y mulatos (Morejón, *Páginas Vueltas* 82-83).

"Negro Bembón" es por lo tanto una representación literaria de la identidad cultural y de la incorporación de un nuevo esteticismo, en el cual se nos habla, indirectamente, tanto de la historia colonial que produjo tanto categorizaciones étnicas llenas de prejuicio –mulato, zambos, salto atrás etc.–, como de una geografía cultural que produjo otro tipo de categorizaciones, caribeñidad, mulatez, antillanidad y que siguen vivas en el discurso histórico y literario de hoy día. Es un poema que habla tanto de diferencia como de igualdad colectiva, de "nosotros" y nuestra interrelación con "ellos", y en el mismo se transmite la creatividad de un hombre que al sondear por primera vez las posibilidades expresivas que se hallaban en un género musical y de masa como era el son, lo supo elevar a la categoría de literatura universal.

La charla de Guillén en el Liceum, sus respuestas a Ramón Vasconcelos o a Gustavo Urutias, lo dicho en entrevistas posteriores a Nancy Morejón, y los artículos críticos producidos acerca de la misma, revelaron que la producción del cubano se proyectaba en dos dimensiones: la cultural y la social. Mediante ellas, Guillén encuentra espacios de expresión que le permiten afirmar, primero, una identidad étnica, ser mulato, la cual estaba ligada a los esfuerzos de un grupo determinado que luchaba por el reconocimiento de su existencia social y buscaba soluciones políticas y económicas. Segundo, el ser un autor que buscaba un espacio literario de afirmación cultural propio, original, diferente y específico no confinado o apresado por un discurso colonialista o racial. De ahí que se reconozca que, su "concepción de la cultura nacional ... se asentaba ... en aprovechamiento dialéctico e integral de los componentes hispánico y africano, que conforman, de modo irreversible, nuestra identidad" (Augier, *Prosa de prisa* 21). Su reacción contra aquellos que estimaban que su inclinación a la cadencia del ritmo, a lo popular, convertía a sus poemas en cosas fáciles, en poemas de segunda clase, fue la que tendría cualquier artista al observar que se degrada, invalida o menosprecia su obra por el simple hecho de que a cierto número de críticos, les "parece fácil". Lo que hizo Guillén en "Sones y soneros" y desde las páginas del *Diario de la marina*, fue refutar cualquier signo de "colonial intervention" de parte de aquellos que se habían considerado superiores por ser conocidos en tertulias literarias. Guillén no deseaba ningún "permiso para narrar", como expresa Said, y al responder lo hizo haciendo uso de su genuino conocimiento acerca del valor que tienen las expresiones artísticas populares de los grupos marginados, en cuanto a la transmisión de detalles de la vida cotidiana, identidad, experiencia colectiva y resistencia cultural o como popularizadores del "otro" como adversario o amigo. Escribía Guillén:

> Aunque a Vasconcelos le han parecido muy fáciles, a mí me costaron muchísimo trabajo, porque pretendo comunicarles una ingenuidad de técnica que nunca he tenido y una frescura de motivación que les era necesaria. A pesar del tiempo que esa tarea me ganó, ni la ingenuidad ni la frescura han sido tantas que disimulen el origen de los poemas. Y yo sí quería hacer algo verdaderamente sencillo, verdaderamente fácil, verdaderamente popular. Algo que fuera como el son de los que protestaron contra el son. (*Prosa de prisa* 21)

Guillén era un autor que buscaba un espacio de afirmación cultural propio, pero sin descuidar las formas. En su búsqueda lingüística y en sus ansias de perfeccionar su artífice poética, no abandonó nunca ni la experimentación ni el interés por lo que escribían o componían otros. El acudir al son no quería decir un rechazo a su hispanoamericanismo o desconocimiento de la literatura europea, pues como bien han observado los críticos, el cubano manejaba tanto la rica tradición poética española como la escrita por hispanoamericanos, y ambas habían alimentado desde muy temprano sus años de colegial camagüeyano. Declara entonces, que al escritor, "para escribir [le es necesario] estar al tanto de los secretos de[l]oficio" (*Prosa de prisa* 324).

En el poema "Tengo" se combinan estilísticamente la recurrencia al género musical, el son, con la destreza de acentuar en versos cortos y precisos, conceptos e imágenes que hablan de regímenes conservadores, políticas culturales discriminatorias, situaciones que perfilan o modifican la identidad del afromestizo. La poca adjetivación y la repetición del verbo "tener" traen como resultado la vigorización de los sucesos que se narran, y sirven para exponer el carácter opresivo de dominaciones centenarias desde 1492. "Tener" es el elemento diferenciador y desenmascarador de necesidades no satisfechas que exponen una relación social entre un "yo" individual y un "yo" colectivo situados en un mismo plano temporal, pero en diferentes planos sociales. Al mismo tiempo, la identidad de este "yo individual" se disuelve en multitud de situaciones conversacionales que remiten a lo extraliterario –la República de 1902– que no apaga las urgencias–, y culmina en un "yo-actor social" que valora la especificidad histórica del momento presente –la Revolución de 1959–. La presencia del verbo "tener" por lo tanto, subraya una nueva interdependencia con el "otro", una relación de poder o al menos de igualdad exitosa, en cuanto al "nuevo yo" se refiere. Esta nueva identidad social nos indica que este "Juan con Todo" deja atrás su condición de despojado, colonizado y sustancializa la representación de esa nueva identidad en el conteo de riquezas y derechos adquiridos. Con la repetición del verbo tener, el individuo se instala primeramente bajo la rúbrica de lo que Colm Hogan denomina "reflective identity",[6] y define como,

> A hierarchized set of properties and relations which ones takes to define oneself. This set prominently includes sex, race, ethnicity, family position, and so forth. This set of properties and relations is first of all a matter of social attribution, not introspection. (318)

Esta "identidad reflectante" no es estática sino que suscitará nuevas formas de identidad, y leemos,

> Cuando me veo y me toco
> Yo, Juan sin Nada no más ayer
> Y hoy Juan con Todo
> Y hoy con todo,
> vuelvo los ojos, miro,
> me veo y toco
> y me pregunto cómo ha podido ser.

En esta primera estrofa se desconoce cuál es la causa o factor que hace que este yo poético construya su identidad en relación a un espacio temporal que a primera vista parece inmediato, "ayer y hoy", pero que metafóricamente implica un pasado que se alarga por varios siglos y un presente que parece ocupar sólo el de varias horas. La nota sorpresiva viene dada con el uso de los verbos sensoriales, ver y tocar; es decir, la necesidad de reenforzar la identidad originaria, "la de ayer", que en este caso se remonta a varias generaciones, las de los "sin Nada". Este deseo de reenforzar la identidad originaria haciendo uso de los sentidos, este deseo

---

[6] Otra forma es la "practical identity", la cual se define como, "the set of habits or competencies that guide one's ordinary interaction with other people, along with the communal responses one relies on in those interactions. These interactions range from 'personal' practices of greeting ... to more obviously collective practices of work or religious ceremony". (Colm Hogan, *Colonialism and Cultural Identity*).

de evitar la confusión con el recién venido, apenas descubierto, el "Juan con Todo", revela que se ha creado una nueva forma de identidad, la cual está acompañada de una importante dimensión emocional, la del orgullo y el amor a sí mismo, "vuelvo los ojos, miro, / me veo y toco / y me pregunto cómo ha podido ser". Al mismo tiempo, este uso de los sentidos es la "mirada en el espejo", en el cual el individuo se ve a sí mismo a través de la mirada del observador. El nombre de "Juan sin nada" a "Juan con Todo" es el abrazo del otro y al mismo tiempo su despedida, pero es también un intercambio de información que reconstruye una tradición, una interpretación cultural del "otro". Esto último es importante pues en la cultura popular caribeña, el nombre de Juan viene asociado con la imagen de una persona cuyos hábitos y formas de vida son muy simples, primitivos, inocentes, una persona que se deja engañar fácilmente.[7]

El hecho de autoreconocerse como "Juan con Todo" representa un nuevo bautismo, una nueva vida. "Juan con Todo" resulta un mejor nombre que "Juan Sin Nada", por estar conectado al orgullo de abandonar para siempre un estatus social que lo inferioriza, humilla o degrada a los ojos del "otro" y de sí mismo. Guillén nos propone un nuevo encuentro no sólo con la historia sino con sus contemporáneos, en su construcción de "Juan el bobo", el cual se inscribe en un espacio que va más allá de la identidad racial o étnica, pues alude al paso de ascenso a otra clase social. Guillén saca del anonimato a un grupo, los "Juanes sin nada" y lo presenta compuesto, no por miembros inocentes, sino como individuos conscientes de las mentiras que les fueran formuladas en un pasado y de lo que han ganado en un presente.

El verso "y me pregunto cómo ha podido ser" manifiesta la sorpresa ante la transformación y da salida a una reflexión de carácter narcisista que se concreta en los versos "vuelvo los ojos, miro, /me veo y toco/". La inesperada alteración de lo cotidiano, de su mobilidad social, el milagro de verse en una situación privilegiada, inhabitual y favorecedora, y de comenzar la extraña aventura de "tener", conducen a la exaltación primera, y a decir en las siguientes estrofas que,

> Tengo, vamos a ver,
> tengo el gusto de andar por mi país,
> dueño de cuanto hay en él,
> mirando bien de cerca lo que antes no tuve ni podía tener.

---

[7] Ver los numerosos cuentos y leyendas puertorriqueños en los que Juan Bobo es la figura principal. A veces a esta figura se le agregan otras características, como la de ser originario del campo, un guajiro, jíbaro y altamente perezoso.

> Zafra puedo decir,
> monte puedo decir, ciudad puedo decir,
> ejército decir,
> ya míos para siempre y tuyos, nuestros
> y un ancho resplandor
> de rayo, estrella y flor.

Como se puede observar el índice de diferencia que el sujeto apropia acerca de sí mismo es transformativo, y está basado en el canje de objetos o elementos que ha adquirido. La enumeración de sus nuevas propiedades y derechos tiene un efecto moralizador y construye en el texto un "nosotros" y un "ellos", que le ofrecen al primero, en su autoidentificacion social, vínculos para participar en la vida política y cultural del "otro".

> Tengo, vamos a ver
> tengo el gusto de ir
> yo, campesino, obrero, gente simple,
> tengo el gusto de ir
> (es un ejemplo)
> a un banco, y hablar con el administrador,
> no en inglés,
> no en señor,
> sino decirle compañero como se dice en español.

Gilberto Giménez plantea en "La identidad social o el retorno del sujeto en sociología", que el proceso de autoidentificación consiste fundamentalmente en una toma de conciencia de las diferencias. En ese mismo artículo, el crítico cita a Cirese, el cual afirma que "la identidad no es lo que uno realmente es sino la imagen que cada quien se da a sí mismo" (13). Por su parte, Moscovici explica que "las representaciones son campos conceptuales o sistema de nociones y de imágenes que sirven para construir la realidad, a la vez que determinan el comportamiento de los sujetos" (Gilberto Giménez 14). Si se tiene en cuenta lo propuesto por estos teóricos, podríamos afirmar que el subjetivismo que acompaña toda autoidentificación es fruto de la relación de poder que se adquiere con respecto al otro: "/...tengo el gusto de ir yo .../a un banco, y hablar con el administrador/no en inglés/no en señor.../".

En las estrofas citadas, el "yo", en su enumeración de cosas y elementos que posee, introduce su propia interpretación de sí mismo; es un "yo" que delata un proceso en el que se toman tanto posiciones de aserción cultural como ideológica. Su visión social está dominada o llena de: a) representaciones sociales, el obrero, el campesino, el compañero, el administrador, el dueño, el señor; b) imágenes económicas, el banco, la zafra, la ciudad, el monte; c) proyecciones estéticas, la estrella, el rayo, e) subjetividades, gente simple, y f) de resonancias nacionalistas, inglés, español. Se habla pues de la situación de éste "yo" con respecto a sí mismo y a "otros", habla de su identidad y de las negociaciones de esa identidad, habla de diferencias y semejanzas. Algunas de estas diferencias toman planos antagónicos: dueño, señor, administrador frente a campesino, obrero, gente simple, español *vis-à-vis* inglés.

>...tengo el gusto de andar por mi país,
>dueño de cuanto hay en él,
>mirando bien de cerca lo que antes no tuve ni podía tener.
>Zafra puedo decir,
>monte puedo decir, ciudad puedo decir,
>ejército decir, / ya míos para siempre y tuyos,
>nuestros / .../.

Al anularse la dimensión opresiva que ataba a los "Juan sin nada", representada por el banco, el administrador, la zafra, esta última con su bagaje de temporalidad y dependencia, el "yo" recupera espacios, tiempos, instituciones, y sustancialidad social de las palabras. Esta aserción de la nueva identidad social le permite no sólo comunicarse sino identificarse con el "otro", con sus problemas, le permite verse en otros papeles, como el de campesino, obrero, que apuntan a otros niveles socioeconómicos, ideológicos, otras formas de identidad, y por lo tanto, admiten la posibilidad de una identificación o unión con otros grupos étnicos, otros grupos políticos. Pero esta interrelación personal o identificación con el "otro" conlleva en sí los gérmenes de disociación o reyección de aquellos que pudiesen obstaculizar o demorar la incorporación del "negro Juan sin Nada", a todos los niveles de la sociedad. Se puede leer un dislocamiento con el pasado, y no sólo eso, no se admite nada que pueda ir en contra de la movilidad social y la libertad de movimientos de "Juan sin Nada". Convencido de su nuevo poder, "Juan con todo" resalta lo que puede hacer como "negro",

>Tengo, vamos a ver,
>que siendo un negro
>nadie me puede detener
>a la puerta de un dancing o de un bar.
>O bien en la carpeta de un hotel
>gritarme que no hay pieza,
>una mínima pieza y no una pieza colosal,
>una pequeña pieza donde yo pueda descansar.

> /.../
> Tengo que ya tengo
> donde trabajar
> y ganar
> lo que me tengo que comer.

"Juan el de hoy" va recuperando la voz silenciada del "Juan el de ayer", al evocar "sus circunstancias", y acusa la disparidad de haber vivido en su propio país, rodeado de hechos en los que se descubría a cada paso la indiferencia, la discriminación racial o el atropello policíaco por el simple hecho de ser negro o de no tener recursos para pagar por el pedazo de tierra que cultivaba. "/ Tengo, vamos a ver, / que no hay guardia rural / que me agarre y me encierre en un cuartel / ni me arranque y me arroje de mi tierra / al medio del camino real". Al final, "Juan sin nada" se siente redimido y exclama,

> Tengo, vamos a ver,
> que ya aprendí a leer,
> a contar,
> tengo que ya aprendí a escribir
> y a pensar
> y a reír.
> [...]
> tengo, vamos a ver,
> lo que tenía que tener.

Al leer las memorias de Guillén notamos que en realidad, algunas de estas estrofas escenifican nuevamente algunas de las observaciones y experiencias que Guillén había vivido y expresado. El 21 de abril de 1929, bajo el título "El camino de Harlem", al comentar sobre el racismo en Estados Unidos y las consecuencias que había traído a la recién estrenada República la apropiación e implantación de actitudes y normas racistas, el poeta escribía:

> Todavía —y este es uno de mis grandes dolores como negro y como cubano— hay muchas localidades de la Isla donde a semejanza de lo que acontece en ciertas regiones yankees, los blancos y los negros transitan en los paseos públicos los días de retreta por zonas perfectamente delimitadas, cuya violación por cualquiera de ellos y, más que nadie, por los negros, da origen a verdaderos conflictos. (Augier, *Nicolás Guillén: Notas para un estudio biográfico* 107)

Ahora bien, hay una peculiaridad en "Tengo" que resulta importante resaltar y que tiene que ver con su afiliación ideológica, y que en vez de diferenciar, une al "Juan el de ayer con el de hoy", al blanco con el negro, y es que ambos, no tuvieron y no han de tener ni "country, ni jailáif". Además, los nuevos "Juan con Todo" tampoco deben aspirar a jugar al "tennis" o poseer "un yacht"; no deben aspirar a remedar la vida del blanco rico, pues el espacio que este último desocupa se convertirá, por el hecho de adoptar una nueva ideología, la marxista, en un espacio vacío. La movilidad económica no garantiza este tipo de intercambio social y la representación de ese nuevo espacio común, geográfico, lo revelan los siguientes versos:

> Tengo que como tengo la tierra tengo el mar,
> no country, no jailáif,
> no tennis y no yacht,
> sino de playa en playa, y ola en ola,
> gigante azul abierto y democrático;
> en fin, el mar.

Al mencionarse los términos *country* –para aludir a los clubes sociales cuya afiliación estaba abierta casi únicamente para el sector blanco y rico–, jailáif –la españolización del término inglés *high life*–, *yacht* –para revelar los valores consumistas norteamericanos–, y *tennis* –uno de los deportes preferidos de dicha clase–, el poeta asume un lector específico o conocedor de la sociedad latinoamericana. Además, el hecho de aparecer en la estrofa anterior la palabra "negro" pone a las claras que las posibilidades eran mucho más restrictivas, prácticamente inalcanzables para este grupo debido al color de la piel. Por esta razón, los versos que se refieren al acceso a las playas, al mar, lleno de apelaciones visuales y aliteraciones sonoras, aluden a la identificación de Guillén con la Revolución de 1959. "/...Tengo ... no country , no jailáif, /no tennis y no yacht /... sino gigante azul abierto y democrático/ en fin, el mar/".

Estos versos revelan que Guillén pertenecía a lo que Zimmerman ha llamado "intelectuales orgánicos", pues su identificación con la ideología marxista, con la Revolución de 1959, y el sentirse vocero de un grupo le hacen resaltar el compromiso ideológico del "yo poético" de "Juan con todo." Este compromiso le impide abogar por un tipo de vida a lo "jailáif", pero sí por superación educacional y trabajo seguro: "Tengo.../ que ya aprendí a leer, / a contar, /tengo que ya aprendí a escribir y a pensar/[...] / tengo ...donde trabajar/". Esa necesidad ideológica de jerarquizar y de engendrar su nueva visión histórica se perfila en la palabra "compañero", y en la descripción del mar como "democrático".

Gilberto Giménez, al hablar sobre el estudio de Georges Devereux, plantea que

> no basta la lógica de la unidad /diferencia para constituir una identidad. Se requiere todavía la percepción de su *permanencia a través del tiempo*, más allá de sus variaciones accidentales y de sus adaptaciones al entorno. Esta continuidad temporal permite al sujeto establecer una relación entre el pasado y el presente, así como vincular su propia acción con los efectos de la misma (de lo contrario el actor no podría hablar de "yo" o de nosotros en el tiempo. ...la representación de la identidad comporta un marco interpretativo que permite vincular entre sí las experiencias pasada, presentes y futuras en la unidad de una biografía (en el caso de un individuo), o de una memoria colectiva (en el caso de grupo, de una etnia, etcétera). ("La identidad social" 16, énfasis del autor)

"Tengo" es un poema que ilustra estas observaciones hechas por Giménez, ya que podemos notar como el "yo" se define y redefine por sí mismo y en relación a "otros," en una "unidad biográfica," y al hacerlo se voltea tanto a las identidades sociales existentes –obrero, campesino, administrador, etcétera–, como a la identidad racial, la del negro, dentro de un marco social y un sistema socio-político determinado. Esta identidad "reflectiva" se comporta como marco interpretativo de la "memoria colectiva" de los "Juan sin nada", que es en sí la "de un grupo, la de un "nosotros".

El placer que albergaba Guillén al pensar que para los afrocubanos, debido al triunfo de la Revolución de 1959, se concretarían por fin los avances que les habían sido negados hasta esos momentos, y que observamos en "Tengo", se presenta en los dos siguientes poemas. En "Burgueses", el poeta no siente pena por aquellos que durante siglos habían mantenido el legado de una política colonizadora y establecido una jerarquía de superioridad racial, cultural, blanca y europea con respecto al negro y la africanía. Los dos poemas mantienen la perspectiva que una identidad de "yo" siempre conlleva la concientización subjetiva de una diferencia o similaridad con respecto a la identidad del "otro".

Hace más de dos décadas, Loredona Sciolla, en su trabajo *Identitá*, hablaba de las dimensiones de la identidad y las definía como: *locativa, selectiva e interpretativa*. En la primera, el individuo se sitúa dentro de un marco y se relaciona con el mundo a partir de la/s diferencia/s que existe/n entre ambos. En la *interpretativa*, el marco donde se sitúa le permite interpretar y entrelazar las "experiencias pasadas, presentes y futuras en la unidad de una biografía", y en la dimensión *selectiva*, como la palabra lo indica, el individuo selecciona y actúa de acuerdo a su identidad, que tiene mucho que ver con la cultura. Esta manera de actuar acorde con una identidad cultural, Pizzorno la llama "ricollocazione culturale", y describe que la misma puede dar fruto a un sistema de identidades, que liberan al individuo de las limitaciones de una identidad única. Por su parte, Carolyn Vogler plantea que,

> In order to understand why individuals participate in political action we need some conception of political agency which in turn presupposes an understanding of how individuals see themselves, we need a concept of *identity* which takes account not just of sociological processes such as *social* classification, boundaries and processes of identification, but also of strong emotions such as love, hate, shame, anger and so on which sociology either overlooks entirely or reduces to the *social*. ("Social Identity and Emotion" 1, enfásis del autor)

Estas construcciones o dimensiones de la identidad de las que hablan Vogler, Sciolla y Pizorno están presentes en "Burgueses" y "Problemas del Subdesarrollo", pues en ambos tenemos un "yo" que actúa y toma decisiones que demandan diferentes cuantías de compromisos socio-culturales en cuanto al "otro". Cada uno de estos compromisos encierra para el "yo" un cierto grado de fraternidad o animosidad que nos permite observar su comprensión de cómo se ve a sí mismo en relación con los demás. Estas cuantías de compromiso socio-culturales producen significados e historias con las cuales el individuo se identifica, y que pueden ser leídas como autobiografía individual o colectiva. Esta mirada de sí mismo conduce a una serie de emociones fuertes, en las que se debaten la conmiseración *vis à vis* el deseo de revancha, la solidaridad *vis-à-vis* el nacionalismo, el amor *vis à vis* la repugnancia; emociones que afectan en todo momento y en cada fase la interrelación del "yo" con el "otro". Leemos,

> No me dan pena los burgueses vencidos.
> Y cuando pienso que van a darme pena,
> aprieto bien los dientes, y cierro bien los ojos.
>
> Pienso en mis largos días sin zapatos ni rosas,
> pienso en mis largos días sin sombrero ni nubes,
> pienso en mis largos días sin camisa ni sueños,
> pienso en mis largos días con mi piel prohibida,
> pienso en mis largos días...
> No pase, por favor, esto es un club.
>
> La nómina está llena.
> No hay pieza en el hotel.

En ambos poemas se abre paso al conflicto humano de perdonar o de vengar el insulto o la afrenta recibida, encarar o no al agresor. La decisión de "apretar los dientes y cerrar los ojos", o de "mandarlos a decir cacarajícara" demanda la emergencia de una concientización sobre una realidad histórica que le permita seleccionar entre las alternativas de sentir o no pena, de ahogar o no el orgullo. El marco de compromisos a cumplir con relación al "otro"no es simple, pues en los mismos se filtran por una parte, el efecto de experiencias discriminatorias pasadas en la reconstrucción del "yo" "...con mi piel prohibida", y lo que esto significaba para él en materia de supervivencia, una sociedad que prácticamente lo consideraba invisible, inferior, sin derechos, sin sueños o aspiraciones. Por otra parte, el hecho de que se está unido al "otro", en cuanto a espacio geográfico, lengua, cultura, reclama de este mismo "yo" otros compromisos.

Para dar a conocer hasta qué punto le molesta la construcción de cultura y de conocimiento que tienen los "otros"sobre sí mismos escribe:

> Monsieur Dupont te llama inculto,
> porque ignoras cuál era el nieto
> preferido de Victor Hugo.
>
> Herr Müller se ha puesto a gritar,
> porque no sabes el día
> (exacto) en que murió Bismark.
>
> Tu amigo Mr. Smith,
> inglés o yanqui, yo no lo sé,
> se subleva cuando escribes *shell*.
> (Parece que ahorras una ele,
> y que además pronuncias *chel*.)

Son estrofas que revelan la insatisfacción no sólo del "yo con mi piel prohibida", sino la del caribeño en general, cansado de verse proyectado como un ser inculto, primitivo, inmaduro, por el "otro" desde la conquista. Se da voz a la alienación, al drama del latinoamericano que sepultado en una definición cultural y económica, se siente cansado de verse identificado por el "otro", como un "subdesarrollado", miembro de un continente "nuevo", sin historia. Trata de sacudirse del peso de esa interpretación colonialista y arremete con estas palabras:

> Bueno ¿y qué?
> Cuando te toque a tí,

> mándales decir cacarajícara
> y que dónde está el Aconcagua,
> y que quién era Sucre,
> y que en qué lugar de este planeta
> murió Martí.

Resáltase en esos versos la urgencia de un "tú y yo", de un "nosotros" para encararse a un "otro", un "ellos", y manifiéstase que al abrazar la bandera del nacionalismo se abraza también la del hispanismo y por ende la de un transnacionalismo. Esta urgencia de la presentación del hispanismo como elemento diferenciador de los Mullers o Duponts, definitivamente no rompe con Europa. Para el poeta la adquisición de poder en el presente demanda una articulación del pasado, y para demostrar dicho poder alude al papel que jugaron en la cultura y sociedad latinoamericana los líderes de las guerras de independencia. Se enfatiza que lo que distingue la representación cultural del latinoamericanismo del europeismo es la conciencia de que en Latinoamérica la esencia de cada nación no proviene de una pureza biológica, sino de la conjunción de las culturas, de su mestizaje. Nombres como Aconcagua, Sucre, Martí, se esgrimen como elementos de esa esencia, y a su vez, como muestra de una cultura superior. Para Guillén estos son nombres y figuras incomprensibles o desconocidas para aquellos que, guiados por una visión blanca y colonialista, piensan que ser civilizado significa, exclusivamente, un reenforzamiento del autoritarismo de las normas y formas de la cultura occidental.

Para desmantelar aún más la identidad de "subdesarrollado" que se le ha impuesto se apela a la fraternidad que existe entre este "yo" y "tú", "nosotros" marginados y le dice a este "tú" que rete a los "otros", "ellos". Y para animar a este "tú", le aconseja que acuda al arsenal de conocimientos que posee, que halle fuerzas en la resistencia del indo-afro –hispano-americano–, en no olvidar nombres autóctonos, campañas increíbles y heroes sin fronteras. Sus consejos no se limitan a esto, sino que invita a los Mullers, Duponts y Smith a que pronuncien "cacarajícara." Y leemos:

> Cuando te toque a tí,
> mándales decir cacarajícara
> y que dónde está el Aconcagua,
> y que quién era Sucre,
> y que en qué lugar de este planeta
> murió Martí.

Esta demanda de que se pronuncie "cacarajícara" implica una observación subjetiva o real sobre el "otro," por medio de la cual se asume que éste debido a ciertas características lingüísticas no puede pronunciar la palabra; es la satisfacción de una superioridad lingüística del latinoamericano sobre el europeo o norteamericano. La identidad social, por lo tanto, se presenta en un sistema de relevancias que son semejantes tanto para el "yo" narrador-observador como para el "otro", mister Smith o Herr Muller, pues todos acuden a una "identidad selectiva", que implica integración de valores nacionalistas, apropiación de conocimientos históricos y un sentimiento de poder lingüístico. La diferencia estriba en que hasta ahora este "yo" que narra y comenta se había mantenido pasivo frente al poder que sobre el concepto de cultura ostentaban tener los Smith y Herr Mullers. Este poder, esta sublimación, hizo que la historia y la cultura de los grupos marginados de América fueran consideradas etnohistóricamente inferiores o irrelevantes. Sin embargo, Guillén revela que en los mismos bordes de ese logo por superioridad cultural se pueden ubicar los logos de la razón del porqué la cultura latinoamericana es superior.

"Problemas del subdesarrollo" es una contestación a los residuos coloniales que seguían presentes en la mente del "otro", y en la misma, se deslizan una vez más vivencias del escritor cuando, como delegado del Congreso de la Paz, se percató que para la mayoría de la gente común en Francia, la palabra Cuba carecía de significado. Guillén relata que en el París de 1947, al decir que era de Cuba,

> ... el chofer se rascó la cabeza ... —¿Cuba? ... En la América del Sur, ¿no?
>
> Para los franceses en general, todo lo español no localizado en España misma pertenece a la América del Sur. Yo le expliqué, desde luego, que Cuba está en las Antillas, y hasta le hablé de Jose María Heredia, el de los Trofeos, pero ello no le causó impresión alguna (*Páginas vueltas* 285-86).

En "Burgueses", al establecerse la enumeración de las muchas razones que inducen al "yo" a no "sentir pena de ellos", el narrador muestra su ofuscamiento, la emoción que lo embarga al mirar hacia el pasado y ver al "otro" en su posición de un poder que parecía prolongarse por siglos. Y exclama,

> En fin...
> Que todo lo recuerdo y como todo lo recuerdo,
> ¿qué carajo me pide usted que haga?
> Además, pregúnteles,

estoy seguro de que también
recuerdan ellos.

En materia de delineamiento de crítica social estos versos nos traen el eco de charlas, ausencias, encuentros, vivencias, memorias y sobre todo de la impotencia del poeta frente al cuadro poco optimista que se dibujaba para muchos de los camagüeyanos y de los cubanos en general de aquella época. Se puede afirmar que la razón que empuja a los "yo" de sus poemas a no buscar compromisos y resistirse a dar cabida a cualquier tipo de conmiseración o pena, se halla enraizada en sus remembranzas del Camagüey de 1932.

> Con el alma …voy mirando las casas aplastadas, de grandes ventanas de madera, o de menudas ventanitas de hierro comido por los años… Y sobre las aceras, el polvo de meses extiende una alfombra frágil que nuestros pies aplastan con ruido quebradizo… Noto que me va ganando una impresión de asfixia, una apretada sensación de ahogo. Descubro, horrorizado, …fango en las calles humildes. Hombres blancos que están amarillos por las necesidades. Hombres negros, que casi están blancos por la privazón. [...] Grupos imponentes de obreros recorren en esos países [se refiere a Francia, Los Estados Unidos, Alemania, Inglaterra] las principales avenidas urbanas, pidiendo pan y trabajo. Masas de hombres, mujeres, de niños, duermen en parques y paseos, sin más abrigo que la noche misma. (*Nicolás Guillén: Notas para un estudio biográfico* 203-205)

Pero la lógica que impulsa al "yo" a declinar una identificación con el "otro" incluye a su vez la experiencia de este último, y por eso la "dimensión locativa" en donde se quiere ubicar al "otro", bajo la frase "prengúnteles", se transforma en una justificación por la decisión tomada, de no "sentir pena" y a la vez en un deseo de forzar al "otro" a reflexionar sobre sí mismo. Al establecerse una reconexión con el pasado se producen formas de identidades que hacen que el "yo" y el "otro" permanezcan siempre interconectados.

El factor desencadenante del proyecto de contestación cultural guilleneano frente al de los Duponts o Mullers resulta de cierta forma paradójico, pues como conocemos, la identidad cultural latinoamericana en el período de Sucre y Martí había sido definida dentro de una especificidad histórica y literaria que descartaba la cultura de los indios y negros. Sin embargo, y a pesar de esta paradoja, podemos afirmar que "Problemas del subdesarrollo" y "Burgueses" mantienen la misma dimensión creadora que aparece en "Tengo", en cuanto a cómo se produce y manifiesta la identidad social del afromestizo en Cuba. Al analizar este proceso, distinguimos, por un lado, la coyuntura cultural como refugio que ofrece identidad y configuración territorial al afromestizo como latinoamericano, y en base a esto confronta ingeniosamente la perspectiva "mundo civilizado" vis-à-vis bárbaro. Por el otro lado, el hecho de revivir una y otra vez las experiencias del "yo", como un ente marginado, explotado y discriminado, opera como estimulante emocional que le permite entablar diferencias con el "otro". Observamos también que los elementos que subrayan la interacción entre un "yo" y el "otro" toman tonos raciales en cuanto a dominación y opresión se refiere, y étnicos, en cuanto a lenguaje y cultura. Ahora bien, podemos agregar que estas observaciones, en cuanto a proceso de identidad social, las podemos hallar en casi toda la obra de Guillén. Estos cambios de afiliaciones que experimenta el "yo" con respecto al "otro", no presuponen graves conflictos de identidad para este "yo", sino una modificación trascendental en el papel que juega la identidad social del individuo, al pasar de una comunidad a otra, al integrarse a sociedades más amplias, más impersonalizadas, cuyas cohesiones sociales, ideológicas, económicas, políticas, culturales, raciales o étnicas resultan más complejas.

La constante interacción de Guillén con el "otro", el criollo blanco cubano y su lucha por no dejarse influenciar por la imagen distorsionada que del afromestizo había dejado el colonialismo en la literatura, el arte o la historia, hicieron que este poeta ofreciera en su poesía nuevas perspectivas sobre identidad social, cultural, étnica. Aunque el poeta comentara: "A veces deploro no haber escrito sobre cuanto he visto", este comentario no es del todo correcto, pues su poesía revela filosofía sobre sí mismo y sobre lo que vio y vivió como afromestizo dentro y fuera de Cuba. Estas vivencias, interacciones con el "otro," le hicieron tomar posiciones políticas, privilegiar ideologías, representar organismos, cantar revoluciones, ilegitimar conflictos, condenar sistemas, restaurar orgullo racial, celebrar prácticas culturales y religiosas, pero lo más importante: descubrir al otro a partir de sí mismo.

Bibliografía

Aguirre, Mirta. *Un poeta y un continente.* La Habana: Editorial Letras Cubanas, 1982.

Augier, Ángel. *Nicolás Guillén: Prosa de Prisa 1929-1972.* La Habana: Editorial Arte y Literatura, 1975.

_____ *Nicolás Guillén: Notas para un estudio biográfico–crítico.* Tomo 1. 2da. Edición. La Habana: Universidad Central de las Villas, 1965.

Bayoumi, Moustafa y Andrew Rubin. *The Edward Said Reader.* New York: Vintage Books, 2000.

Colm Hogan, Patrick. *Colonialism and Cultural Identity: Crises of Tradition in the Anglophone Literatures of India, Africa and the Caribbean.* New York: State University of New York Press, 2000.
Ellis, Keith. *Cuba's Nicolás Guillén: Poetry and Ideology.* Toronto: University of Toronto Press, 1983.
Fernández Retamar, Roberto. *El son de vuelo popular.* La Habana: Editorial Letras Cubanas, 1979.
Giménez, Gilberto. "La identidad social o el retorno del sujeto en sociología". *Identidad: análisis y teoría, simbolismo, sociedades complejas, nacionalismo y etnicidad.* III Coloquio Paul Kirchhoff. Coordinadora: Leticia Irene Méndez y Mercado. México. UNAM, 1996. 11-24.
Howard, David. *Coloring the Nation: Race and Ethnicity in the Dominican Republic.* Oxford: Signal Books Limited, 2001.
Larraín, Jorge. *Identity and Modernity in Latin America.* Cambridge: Polite Press, 2000.
Melon-Degras, Alfredo. *Realidad: poesía e ideología.* La Habana: Ediciones Unión, 1973 o 1974.
Morejón, Nancy. *Nación y mestizaje en Nicolás Guillén.* La Habana: Ediciones Unión, 1982.
_____ *Nicolás Guillén: Páginas Vueltas. Memorias.* La Habana: Ediciones Unión, 1982.
_____ *Fundación de la Imagen;* Ensayo. Cuba: Letras Cubanas, 1988.
Ruffinelli, Jorge. *Poesía y descolonización: viaje por la poesía de Nicolás Guillén.* 1ra. Edición. Oaxaca, México: Editorial Oasis, 1985.
Said, Edward W. *Orientalism.* New York: Vintage, 1979.
Schutte, Ofelia. *Cultural Identity and Social Liberation in Latin American Thought.* Albany: State University of New York Press, 1993.
Vogler, Carolyn. "Social Identity and Emotion: The Meeting of Psychoanalysis and Sociology". *Sociological Review* 48/1 (2000). Online. Ebsco.
Williams, Lorna V. *Self and society in the poetry of Nicolás Guillén.* Baltimore: Johns Hopkins. University Press, 1982.
Yurkievich, Saúl. *Identidad cultural de Iberoamérica.* España: Editorial Alhambra, 1 era. ed. 1986.

Política y raza

La prosa de Guillén en defensa del negro cubano

Tomás Fernández Robaina

El objetivo del presente estudio sobre la prosa de nuestro Poeta Nacional es destacar su pensamiento en cuanto a la lucha contra la discriminación racial y la forma con la cual expresó sus ideas en este campo. Para ubicar su posición se debe tener en cuenta las concepciones y criterios predominantes en la seudo república ante la problemática racial, así como los significados de los vocablos discriminación y prejuicio[1] los cuales son empleados por el poeta en sus primeros artículos, y los escritos después de 1959. En este sentido no siempre se tiene una idea uniforme. Hay quienes ven al prejuicio y la discriminación, así como al racismo, como un todo, íntimamente relacionados, que los hacen casi sinónimos; otros, por el contrario, aprecian niveles diferentes entre cada uno de esos conceptos. El racismo es la ideología de los que se consideran superiores por pertenecer a una raza determinada; el prejuicio es lo que domina la mente de los racistas, lo que se transmite como códigos de conductas, que a veces influye

---

[1] El racismo, el prejuicio y la discriminación en Cuba se presentan de una forma que evidencia una de nuestras problemáticas: el concepto generalizado de que en Cuba no ha existido racismo y que la discriminación racial contra los negros en Cuba no pueden ser comparada con la sufrida por los negros estadounidenses o los africanos de la República Sudafricana. Se ha dicho en ocasiones que se exagera cuando se habla del problema racial en Cuba, tanto desde un punto de vista histórico como contemporáneo. Por eso sería conveniente que se republicaran los artículos clásicos de Guillén, analizados en esta aproximación a la prosa de nuestro Poeta Nacional.

a personas no conscientemente portadoras de la ideología racista. La discriminación, por lo tanto, es ya la materialización práctica de los prejuicios exponentes de la ideología racista, que no siempre se manifiestan y se visualizan como tales fenómenos, en virtud de la complejísima dinámica social y del enraizamiento de esas actitudes como formas tradicionales de la vida social, que de tanto existir no son visualizadas como manifestaciones racistas.

Guillén se enfrentó ante la problemática racial con gran honestidad y claridad. Utilizó la prosa de modo directo, con gran sencillez pero con mucha fuerza y alto poder comunicativo para llamar la atención sobre el peligro del cultivo y del triunfo de la tendencia de un sector de la sociedad de aquellos tiempos, de la actitud de algunos negros y blancos propiciadores y copiadores del desarrollo del negro cubano tomando como modelo la forma de vida del negro estadounidense.

Combatió básicamente esa tendencia desde la Columna Ideales de una Raza,[2] página dominical del Diario de la Marina, dirigida por el periodista Gustavo E. Urrutia o tangencialmente en otras fuentes, tanto como en sus discursos en el seno del Congreso Internacional de Escritores en Defensa de la Cultura (1937, España).[3]

En todos sus textos está siempre presente la preocupación y el interés por hacer ver la importancia de la unión de los cubanos blancos y negros para el porvenir del país, ya que la nación no podía existir sin uno de esos elementos por razones históricas muy profundas. Por tal convicción pedía luchar y tomar medidas efectivas para erradicar las muestras de

---

[2] La columna "Ideales de una Raza" y su edición dominical aparecieron desde abril de 1928 hasta principios de 1931. A partir de ese año Gustavo Urrutia continuó su labor defensiva, divulgadora y reivindicado de los derechos sociales del cubano negro desde la columna "Armonías", una de las secciones de los "Ideales de una Raza", en su espacio de los domingos. Esta importante figura de la intelectualidad cubana, quien polemizó y venció con sólidos argumentos al Dr. Jorge Mañach en uno de los tantos debates que sostuvo, es poco conocido en Cuba y en el extranjero. Son pocos los libros que se han ocupado de la problemática racial en la Isla que lo mencionan. Pero todo parece indicar que ya ha comenzado a producirse un cambio, y no está lejano el día que tanto en Cuba, como en el extranjero diplomantes de maestría o de doctorado lo tomen como objeto de sus tesis.

[3] El Congreso Internacional de Escritores en Defensa de la Cultura se convocó en solidaridad con la lucha de la República Española. A ese Congreso asistieron los cubanos Nicolás Guillén, Juan Marinello y Alejo Carpentier.

discriminación racial y prejuicios que impedían que el cubano negro conviviera en aquella sociedad con los mismos derechos que el cubano blanco; teóricamente, en la Constitución estaba plasmada la idea de que todos los cubanos tenían las mismas oportunidades y posibilidades, pero como bien dice el refrán de lo dicho al hecho hay un gran trecho.

Trabajos escritos antes de 1959

Es conveniente que tengamos en cuenta los que escribió durante 1929 en los que abordó el problema racial, para que apreciemos cómo un postulado, criterio teórico sobre la discriminación, formulado en prosa, dio lugar a poemas de alta significación social a la vez que literaria para la valoración y reconocimiento de la importancia de las dos raíces principales de nuestra cultura: África y Europa (España). Recordemos como ejemplo de lo expresado el Poema de los dos abuelos.[4]

Aquella fue una época muy trascendental en la historia de Cuba, y en especial para el desarrollo social del negro.

Los sucesos del Partido Independiente de Color (1912)[5] parecían olvidados, más bien silenciados, ocultados por la historiografía oficial. La

---

[4] "La balada de los dos abuelos", del poemario *West Indies Ltd.*, es un buen ejemplo del pensamiento de Guillén en cuanto al reconocimiento de nuestras dos raíces culturales e históricas. Gustavo Urrutia planteó años más tarde en su artículo Aclaración, que un país de negros y de blancos como Cuba tenía que estudiar y conocer la historia y la cultura de las raíces europeas y africanas, pero hasta entonces, la educación y la cultura eurocéntrica impuesta por la colonización española a nuestra Isla y mantenida posteriormente por los gobiernos republicanos, impidieron que los trabajos de Fernando Ortiz y Rómulo Lachatañeré y del propio Gustavo Urrutia, entre otros, pudieran contrarrestar de manera efectiva los prejuicios raciales y culturales acerca de la herencia africana y la de sus descendientes en Cuba.

[5] El Partido Independiente de Color, fundado por Evaristo Estenoz, fue la expresión más radical de los cubanos negros dispuestos a luchar por sus derechos. Dicho partido fue ilegalizado por la Enmienda Morúa, la que fue presentada ante el Congreso cubano por Martín Morúa Delgado, negro también. La Enmienda impedía la existencia de partidos formados por hombres de una sola raza. Evaristo Estenoz luchó denodadamente por legalizar el partido mediante la abolición de la Enmienda con la finalidad de poder concurrir a las elecciones de 1912. Con esa finalidad realizaron una protesta, pero la reacción opositora al Gobierno presionó de tal manera, temiendo que hubiera un acuerdo entre Estenoz y el Presidente José Miguel Gómez, y ante la posibilidad de una tercera intervención estadounidense, el Presidente Gómez determinó el asesinato de los dirigentes del PIC y el exterminio de una buena parte de sus miembros.

columna de Ramón Vasconcelos: "Crónicas escritas para negros sin taparrabos, mestizos no arrepentidos y blancos de sentido común" (1915-1916)[6] en el diario *La Prensa*; y el semanario *La Antorcha* (1916-1918) dirigido por Armando Pla,[7] eran ya hechos pasados cuando la lucha del movimiento obrero y de los sectores más progresistas, necesitados de reivindicaciones sociales, incrementaban la oposición política y civil contra la tiranía machadista.[8]

En este entorno social la sección "Ideales de una Raza" fue una nueva tribuna pública desde la cual se demandó no sólo la justicia e igualdad de derechos para el negro cubano, sino que se propusieron fórmulas para ayudar a ese sector de la población a desarrollarse social y económicamente para de ese modo disfrutar de los derechos a los cuales, hasta entonces, la gran mayoría de los cubanos negros no había tenido acceso. Una de las sugerencias de Gustavo E. Urrutia aconsejaba lo conveniente que era dedicarse al comercio, a la pequeña industria y no ver solo en la educación y en la cultura dos vías para combatir la discriminación y los prejuicios raciales ("Armonías" 38). Subrayaba la necesidad de que el cubano negro apareciera también como elemento importante en el comercio, para de ese modo hacerse respetar y demostrar que eran capaces de avanzar en lo económico y borrar la imagen que se tenía de él. Además, la existencia de clubes, instituciones en donde los cubanos negros no podían asistir, como lo imposible para muchos de ellos de encontrar trabajos en diversos

---

[6] Ramón Vasconcelos, uno de los periodistas más notables del momento; años después formó parte del gobierno del Presidente Gerardo Machado, y posteriormente colaboró también con el Presidente Fulgencio Batista. Emigró de Cuba al Triunfar la Revolución pero retornó al país para morir en su Patria. Su columna periodística desde el diario *La Prensa*, en la segunda década de la República, fue uno de los momentos más notables del movimiento social de los cubanos negros.

[7] Armando Pla, notable periodista e intelectual camagüeyano. Animó otro de los momentos significativos de la lucha social del cubano negro. Su semanario *La Antorcha* ha quedado como uno de los documentos para valorar la problemática racial también en la misma década, y no lejano aún en el recuerdo el genocidio cometido contra los miembros del PIC.

[8] El general Gerardo Machado fue el cuarto Presidente de la República de Cuba. Devino en dictador al imponer su reelección. Su dictadura fue la más represiva hasta el Batistato. En su primera etapa se desarrollo uno de los momentos más relevantes del movimiento social del negro en Cuba; el período pos-Machado se caracterizó por un intenso movimiento social, obrero, y cultural de todas las fuerzas políticas y progresistas.

sectores laborales, a pesar de tener el nivel requerido, había motivado la creación de sociedades formadas solo por negros y mulatos, heredadas muchas de ellas de la etapa colonial, cuando el gobierno español había estimulado lo anterior para mantener dividida a la población y evitar su unión en la lucha contra la metrópoli madrileña.

Paradójicamente, a pesar de lo anterior, la lucha contra el colonialismo español había logrado la unión de todos los sectores populares y obligado, en más de una ocasión, que algunos personeros y figuras de la clase terrateniente y de la burguesía no pudieran hacer galas de sus prejuicios racistas, a la vez que se aunaba y se lograba, en buena medida, la comprensión fraternal y la integridad mayoritaria de otros. Pero la intervención estadounidense en los años finales del triunfo de nuestra guerra de independencia contra España castró el proceso de integración acelerada y cabal de los cubanos blancos y negros, a medida que satisfacían sus costumbres racistas y alentaban la división social del pueblo cubano.

Las muertes de Martí y Maceo[9] fueron factores también considerables para que el programa de igualdad de oportunidades para todos los cubanos, la Patria con todos y para el bien de todos, tal como lo había anhelado el Apóstol no se materializara.

Guillén estaba muy sensibilizado ante esa realidad. Había conocido en carne propia lo que era ser mulato, había visto lo que era ser negro y comprendió el peligro de la tendencia de copiar la Forma de Vida del Negro Estadounidense como la posible solución de los problemas a los cuales se enfrentaban los cubanos negros.

Su voz de alerta no fue demagógica, como la de Generoso Campos Marqueti[10] y otros que ante la alternativa del Partido Independiente de

---

[9] La caída de José Martí el 19 de mayo de 1895 y la de Antonio Maceo el 7 de diciembre de 1896, privaron de las dos máximas figuras cuyas ideas habían creado la confianza y la seguridad de que todos los males del país serían resueltos con la República, que de hecho se convertiría en la Patria con todos y para el bien de todos, en donde también el pensamiento maceista de nada pedir como negro, todo como cubano no podían ser frases vacías.

[10] Generoso Campos Marquetti, de origen humilde, se distinguió en la lucha en contra de España. Fue uno de los oradores que protestó en el acto convocado por el Comité de Veteranos de la Raza de Color, el 29 de junio de 1902. Posteriormente fue elegido a la Cámara de Representantes. Se opuso al PIC y ocupaba todavía un cargo en el congreso cuando triunfa la Revolución. Murió en los Estados Unidos en un acto por su centenario.

Color al problema social del cubano negro habían planteado y gritado que en Cuba no había problemas raciales, que toda la bulla de los independientes era consecuencia de ambiciones politiqueras. Se combatió y se prohibió a los independientes porque hacían mal al unirse en una agrupación solo para los cubanos negros, pero no se tomaron medidas justas encaminadas a la desaparición objetiva de los males sociales y los prejuicios que habían hecho aparecer esa opción.

La prueba de que nada se había hecho la tenemos precisamente en el S.O.S. que lanza Guillén desde el "Camino de Harlem". En uno de sus párrafos decía el poeta:

> La respuesta es grave y, sin embargo, debe darse. Sí, señores, todavía tiene problemas la raza de color en Cuba y todavía necesita luchar mucho para resolverlo ("Camino de Harlem" 11).

El articulista no se engañaba ni engañaba a sus lectores en la valoración del asunto.

No obstante lo adverso del entorno socioeconómico, él se siente optimista de que habrá una solución favorable. Por tal razón, desecha el pensar, a veces, que el problema de las relaciones entre cubanos negros y blancos no tendría solución. Por eso indica de un modo atinadísimo, consciente de la importancia, la necesidad de hallar una solución:

> Este problema debe resolverse, tiene que resolverse y muchas circunstancias parecen indicarlo, sobre todo, por los grandes progresos que en ese orden se hacen diariamente. El hecho de que aún subsisten desgraciadamente en un medio político de tan fraterno origen como el nuestro, no debe inspirar desaliento, menos aun, hacernos desertar de una lucha que es realmente patriótica ("Camino de Harlem" 11).

Es evidente el concepto de nación, de patria, en Guillén. Califica a la lucha contra el problema racial de patriótica porque para él la Patria no era la formada solamente por los cubanos blancos o por los cubanos negros, sino la integrada por ambos. Por eso él no concibe ni quiere el desarrollo aislado del cubano negro, pero tampoco que se le discrimine del trabajo, de las empresas industriales y económicas.

En ese sentido Guillén había sido discriminado cuando pretendió ocupar una plaza de mecanógrafo en Camagüey. Esa experiencia suya no era tan particular, sino bastante generalizada en el sector negro de la clase media, cuyos miembros, la mayoría de las veces, cuando tenían la suerte de encontrar trabajos de cierto nivel, siempre el puesto estaba por de bajo de sus posibilidades intelectuales.

Precisamente por la existencia de ese fenómeno, algunos veían necesario y normal el desarrollo económico y social del negro cubano a semejanza del de los Estados Unidos.

No podemos olvidar que, desde la Colonia, el negro había luchado por sus derechos, por la libertad, por la justicia, por la igualdad, habiéndose hecho acreedor de todos estos derechos de modo significante en nuestras guerras de independencia; pero la seudorrepública nada hizo por el negro, más bien lo tomó solamente como instrumento electoral en las campañas presidenciales, entonces se le prometían villas y castillas para al final resultar engañado.

Este hecho había sido una de las causas del surgimiento del Partido Independiente de Color y el nacimiento de la tendencia copiadora de la Forma de Vida del Negro Estadounidense (*The Black American way of life*) como un modo de contrarrestar y solucionar la situación en la cual se hallaban los cubanos negros.

Diecinueve años después del fallido experimento de los independientes, el cubano negro seguía aún marginado, paria en su propia tierra.

Por eso, en el artículo ya citado expresó:

> Estamos preocupándonos exclusivamente de las formas, y tenemos verdadero terror en llegar al fondo del problema que es grave. Insensiblemente nos vamos separando de muchos sectores donde debiéramos estar unidos, y a medida que el tiempo transcurra, esa división será ya tan profunda que no habrá campo para el abrazo final. Ese será el día en que cada población cubana –a todo se llega– tenga su "barrio negro" como nuestros vecinos del norte. *Y ese es el camino que todos, tanto los que son del color de Martí, como los que tenemos la misma piel que Maceo, debemos evitar* ("Camino de Harlem" 11).

¿Cómo evitar, que algunos cubanos negros quisieran imitar el *Black American way of life*? ¿Qué hacer para impedir el avance de esa tendencia?

Ya en "El camino de Harlem" él había arremetido contra los que decían que vivían "en el mejor de los mundos, en la más democrática de las repúblicas, cerrando los ojos a las durísimas realidades del ambiente". Guillén pedía análisis, el comprobar si realmente la situación que padecían los cubanos negros era lo que les correspondía, "por nuestra historia y por nuestro progreso, y, si no es así, avanzar seguramente hacia el plano que, a título de hijos de Cuba debemos ocupar".

Pero ese avance, ¿cómo sería, teniendo en cuenta que se debía evitar el copiar el desarrollo de un sector de la población negra estadounidense y la propuesta del Partido Independiente de Color? Guillén había expresado su criterio en el primer artículo, pero en el segundo amplió su visión. De ahí la elocuencia de su título: "La conquista del blanco" (11). Él creyó también, en esos años, que el cubano negro tenía un gran tanto de culpa en la existencia de su problema. Estimaba que la timidez social del negro le impedía frecuentar algunos sitios, de los cuales se había marginado por sí solo y había contribuido a la difusión de la imagen de que tales sitios no eran para negros. Pero se oponía de modo muy objetivo al criterio de algunos intelectuales de que la cuestión racial en Cuba era solo de índole cultural. Refutaba la idea de que con la elevación de la cultura el cubano negro barrería los prejuicios coloniales, que éstos cesarían automáticamente. Esta solución había sido también analizada por Armando Pla ("Ad-Rem") en un artículo antológico donde él comentaba las distintas formulas ensayadas por los cubanos negros para combatir el racismo. Pla calificaba la propuesta de la elevación cultural del negro para combatir discriminación como algo injusta porque le exigía a los cubanos negros que todos sus miembros fueran intelectuales, exigencia que no se les hacía a las otras razas. Guillén consideraba, como se ha referido líneas más arriba, que para combatir la desigualdad económica y social de los cubanos negros era conveniente:

> ... ante todo, importa echarnos un poco a la espalda esa vanidad que es a veces nuestro enemigo, y hace acto de presencia en todos los sitios públicos donde sepamos que habremos de sorprender a los blancos, porque nuestra misma timidez los ha ido acostumbrando a no vernos. ¿A pelear? De ninguna manera. A recordarles que somos de verdad sus hermanos. A decirles que deben contar con nosotros. A hacerles presente que vivimos en la República de Cuba y no en una sureña plantación algodonera de los Estados Unidos ("La conquista del blanco" 11).

Obviamente el tiempo ha demostrado que la solución del problema no era simplemente de comprensión. No era posible la erradicación de la discriminación, del prejuicio, del racismo con la divulgación y convencimiento de que bajo la piel negra "hay un hombre que se parece muchísimo al que late detrás de la piel blanca". Pero esa posición fue asumida de forma honesta por Guillén. Por eso escribió: "El blanco: he ahí el problema" (11). En su texto desbarató los argumentos de los ciegos y sordos que alegaban que en Cuba no había discriminación racial. De modo particular arremete contra el doctor Martínez[11] y el periodista Gastón

---

[11] Dr. Martínez Mora. No se ha encontrado informacion sobre él.

Mora,[12] quienes habían publicado comentarios sobre la cuestión racial. El doctor Martínez había enfatizado el adelanto de la raza negra y recordado que las leyes cubanas se hacían para blancos y negros por igual. Pero el Poeta no se engañaba ni pretendía engañar a los demás ni asumir poses y frases demagógicas.

En determinados niveles el problema del cubano negro era el mismo del blanco desde el punto de vista clasista, sobre todo si integraban la clase social del proletariado, la del campesinado y de la pequeña o mediana clase profesional o comercial que trataba de abrirse paso ante las grandes empresas de la sociedad capitalista. Sin embargo, no era difícil palpar que independientemente de la clase social a la cual pertenecían los cubanos negros, y las discriminaciones sociales y económicas sufridas, ellos enfrentaban una más, que Gustavo Urrutia definió de modo muy atinado como el plus dolor: la discriminación que sufrían los obreros, campesinos, profesionales y sectores populares de la población por ser negros. Guillén subrayó de forma clara ese fenómeno. Por eso recordó una parte del texto en el cual polemizó con el doctor Martínez. En dicho trabajo le decía de modo contundente que todos esos bachilleres, abogados, dentistas, que tan numerosamente veía en la raza negra, hallaban obstáculos a veces insuperables en el camino del triunfo, principalmente el de su ascendencia africana.

Sin otra perspectiva para la solución del problema, porque realmente no se veía entonces una que fuera adecuada, Guillén arribaba a la conclusión:

> ... mientras el blanco no se disponga a reconocer que en igualdad de condiciones debemos disfrutar de idénticos derechos, no se habrá dado un solo paso en firme en el acercamiento de los dos grandes núcleos que integran la población cubana. ("El blanco: he ahí el problema" 11)

Sin embargo, esa verdad sabida a voz en cuello, no fue interiorizada totalmente por todos los sectores sociales en aquel momento y motivó la continua lucha de los cubanos blancos y negros empeñados en que los cubanos negros tuvieran las mismas posibilidades laborales y sociales que los cubanos blancos.

Los tres primeros escritos de Guillén evidencian de forma inobjetable su percepción del problema en aquel momento. Los problemas de los cubanos negros no podían solucionarse mediante la copia del desarrollo

---

[12] Gastón Mora (1863-1938), periodista, camagüeyano.

socioeconómico separado, prevaleciente en Estados Unidos. En Cuba era necesaria la conquista del blanco, como lo enuncia el título de su segundo texto. Pero la posición que asume en este sentido puede parecer ahora bastante ingenua. Él aconseja a los cubanos negros hacer acto de aparición en aquellos lugares y sectores de los cuales, por tradición los cubanos negros se habían automarginado y fomentado ese criterio en la mente de no pocos cubanos blancos. También enfatizó la obligación que tenían los cubanos blancos de comprender que los cubanos negros debían tener las mismas posibilidades que los cubanos blancos. Esta idea la hizo más visible cuando escribió su importante reflexión: "El blanco: he ahí el problema".

Después del anterior texto, Guillén no retomó el problema racial en su prosa hasta que publicó en la revista Mediodía su: "Racismo y cubanidad" (15).

La segunda mitad de la década del treinta fue muy dinámica en todos los órdenes sociales, y en particular en el movimiento reivindicador de los cubanos negros, y más aún en los años finales del treinta puesto que la convocatoria para la Constituyente había animado a todos los sectores políticos, sociales, económicos y culturales del país a debatir públicamente los derechos que la Carta Magna de Cuba debía contemplar.

Los racistas del patio no habían tenido éxito en sus intentos de fundar un Ku Klu Klan[13] en la Isla durante 1933. El ABC[14] y su ideólogo principal Jorge Mañach[15] habían hecho gala de sus ideas conservadoras y racistas.

Justamente en "Racismo y cubanidad" Guillén refutó ideas vertidas por Raimundo Cabrera en su artículo "Africanismo e hispanismo" publicado en *El Siglo* donde en esencia planteaba que la raza negra en

---

[13] Ku Klu Klan. En cuba hubo intentos de crear una organización similar a la existente en Estados Unidos, pero la idea fue combatida por las fuerzas progresistas de entonces. Ver: El Klu Klu Klan Cubano. *Diario de la Marina* (30 octubre 1933).
[14] Organización política que jugó un papel muy importante en la lucha contra Machado; la misma era portadora de una concepción racista hacia el negro y su cultura. Para ampliar el conocimiento sobre esa visión debe consultarse el siguiente texto: "El ABC y el negro" de Ángel C. Pinto, *Noticias de Hoy* (mayo 1939).
[15] Jorge Mañach (1899-1967), uno de los intelectuales más importantes de Cuba. Polemizó con otros intelectuales cubanos acerca de la cuestión racial, principalmente con Gustavo E. Urrutia y César García Pinto. Escribió una importante biografía de José Martí, un importante ensayo sobre el choteo cubano. De su época joven nos llega su novela, Ashanti, el negro esclavo.

nada había influido en los blancos y que los negros pertenecían a una raza inferior; afirmaba, según propia cita de Guillén que:

> la educación de jóvenes de ambas razas, bajo el mismo control, aula, método y direcciones ha producido y ocasiona invariablemente el retraso del blanco, hacia el paso tardío del de color ("Racismo y cubanidad" 15).

Llama la atención esta postura, teniendo en cuenta que ya Fernando Ortiz había dado a conocer algunos de sus trabajos en los que llamaba la atención de la importancia de la herencia africana en nuestra cultura e historia. Además, parece que Raimundo Cabrera había ignorado, o silenciaba premeditadamente, todo lo debatido en la página dominical *Los ideales de una raza* (1928-1931) entre cubanos blancos y negros empeñados en hallar una solución al problema social, económico y cultural al cual se enfrentaban los cubanos negros así como los escritos sobre la cuestión racial y la importancia de las culturas afrocubanas, aparecidos en la columna Armonías ("Racismo y cubanidad" 15), debidos a Gustavo Urrutia.

Si asociamos la idea de Cabrera, con el auge del fascismo en Europa, con el inicio de la invasión franquista contra la República Española,[16] apoyada por los nazis y el fascismo italiano, no es difícil apreciar los vasos comunicantes de su ideología racista.

El concepto de raza inferior esgrimido por Cabrera es destruido por Guillén cuando señala:

> ... No existen razas superiores. Existen, eso sí, condiciones económicas favorables al mayor o menor desarrollo de una raza, pero no fuerza a declarar que ningún núcleo humano pueda ser considerado fuera de las más difíciles posibilidades culturales. ("Racismo y cubanidad" 15)

Guillén destaca el hecho objetivo de que a pesar de no tener los descendientes de africanos, los cubanos negros libres, las condiciones óptimas para instruirse y avanzar socialmente, cada vez que encontró las condiciones propicias para superarse, las aprovechó y gracias a ese esfuerzo personal se cuenta en la actualidad con figuras como Francisco Manzano,[17]

---

[16] Las fuerzas del General Francisco Franco se alzaron contra el gobierno de la República de España; de ese modo inició la Guerra Civil con el apoyo del fascismo y del nazismo.
[17] Francisco Manzano (1797-1844) poeta esclavo, escribió su autobiografía.

Plácido,[18] White,[19] Brindis de Salas,[20] Antonio Maceo,[21] José Maceo,[22] Martín Morúa Delgado[23] y Juan Gualberto Gómez.[24]

Nuestro futuro Poeta Nacional evidencia su alto sentido de la nacionalidad, de la importancia de la cubanidad, concebida ella como una nación integrada por cubanos negros y blancos. Por eso ve un peligro a ese ideal, a esa realidad que comenzó a forjarse con la Guerra de los Diez

---

[18] Placido, apodo de Gabriel de la Concepción Valdés (1809-1849). Popular poeta de la sociedad habanera. Fue ejecutado al ser declarado culpable de conspirar contra el gobierno colonial. A pesar de su famosa "Plegaria a Dios" en donde se declara culpable, las investigaciones más actuales sobre ese suceso evidencian que realmente existió el complot, y que no fue un pretexto, como se creyó durante mucho tiempo, que la conspiración había sido una invención del gobierno para descabezar la naciente burguesía negra. La conspiración estuvo apoyada por el gobierno británico y los abolicionistas criollos, pero al ocurrir un cambio en la política exterior de Londres, los propios funcionarios ingleses informaron al gobierno español de lo que se tramaba en la Isla.

[19] José Silvestre White Lafitte (1836-1918). Notable compositor y violinista cubano

[20] Claudio José Domingo(1852-1911) Brindis de Salas. Notable violinista, murió en Buenos Aires.

[21] Antonio Maceo y Grajales (1845-1896). El General cubano más importante de nuestras guerras de Independencia. Despuntó en la Guerra de los Diez Años. Encabezó la Protesta de Baraguá en contra de la paz concertada con España. Es el ejemplo y símbolo de cómo la población negra de Cuba emergió de forma relevante y protagónica durante esta contienda bélica. Subordinó el enfrentar la problemática racial y las acciones discriminatorias de la cual fue víctima, al interés supremo de obtener la independencia de Cuba, convencido totalmente que con la República se resolvería todos los males sociales de los cubanos negros. Estaba plenamente convencido que nunca se debía pedir algo como negro, solo como cubano.

[22] José Maceo (1849-1896). Fue, después de su hermano Antonio, el miembro de la familia Maceo que más se destacó por su valor. Ver de Abelardo Padrón su biografía de José Maceo.

[23] Martín Morúa Delgado (1856-910). Uno de los cubanos negros más notables y polifacéticos. Vinculado con la naciente clase obrera del país, se destacó por su posición ante la discriminación racial, militó en varios partidos políticos de la época: se enroló en las filas independentistas muy tardíamente. Fue el autor de la celebre Enmienda Morúa que ilegalizó al Partido Independiente de Color. Se destacó como crítico de la obra novelística de Cirilo Villaverde (1812-1889) y autor de Sofía, novela realista, entre otras.

[24] Juan Gualberto Gómez (1854-1933). Realizó una notable labor como periodista y propagador de las ideas de José Martí. Fue el encargado de traer a Cuba la orden del levantamiento armado. Tuvo una vida política muy activa durante la Colonia y los primeros años de la República.

Años, con la propuesta de Raimundo Cabrera de la educación separada de negros y blancos. Con una claridad meridiana apuntó:

> ... una separación escolar de tal índole– en el caso monstruoso de que triunfaran las ideas de personas como Cabrera, por fortuna escasísimas en Cuba, –antes que nada, atentaría contra la unidad fundamental de nuestro pueblo, contra nuestra formación social e histórica, labrada sudorosamente por ambas razas, y contra el porvenir de la República, la que no podrá subsistir sino con la cooperación inteligente, cordial y apretada de blancos y negros, cada día más transformados en hombres. ("Racismo y cubanidad" 4, 19)

Pienso que este último párrafo define de modo vertical la posición de Guillén ante los escasos, pero peligrosos portadores, reproductores y difusores del racismo en la Isla.

Poco tiempo después de este texto, Guillén participa en el Congreso Internacional de Escritores en Defensa de la Cultura (1937), celebrado en España como una acción de los intelectuales progresistas de la época al levantamiento del General Francisco Franco en contra de la República de España, acción bélica apoyada por Hitler y Mussolini.[25] Dicha intervención fue reproducida en la revista *Mediodía* ("Discurso" 29). En sus palabras denunció la ideología racista del fascismo y habló como uno de los pertenecientes a una de esas supuestas razas inferiores, calificadas así por los que pretendían conquistar al mundo.

> Pues bien, yo vengo aquí, camaradas, a traer la voz de uno de los grupos que se hallan encerrados en ese círculo; que ha sufrido, acaso más que ningún otro, la injusticia de los hombres, que ha visto durante siglos paralizados sus músculos por la esclavitud, y ha tenido durante siglos paralizada la inteligencia, lejos de toda cultura que pudiera liberarla y esclarecerla; vengo, os digo, como explotado, como perseguido, pero también como hombre que cuida de su libertad y sabe, como sus hermanos de raza, que sólo derribando las murallas que hay entre el presente y el futuro podrá obtenerla cabalmente. Vengo, como hombre negro. Y no es que traiga paradójicamente, un concepto racial, discriminador y exclusivo

---

[25] Adolfo Hitler, líder del nazismo y del gobierno alemán. Comenzó sus ideas expansionista a costa de Polonia y de la Unión Soviética con el apoyo de las potencias occidentales que pensaron conveniente usarlo como instrumento para destruir el gobierno soviético, pero sus empeños de conquistar a todo el mundo frustraron las expectativas de los que pensaron que podía ser utilizado para destruir el Estado Soviético. Benito Mussolini, líder máximo del fascismo italiano. Importante aliado de Hitler. Invadió Libia y Etiopía en su política expansionista.

de lo negro, sino que estoy aquí para recordaros esa condición de paria que el negro tiene es su más enérgico motor de humanidad, la fuerza que lo proyecta hacia un horizonte más amplio, más universal y más justo hacia el horizonte por el cual están luchando todos los hombres honrados del mundo. ("Discurso" 29)

Guillén calaba hondo al plantear la particularidad del problema negro donde quiera que este existía, como consecuencia del sistema esclavista impuesto a los africanos y sus descendientes en América. Muy atinadamente señaló, hablando del cubano negro que:

allá el negro vive la tragedia de España republicana porque sabe que este momento que atravesamos es sólo un episodio de la pugna que está planteada entre las fuerzas democráticas de las que él, negro, y por lo tanto pueblo, forma parte, y de las clases conservadoras que lo esclavizaron una vez. ("Discurso" 29)

Y justamente por formar parte del pueblo explotado, discriminado, el cubano negro debía tener muy clara la ruta a seguir en esa lucha, ya que de triunfar las ideas retrógradas en nuestro medio, la nación cubana se desmembraría. Para Guillén está bien claro que en nuestra nacionalidad, integrada por cubanos blancos, negros y descendientes de chinos, no podía haber espacios significativos para las ideas fascistas. Por eso precisó que:

Nadie como el negro, y pocos como el negro de Cuba es antifascista porque sabe que la raíz misma del fascismo parte de un terreno que está abonado por odios de raza y la división de los hombres en seres inferiores y superiores, y que para él, negro, se le asigna el sitio inferior. ("Discurso" 29)

En España también escribió el importante texto "Cuba, negros, poesía", en el cual reflejó y analizó el largo proceso del aparecer del negro en el arte, en la literatura y en la poesía de Cuba. Por eso recalcó que el esclavo sufrió en toda la América, y principalmente en las Antillas, una enorme política represiva que perseguía el olvido de sus raíces culturales e históricas. La respuesta a este intento de genocidio cultural fue esconder por un tiempo sus valores religiosos y sus historias que después emergieron ante los ojos del poder económico, político y cultural como expresiones folklóricas de los africanos y sus descendientes, con sus manifestaciones culturales tangentes y no tangentes. Todo este proceso evidenció de forma irrefutable, como bien apuntó Guillén, que la presencia negra ocupó un espacio notable entre todas las fuerzas que integraron la criolledad americana desde sus orígenes. Espacio que ha crecido y consolidado en la mayoría de los países de población negriblanca, como Brasil, Cuba, y por el cual se lucha aún en aquellos países donde históricamente se les negó a los negros un lugar digno, como Colombia, Ecuador, Uruguay, Perú, Puerto Rico, Venezuela.

Guillén destaca un hecho muy importante al decir que los grandes poetas blancos de Cuba eran todos españoles, refiriéndose a la forma, y que los poetas negros eran todos blancos. Esto se corrobora no solo por el estilo empleado por Plácido, Manzano, entre otros, sino por la ausencia de la temática del modo de vivir del negro en la colonia. Aquí se aprecia el éxito de la política de deculturación impuesta por la metrópoli, sobre todo en los negros que aspiraban a un lugar primero en la sociedad colonial, luego en la republicana. La lucha para lograr ese espacio en lo social era reclamar la igualdad de derechos, la eliminación de las barreras discriminatorias, culturalmente se asimilaban para obtener lo anterior. Sin embargo, en los sectores más populares de la población se mantenía una cultura no reconocida, con un dinamismo ignorado por la mayoría de los que se acercaron a sus portadores y vaticinaron que con el tiempo y con el acceso a la educación eurocéntrica, esas expresiones culturales irían disminuyendo hasta desaparecer, o quedarse solo como remanente o huellas folclóricas.

Algún tiempo después volvió parcialmente sobre el tema. Combatió el criterio expuesto en un diario habanero, de que una polémica existente en la prensa podría generar un conflicto racial. Sus puntos de vista evidenciaron lo nocivo de la vieja tendencia de no hablar del problema negro, como el mejor modo de resolverlo. Por eso argumentó que se debía:

> reconocer con franqueza el origen común. Saber que venimos echando un pie desde los tiempos de la Ma Teodora y que en la carne y en el espíritu (o en ambos a la vez) cada uno lleva un poco de todos. De habernos hecho a esta innegable realidad posiblemente habríamos ahorrado a la República más de un espectáculo desagradable. ("El viejo método").

Guillén tiene muy presente la importancia del conocimiento de nuestras raíces histórico, culturales para la comprensión de lo indisoluble de la unión de los cubanos negros y blancos desde los tiempos coloniales hasta el presente, a pesar de las trabas sociales, discriminación racial, cultural, y la política de blanqueamiento físico e intelectual impuestos por los colonialistas y mantenidos en buena medida por sus continuadores en la República.

Por supuesto, el conocimiento de nuestras raíces históricas y culturales de por sí no eliminaba las contradicciones raciales, mucho menos las económicas ni tampoco las culturales, pero era muy importante que se conocieran y se debatieran de forma objetiva las causas de tales problemas para hallar una solución, puesto que no era posible que la nación pudiera desarrollarse, y ser en realidad la Patria para todos, con todos, como lo había políticamente anhelado Martí, si una de las partes constitutivas no tenía aún las mismas posibilidades de igualdad para acceder a los niveles económicos, educacionales y sociales, en sentido general, que los colonialistas habían obtenido y transferido a sus descendientes.

La discusión abierta, serena, objetiva de tales asuntos era la única forma, en su opinión, de combatir el método tradicional de los racistas de no plantear tales fenómenos por temor del surgimiento de conflictos. Pero Guillén se mantuvo intransigente en este punto, como bien se aprecia al decir:

> El método es viejo, y ha fracasado siempre, como fracasaría ahora. Los llamados problemas raciales no son más que una forma, un respiradero de la lucha de clases, que la reacción utiliza contra el movimiento democrático general. ("El viejo método")

Aquí ya se vislumbra el concepto que dominaba la mente de muchos: los que veían la solución de la discriminación racial y del racismo con la abolición de la sociedad dividida en clases sociales. Objetivamente era una propuesta teórica interesante, prácticamente poco se sabía de cómo se visualizaba y se atendía esta problemática dentro de los países que conformaban la Unión Soviética. En nuestro país entonces se veía muy distante, como el propio Guillén aseveró en una entrevista, que esa solución fuera factible en nuestra Isla.

Su próximo texto ("Tres anécdotas y una encuesta") criticó la sugerencia encaminada a efectuar una encuesta sobre la cuestión racial en Cuba. Consideró que la encuesta era inútil pues la gente siempre callaba lo que en realidad sentía. Afirmó que para tener una idea verdadera había que esperar a que se le fuera a la gente lo que sentía. Por eso narró las anécdotas siguientes; en dos de ellas acentuaba la insistencia de sus autores en señalar que no eran racistas, que carecía de prejuicios, lo cual indicó Guillén, no hacía sino rectificar la existencia de tales prejuicios en la tercera relató la conversación de un miembro del Gabinete del Gobierno de aquella época con un blanco comunista, en la cual se evidenciaba que el no comunista le decía al militante que lo único que no le perdonaba a los comunistas era esa igualdad que ellos andaban buscando entre los hombres y las mujeres y entre los blancos y los negros, porque en su opinión, cada cual debía estar en su sitio y ser como es, ya que todas esas mescolanzas le habían parecido siempre muy extrañas.

El funcionario era portador de una concepción filosófica oriental, donde las sociedades están divididas por castas y sus miembros no pueden salir de ellas. El filósofo chino Confucio sentenció que cada individuo debía actuar de acuerdo a su rango y condición social y no salir de él. Poco le importaba a este hombre que los comunistas, como muchos otros progresistas, fueran partidarios de una verdadera revolución social, de la instauración de la dictadura del proletariado. Tal vez, porque no veía factible que tal acción pudiera efectuarse, no sentía temor de que el objetivo histórico principal de todos los partidos comunistas era la toma del poder, adecuando esa finalidad a los contextos particulares en los cuales cada uno de ellos tenía. Por eso este funcionario percibe con mayor preocupación, casi con pánico, la campaña de igualdad de derechos para las mujeres y para los negros que se difundían entonces.

Después de este artículo Guillén no retoma en su prosa, de forma directa, el tema de la discriminación racial. La lucha contra el batistato se recrudeció y sale del país ante la represión impuesta por la dictadura.

Después de 1959

El poema "Tengo" (*Obra poética* II, 62-64), escrito por Guillén al triunfar la Revolución puede resumir, en sentido general, las reivindicaciones obtenidas por los sectores más necesitados de ellas; no es difícil suponer, que como uno de los elementos definidores de entonces del gran cambio, la discriminación racial, la tradicional, impuesta por la costumbre, sufrió un duro golpe. De ahí, que Guillén, entregado a las tareas asumidas como intelectual y revolucionario, no escribiera artículos sobre el problema racial, siguiendo la tónica general, de que esa problemática había sido eliminada por completo de nuestra realidad social. Sin embargo, no podía pasar por alto que el negro estadounidense estaba muy lejos aún de lograr todos sus derechos. Al comentar los recientes disturbios raciales acaecidos en la Patria de George Washington[26] su apreciación está algo limitada por considerar que el origen del conflicto es puramente cultural. Lo anterior se desprende de la lectura del primer párrafo:

> Me parece, y no quisiera que se me tachara de sectario, que hay algunas diferencias entre volar al cosmo y cazar negros con perros en las calles de Birminghan. Aunque no haya un gobernador yanqui lo suficientemente torpe para no ver esto, trátase de un evidente problema de cultura /.../ ¿Qué es el racismo en definitiva sino un salto atrás en el desarrollo de la

[26] George Washington (1732-1799). La figura máxima de la Guerra de Independencia de las 13 colonias británicas.

inteligencia humana? Por lo menos un frenazo en su cultivo. Tanto es ello cierto en el caso concreto de los Estados Unidos, que las estadísticas han demostrado que un blanco del sur está intelectualmente mucho más atrasado que un negro del norte. ("Racismo y cultura")

Puede inferirse que Guillén pretende decirnos que si los blancos estadounidenses fueran más cultos, la discriminación racial no existiera en ese país. ¿Es lo anterior cierto?

Recordemos que uno de los pensamientos de los corifeos de la burguesía cubana en los años treinta y cuarenta coincidía con la de algunos cubanos negros en cuanto a que el problema racial en Cuba era de índole netamente cultural, idea esta nacida ya en la colonia. Llama la atención, teniendo en cuenta sus criterios anteriores a 1959, que Guillén señale la causa de la lucha del negro estadounidense como un fenómeno puramente cultural.

Más adelante subrayó que los diplomáticos de los países africanos también sufrían de esa discriminación y comparó el estado social imperante en la Unión Soviética con el prevaleciente en Estados Unidos. Guillén da elementos de juicio para que el propio lector arribe a sus propias conclusiones. Al poner a la Unión Soviética como el país con un sistema social diferente al imperante en Estados Unidos donde no existía racismo, recalcaba el hecho de que la solución era la incorporación a una cultura que privilegiaba los valores humanos, éticos, a los valores económicos. Obviamente este criterio hay que enmarcarlo en el tiempo y en el espacio en los cuales nuestro Poeta Nacional lo formuló. No podemos soslayar el hecho de que durante mucho tiempo el socialismo, implantado al estilo soviético, fue considerado como la única alternativa para superar al sistema capitalista y lograr una sociedad más justa. Las informaciones que ponían en tela de juicio algunas imperfecciones del socialismo eran consideradas falacias del capitalismo para debilitarlo y dañar la imagen de un sistema social más justo. Por tales razones, era bastante generalizado la consideración que la discriminación racial y sus elementos reproductores desaparecían únicamente con la implantación del socialismo.

Consecuente con ese credo, Guillén escribió "¿Y tú qué vas hacer allá?" motivado por la posibilidad que la Revolución le había dado a las personas que deseaban marcharse del país y que contaran con familiares que los vinieran a buscar por el puerto de Camarioca.[27] Guillén reaccionó

---

[27] Camarioca: poblado pesquero, próximo a Matanzas y a Varadero. Las primera salidas autorizadas por mar de familias cubanas, partieron de este sitio, en 1963.

sorprendido ante la presencia de algunos cubanos negros que estaban en proceso de abandonar la Isla. El título del artículo se inspiraba en una pregunta formulaba por el comandante en Jefe, Fidel Castro, a un cubano negro apresado entre los invasores de Playa Girón.[28]

Obviamente, de acuerdo con los presupuestos históricos y revolucionarios de aquella época, un cubano negro no debía formar parte de los que se oponían al proceso iniciado con el Triunfo de la Revolución en 1959, ya que como bien había expuesto el poeta en uno de sus poema más actuales de entonces que:

> Tengo, vamos a ver
> que siendo un negro
> nadie me puede detener
> a la puerta de un dancing o de un bar
> O bien en la carpeta de un hotel
> gritarme que no hay pieza
> una mínima pieza y no una pieza colosal
> una pequeña pieza donde yo pueda descansar ("Tengo" 59-154)

El poeta recordaba en sus versos parte de la triste realidad a la cual el cubano negro se enfrentó durante la república; por lo tanto, era ilógico, desde esos puntos de vistas que uno de ellos decidiera marcharse cuando por primera vez las barreras discriminatorias estaban derribadas, y negros y blancos tenían las mismas posibilidades de acceder al trabajo y a los estudios. Sin embargo, la realidad cotidiana evidenciaba que aunque pocos, hubo cubanos negros que no entendieron la significación que para Cuba tenía la Revolución en cuanto a las esperanzas que forjaba para las reivindicaciones de los sectores más necesitados. Esto pudo ocurrir por la vinculación que algunos de ellos habían tenido con la tiranía, o con sectores que ideológicamente los habían influenciado y los hacían actuar de una manera contraria al decursar histórico de la lucha social y política de los cubanos negros.

Guillén fue consecuente con su credo revolucionario, cuando plenamente convencido expresó:

> Una de las consecuencias más revolucionarias de nuestra revolución, – valga la redundancia– es la abolición del prejuicio racial que existía en Cuba como herencia de la colonia y contagio imperialista. No solo porque

---

[28] Playa Girón. El nombre del lugar por donde ocurrió la invasión de la contrarrevolución cubana en abril de 1961. Internacionalmente es más conocida como la invasión a la Bahía de Cochinos, pero para los cubanos ha pasado registrado este hecho histórico como la invasión a Playa Girón.

el negro tiene acceso a los sitios públicos en que no era admitido por su piel, sino porque le están abiertas todas las fuentes de la economía, todos los sectores de trabajo. Nadie se atrevería a rechazarlo como cliente en un bar ni como administrador en un banco. ("Racismo y cultura")

Las palabras de Guillén son ciertas, reflejan el criterio unánime prevaleciente entonces. Las discriminaciones heredadas de la colonia y de la república, no por la existencia de una legislación que las respaldara, más bien por la tradición, y por lo tanto más difíciles de combatir objetivamente, fueron eliminadas: las prohibiciones de pasear o caminar los negros y los blancos juntos en algunos parques públicos del interior del país, o la existencia de sociedades para blancos, para negros y para mulatos; además se facilitó el acceso al trabajo en áreas donde no era usual emplear a cubanos negros. Se creyó entonces, que esas medidas eran suficientes y que con la educación y el tiempo los prejuicios disminuirían, y por lo tanto la discriminación y el racismo, se retirarían vencidos de nuestra sociedad. Se pensó que con los espacios ganados ya era suficiente, y no es menos cierto que por primera vez se le dedicó atención al estudio de la huella cultural, musical y religiosa de los africanos y de sus descendientes de un modo más generalizado y masivo que en toda nuestra historia anterior, ampliando el camino y los estudios iniciados por Fernando Ortiz, Rómulo Lachatañeré y Lidia Cabrera.

Tiempo después Guillén abordó de nuevo el tema racial, pero ahora con un prisma más amplio, como se evidencia en "Nación y Mestizaje" (36-37). En este texto subrayó la importancia de los dos núcleos fundamentales que han conformado nuestro pueblo, tanto desde el punto de vista demográfico como desde el cultural. Desde sus primeros escritos había señalado la conveniencia de considerar ambos elementos para tener una idea objetiva de nuestro país.

En esta ocasión, para corroborar su criterio, tomó un párrafo citado por Angel Augier[29] de una carta de Félix Tanco[30] a Domingo del Monte.[31] La referencia muestra el criterio de la avanzada del pensamiento intelectual

---

[29] Ángel Augier. Poeta y crítico, se especializó en la vida y obra de Nicolás Guillén
[30] Félix Tanco. (1797-1871) Nacido en Colombia, pero se desarrolló intelectualmente en Cuba. Sostuvo una amplia correspondencia con Domingo del Monte. Escribió el cuento "Petrona y Rosalía".
[31] Domingo del Monte. Notable intelectual cubano, gran animador de la literatura y de la cultura en la Habana de su tiempo. Tuvo que emigrar al considerársele vinculado con la Conspiración de la Escalera.

cubano, no ciego a la realidad objetiva y creciente de la sociedad colonial. Este juicio de Tanco se torna más interesante si se recuerda que en el proyecto de la nacionalidad cubana, sustentada por Arango y Parreño[32] y por José Antonio Saco,[33] entre otros, los cubanos negros no eran considerados parte constitutiva de nuestra nacionalidad. Le pregunta y comenta Tanco a Domingo del Monte:

> ¿Y qué me dice usted de Bug-Jargal? Por el estilo de esta novela quisiera que se escribiera entre nosotros. Piénselo bien. Los negros de la Isla de Cuba son nuestra poesía, y no hay que pensar en otra cosa, pero no los negros solos, sino los negros con los blancos, todos revueltos y formar luego los cuadros en escenas, que a la fuerza han de ser infernales y diabólicos, pero ciertas, ¡evidentes! Nazca pues nuestro Víctor Hugo y sepamos de una vez lo que somos pintados con la verdad de ola poesía, ya que conocemos por los números y el análisis filosófico la triste miseria en que vivimos. (86-87 y 113)

Sin embargo, la historia contemporánea nos ha demostrado que a pesar de ser cualitativamente superior en muchos aspectos y en sus esencias el socialismo al capitalismo, por muy diversas razones, necesitaba perfeccionarse de forma coherente, dialéctica; al no prestar la atención debida a determinados factores de la compleja dinámica social y económica, y enfocarse el análisis de algunas de esas cuestiones de forma dogmática, sin tomarse en cuenta de manea objetiva esa misma dinámica a escala internacional dicho sistema dejó de ser peligroso como la única alternativa posible contra el capitalismo.

El problema racial que se creía superado en la Unión Soviética y en los otros países que conformaban el campo socialista, conjuntamente con otros problemas culturales, étnicos, y económicos resurgieron con mucha fuerza, si es que realmente dejaron de existir.

---

[32] Manuel Arango y Parreño (1765-1837). Uno de los ideólogos del sistema esclavista. Ante el temor de que en Cuba ocurriera una segunda Haití fundamentó la conveniencia de parar la trata de negros y estimular la inmigración de familias blancas europeas.
[33] José Antonio Saco (1797-1879). El máximo ideólogo de la esclavitud. Escribió una documentada historia de la esclavitud. Se opuso a la penetración política y cultural de los Estados Unidos, pero fue el delineador de la política de blanqueamiento de la población cubana. Subrayó de modo inobjetable la no pertenencia de los negros a la nacionalidad cubana.

Por supuesto, las contradicciones sociales, raciales, internas de la Unión Soviética como las de los otros estados socialistas europeos no eran muy conocidas fuera de sus fronteras y no siempre dichos problemas rebasaban las partes involucradas en el conflicto por darse cobertura a tales sucesos aun en la prensa de esos países.

En "Racismo y Revolución", el último artículo donde aborda el tema, evidencia una vez más su credo de que la Revolución había abolido la discriminación racial en contra del negro. Se motivó a escribir esa reflexión al considerarse por amplios sectores populares y por el criterio oficial que la Revolución cubana había logrado la ausencia de la discriminación. Guillén refleja de forma clara la diferencia entre discriminación y prejuicio al decir que en la Cuba Pre Revolucionaria no había una medida, o una ley oficial prohibiendo que un médico negro atendiera a los blancos pero que:

> ... el prejuicio funcionaba también en ese aspecto, y era difícil que un médico negro (mientras demostraba que no era también brujo y caníbal) fuera llamado a casa de un enfermo blanco ("Racismo y revolución")

Recordaba que la vida en Cuba no había sido cómoda para los negros antes de la Revolución y que era muy probable que todavía quedaran algunos racistas enmascarados, escondidos, al igual que algunos cubanos negros que quisieran marcharse del país, pero que en sentido general, negros y blancos marchaban juntos en igualdad de condiciones; subrayaba como algo importantísimo la ausencia de la línea de color lograda por la Revolución para el fortalecimiento de la unidad nacional, ya que:

> El pueblo cubano es hijo de la estrecha convivencia histórica de dos núcleos fundamentales; el descendiente del esclavo y el del amo, sin la fusión de los cuales, carecería nuestro país de carácter y perfil. ("Racismo y revolución")

Las palabras de Guillen corroboran su absoluta creencia de que ya el problema racial estaba solucionado en nuestra Isla. Esta particularidad diferencia los contenidos de sus textos anteriores y posteriores a 1959. Seguramente Guillén había percibido ya algunos problemas de la convivencia racial, pues al hablar de la posibilidad de racistas escondidos, dejaba ver un factor reproductor del prejuicio, pero parece ser que no lo consideraba peligroso, teniendo en cuenta la posición oficial de la Revolución ante el racismo y la contextualidad social generalizaba en la cual, se presumía, no había espacios para que esos elementos se reprodujeran.

La posición y pensamiento de Nicolás Guillén ante el problema racial fue muy coherente y consecuente con sus criterios, con su ideología, y muy importante con su sentido de la cubanía o cubanidad. Se esforzó en lograr una sociedad menos desigual para los cubanos negros rechazando modelos importados, como bien lo expresó en "Camino de Harlem". En "El viejo método"; llamó la atención sobre lo que consideró debía hacerse, corroborable en "La conquista del blanco", y criticó que podría llegarse a una solución mediante encuestas y otras clases de investigaciones, teniendo en cuenta que la mayoría de las personas callaban sus sentimientos racistas. Todo lo expresado ayuda a entender que con el triunfo revolucionario Guillén y muchos que ya venían de lejos enrolados en esa lucha, se sintieron regocijados por los logros objetivos obtenidos contra la discriminación racial en aquellos años y por el salto cualitativo ganado en las relaciones sociales entre negros y blancos, y también por la incorporación de forma notable de los negros a la educación, a puestos de trabajo, a lugares públicos donde no se les solía ver.

Por todo lo anterior, Guillén enfocó la problemática racial estadounidense de forma muy crítica, destacando la diferencia existente entre aquella realidad y la nuestra.

Por supuesto, la realidad siempre es más rica que la buena voluntad expresa de un individuo, de un Estado, de un gobierno, de un Partido. La historia nos hace patente que no es posible la total solución con solo el llamado a la conciencia, o porque se cambien las estructuras sociales y económicas de una formación socioeconómica. Guillén creyó que el problema estaba totalmente resuelto, como muchos también lo creímos, pero la vida nos ha enseñado que la solución a la discriminación en contra de los negros es muy compleja porque tiene que tener presente lo histórico, lo racial, lo económico, lo educacional, lo genérico, lo religioso; además esa lucha hay que efectuarla al lado de la lucha de las mujeres, de los jóvenes, de los homosexuales, de todos los grupos sociales urgidos de reivindicaciones donde quiera que estos existan, solo así podremos tener la esperanza de una sociedad futura donde estas luchas del presente y del pasado sean historias, nunca olvidables, para que funjan como faros que indiquen lo que se superó, y lo que debemos evitar.

Bibliografía

Cabrera, Raimundo. "Africanismo e hispanismo". *El Siglo*. Citado por Nicolás Guillén, *Mediodía* 6 (15 enero 1937): 4, 19.
del Monte, Domingo. *Centón epistolario de Domingo del Monte*. 7 tomos. La Habana: El Siglo XX, 1957.
_____ "Centón epistolario". *Centón epistolario de Domingo del Monte*. La Habana: Siglo XX, 1957. 51, 86-87 y 113.
Guillén, Nicolás. *Obra poética*. 2 tomos. La Habana: Editorial Letras Cubanas, 2002.
_____ *Prosa de prisa. 1929-1972*. Compilación, prólogo y notas de Ángel Augier. 3 tomos. La Habana: Instituto Cubano del libro, 1975-6.
_____ "La conquista del blanco". *Diario de la Marina* 4ta. Sección (5 mayo 1929): 11. En: *Prosa de prisa*. Tomo I (1975): 9.
_____ "Camino de Harlem". *Diario de la Marina* 4ta. Sección (21 abril 1929): 11. En: *Prosa de prisa*. Tomo I (1975): 3-6.
_____ "El blanco: he ahí el problema". *Diario de la Marina* 3ra. Sección (2 jun. 1929): 11. En: *Prosa de prisa*. Tomo I (1975): 10-11.
_____ "Racismo y cubanidad". *Mediodía* 6 (15 enero 1937): 4, 19. En: *Prosa de prisa*. Tomo I (1975): 65-67.
_____ "Discurso". *Mediodía* 2/29 (17 agosto 1937): 11, 18. En: *Prosa de prisa*. Tomo I (1975): 80-81.
_____ "Cuba, negro, poesía". *Hora de España* (noviembre 1937. En: *Prosa de prisa*. Tomo I (1975): 94-101.
_____ "El viejo método". *Noticias de Hoy* (12 junio 1941). En: *Prosa de prisa*. Tomo I (1975): 170-171.
_____ "Tres anécdotas y una encuesta". *Noticias de Hoy* (27 julio 1941). En: *Prosa de prisa*. Tomo I (1975): 188-189.
_____ "Tengo". En: *Obra poética*. Tomo III, 4ta. ed. La Habana: Editorial Letras Cubanas, 2002. 59-154.
_____ "Racismo y cultura". *Noticias de Hoy* (23 junio 1963). En: *Prosa de Prisa*. Tomo III (1976): 147-148.
_____ "Y tú qué vas hacer allá?". *Granma* (11 octubre 1965). En: *Prosa de prisa*. Tomo III (1976): 271-273.
_____ "Nación y mestizaje". *Casa de las Américas* 6/36-37 (mayo-agosto 1966): 70-74.
_____ "Racismo y revolución". *Granma* (18 diciembre 1966). En: *Prosa de prisa*. Tomo III (1976): 302-304.
"El Ku Klux Klan Cubano". *Diario de la Marina* (30 octubre 1933): 1.
Pinto, Ángel C. "El ABC y el negro". *Noticias de Hoy* (mayo 1939): 38.
Pla, José Armando. "Ad-Rem". *La Antorcha* (3 sept. 1918): 1.
Urrutia, Gustavo E. "Armonías". *Diario de la Marina* (29 sept.1929): 38.

Los imaginarios sosegantes de la nacionalidad: Nicolás Guillén y la ideología del mestizaje

Luis Duno Gottberg

I

EL REPLANTEO DEL PAPEL DE LOS INTELECTUALES EN EL PROCESO DE MEDIACIÓN y asimilación de sectores emergentes de la sociedad podría revertir la tendencia a explicar el origen de la vanguardia afrocubana de los años treinta como un simple reflejo del primitivismo europeo. Un nuevo origen habría de hallar fundamento en la conflictividad propia del proyecto nacional cubano, poniendo en evidencia que las tensiones constatadas en el ámbito de las relaciones raciales durante las primeras décadas de la república cubana (Fernández Robaina, Helg) impusieron la necesidad de reevaluar la cultura y la política del momento en términos inclusivos. Esta nueva mirada pone en escena la articulación de la ideología del mestizaje con proyectos etnopopulistas que persiguen apaciguar la conflictiva heterogeneidad de la nación.

Este giro interpretativo en la explicación del origen del movimiento afrocubanista permite tomar en cuenta las "necesidades" del nacionalismo cubano y la ansiedad de las elites letradas por representar a un nuevo sujeto social que demanda participación en los asuntos del país. El interés criollo e intelectual por lo afrocubano adquiere así otro sentido: "los dueños de la palabra escrita" buscan consolidar la imagen de una "patria unida" en momentos de disolución nacional y, al mismo tiempo, pretenden transcribir el grito afrocubano en "una canción negra sin color", en un fraternal canto cubano.

Si bien es posible conceder que después de la Primera Guerra Mundial, las ideas spenglerianas sobre "la decadencia de Occidente" invitaron a revalorizar la cultura africana (González Echeverría, 1990), es también indudable que las presiones sociales y políticas por parte de la población afrocubana impusieron dicho interés ante la necesidad de renegociar el sentido de *la cubanidad*. Este énfasis resulta importante: revela el papel activo de los sectores oprimidos –el supuesto "objeto" de representación– y las consecuentes transformaciones en las estrategias de dominación por parte de las elites, cuya expresión simbólica se evidencia en el discurso letrado.[1]

En el caso de Cuba, un nuevo sujeto se incorpora al horizonte de lo nacional gracias a sus propias luchas: el "afrocubano". Si bien éste venía pronunciándose desde la Colonia con manifestaciones políticas y culturales de gran importancia, es durante el período de formación republicano cuando alcanzó indudable presencia o *reconocimiento*. Roberto Fernández Retamar se aproxima a esta idea sin salir necesariamente de los confines de la "ciudad letrada":

> No es un azar que el interés por el arte negro coincida aquí con un intenso fermento revolucionario, el cual se hace patente en agitaciones universitarias, en la fundación (en 1925) del Partido Comunista, en un ascenso de la importancia de las masas populares, en violentas campañas antiimperialistas. Es por esa época que aparecen las primeras manifestaciones de música cubana culta sobre temas negros, debidas a Amadeo Roldán y Alejandro García Caturla. Los años inmediatos darán nuevas pruebas del interés por el arte negro, en las obras literarias de Alejo Carpentier, Ramón Guirao, José Z. Tallet y Emilio Ballagas (53).

Aunque Fernández Retamar reconoce un clima de fervor revolucionario que coincide con las diversas manifestaciones de lo afrocubano, no hace referencia a la "necesidad" de redefinir la nacionalidad desde el margen o en respuesta a la presión que ejercen los grupos sociales –y étnicos– subalternos.

---

[1] En su recuento de los orígenes del verso mulato en la vanguardia cubana, Cintio Vitier dice que "El cubismo puso de moda el negrismo en Europa"(414). En las páginas que siguen podríamos decir que "el negro puso de moda al negro", mientras que "la ciudad letrada" divulgó y administró tal moda. Aquí me interesa trazar algunos vínculos entre la celebración de la cultura afrocubana y la necesidad de incorporar al negro, en tanto sector emergente de la sociedad, al proyecto nacional. Atiendo sin embargo, no tanto a la expresión poética del negro, como a la apropiación letrada que la canaliza y legitima dentro de la institución literaria.

La poesía de Nicolás Guillén parece responder cabalmente a esta situación en poemas como "Llegada", de su conocido libro *Sóngoro cosongo* (1931). El primer verso que abre el texto, "¡Eh, compañeros, aquí estamos!", sirve para anunciar la pujante entrada de un nuevo sujeto en la cultura nacional: el negro. De este poema dijo Cintio Vitier que su "verso desnudo y elástico (...) [viene] cargado ya con la conciencia de una misión invasora, vengativa y auroral"(422). Misión auroral, no cabe duda. Misión invasora y vengativa, eso depende de la óptica que se adopte. Digamos, más bien, que ese verso viene cargado ya con la conciencia de que la voz reivindicativa del negro retumba en las paredes de la ciudad letrada cubana; ese verso se constituye en soporte mas no sustancia de una voz que reclama ser oída. Pero esto conduce a otro problema fundamental: ¿quién representa a estos nuevos sujetos sociales que "surgen" en las primeras décadas del siglo?, ¿cómo se los representa?, y sobre todo, ¿con qué finalidad? Estas preguntas invitan a observar el sentido de algunas representaciones que asimilan lo africano dentro de un nuevo concepto de cubanidad, durante el período de formación republicano, que coincide con las vanguardias y, particularmente, en la obra de uno de sus más importantes representantes, Nicolás Guillén.

¿"Aquí estamos" o "allí están"?, es una pregunta que debemos hacernos luego de revisar los procesos de representación del sujeto subalterno afrocubano y su entrecruzamiento con los discursos etnopopulistas del mestizaje.[2] Pues, ¿acaso el "pánico de la teoría social" (Pratt, 1995) se acompaña también del "pánico de la poesía"?

Mary Louise Pratt ha llamado la atención sobre la postura recurrente de la teoría social a "constituirse alrededor de un sujeto social uniforme y de un concepto homogéneo de las colectividades"(21). Este deseo responde "al pánico" que generan las diferencias y la heterogeneidad social: "Cada vez que las diferencias amenazan socializarse, lo cual ocurre constantemente, la teoría responde, entre otras cosas, para neutralizarlas"(21). En este sentido podemos afirmar que el discurso de la inclusión y/o asimilación generado por la ideología del mestizaje responde a la "imposibilidad" que perciben los sectores hegemónicos para pensar lazos sociales basados en la diferencia. Este ensayo es una invitación a pensar cierto discurso de la "poesía mulata" como manifestación de esta incapacidad.

---

[2] Para una revisión de la ideología del mestizaje cubano ver mi trabajo *Solventar las diferencias: para una crítica de la ideología y el imaginario del mestizaje cubano*. El mismo será publicado próximamente por Vervuert (Berlín).

II

El testimonio del ex-esclavo Esteban Montejo, publicado bajo el título de *Biografía de un cimarrón*, brinda una viva descripción de la experiencia un tanto irónica que debieron vivir numerosos cubanos de color al finalizar la guerra contra España.

> [Después de la guerra, dice Montejo,] partí para Cruces y empecé a laborar para el Central San Agustín Maguaraya. En la misma cosa. Todo parecía que había vuelto atrás. Me metí duro a trabajar en la estera. Después fui al mezclador, donde se estaba más cómodo y se ganaban treinta y seis pesos al mes. Vivía sólo en un barracón de guano... (Barnet 125)

Culmina la guerra y el antiguo esclavo deviene en obrero, "en la misma cosa": vuelve a trabajar en el ingenio, vuelve a vivir en el barracón. Montejo no muestra amargura en el recuento de este desenlace; sin embargo, expresa claramente que la lucha no ha traído el cambio sustancial que se esperaba: "Todo parecía que había vuelto atrás", dice en su testimonio. Quizás uno de los momentos claves en esta comprensión de los tiempos que se avienen surge cuando el joven Montejo escucha con desagrado las palabras del general Máximo Gómez, quien ante la intervención norteamericana declara: "Ni vencedores ni vencidos".

Los sectores de la población afrocubana que experimentaron cierta movilidad social, resintieron la falta de oportunidades en otros ámbitos. En una sociedad como la cubana, que dependía principalmente del clientelismo político para el acceso a la riqueza, la falta de cargos públicos constituyó una fuente de conflictos. Una carta publicada por el líder afrocubano Campos Marquetti en *La República Cubana*, el 30 de julio de 1902, pone en evidencia la discriminación racial que prevalece en las instituciones de la República, así como la inestabilidad social que tal práctica promueve.[3]

Uno de los hechos que revela tanto el descontento, como la capacidad organizativa de los afrocubanos fue la creación (1908) y la posterior rebelión y alzamiento (1912) del Partido Independiente de Color. Este grupo político venía organizándose desde 1905 como respuesta a la continua discriminación racial que experimentaron las personas de color en la política nacional. Luego de constituida, la organización llegó a percibirse

---

[3] Es de notar que Campos Marquetti gana acceso a las instituciones estatales y, con ello, su lucha por las reivindicaciones de su raza tienden a ser neutralizadas.

como una amenaza para los partidos políticos tradicionales; especialmente para los liberales, quienes contaban con el voto negro para el éxito de su política electoral.

Observar el desarrollo y la importancia del Partido Independiente de Color permite entender una manifestación de las fuerzas sociales que impulsaron la redefinición de la nacionalidad cubana en términos más inclusivos. En definitiva, se trata de otorgar justa relevancia a un factor humano fundamental que promueve o impone una nueva manera de comprender lo cubano durante las primeras décadas de la República: los afrocubanos, su organización política y sus demandas por la igualdad de derechos.

Las proclamas del Partido Independiente de Color revelan un intento por articular las luchas de los afrocubanos como sector emergente de la sociedad. Allí se puede observar cómo un grupo social marginado adquiere relevancia en la vida nacional mediante sus luchas y demandas. Si bien el grupo fue heterogéneo y tendía a fraccionarse según líneas de clase, el surgimiento y represión del PIC constituyó una muestra de los conflictos raciales durante la República y puso de manifiesto la necesidad de negociar con sectores excluidos de la sociedad cubana a fin de fundar una nación estable.[4]

El violento desenlace de las demandas planteadas por los independentistas puso en evidencia los límites de la participación política afrocubana durante la República: el saldo de la rebelión ocurrida en 1912 imponía la necesidad de canalizar toda acción política en el campo trazado por liberales y conservadores. La organización de un partido político negro resultaba una "amenaza", pues no sólo ponía en entredicho los fundamentos de la República igualitaria de Martí, sino que también perturbaba los intereses electorales de los partidos tradicionales.

Cuando la Ley Morúa se promulga,[5] los liberales persiguen disolver el grupo político de los afrocubanos, el cual responde con una protesta

---

[4] El análisis clasista del PIC es objeto de polémica. Orum Thomas considera que el grupo representa los intereses de una burguesía negra emergente. Tomás Fernández Robaina brinda un análisis convincente que muestra la extracción popular de un alto porcentaje de los militantes del grupo. Esta última evidencia viene a rebatir las argumentaciones que desestiman la importancia del movimiento dentro de las luchas por la igualdad racial en la isla.
[5] En 1911, el gobierno liberal de José Miguel Gómez promulgó la Ley Morúa. Dicha ley prohibía la organización de partidos políticos según líneas raciales.

armada en el oriente del país. La represión brutal cumplió el propósito del gobierno, no sin antes demostrar las consecuencias de un proyecto de nación que no satisfacía las necesidades de un amplio número de ciudadanos: más de tres mil muertos y la intensificación de los conflictos raciales fue el saldo de tal confrontación.

Un estudio inédito de Frank Guridy recopila evidencias de que, en los años treinta, el Ku Klu Klan Cubano y la Liga Blanca Cubana expresan abiertamente su rechazo de la población de color. Un funcionario norteamericano reporta que el primero de estos grupos emite comunicados con declaraciones como ésta: "the negro at this time...has been increasing like a malignant plague, demanding rights which he has carried to the extreme, SUCH AS THE POSSESSION OF WHITE WOMEN".[6]

Ante las "amenazas" de la emergente población afrocubana, el Klu Klu Klan Cubano invita entonces a la acción –violenta, de ser necesario–. Otro reporte enviado a Estados Unidos por un funcionario norteamericano recoge estas declaraciones aparecidas en un panfleto:

> [They] protest (...) if necessary, with force, and to this end [organize] not only for the defence of their rights, but to conserve the moral principle which always has been the base and pride of (white) Cuban society and which must be maintained unaltered in order that our daughters shall not tomorrow be the victims of this menace which threatens them (Ob. Cit).

Estas actitudes tuvieron expresiones concretas de violencia, como aconteció en las ciudades de Cienfuegos y Trinidad, en los meses de diciembre de 1933 y enero de 1934. En el primero de los casos, una bomba explotó en la Sociedad Minerva, una organización negra local. A los pocos días, el cónsul norteamericano de Cienfuegos declara:

> On New Year's Eve it was expected that the negro element would try to start racial riots in the Marti Park. The local police handled the situation by installing a machine gun at a good point and letting it be known that no "blacks" should enter the park. The last race riot here was in 1912. Since that time negroes have been allowed to promenade only in certain designated areas.[7]

---

[6] USNA 59, 837.4016/2, "Sumner Welles to Secretary of State", October 17, 1933. Subrayado en el original. Citado por Guridy.
[7] USNA RG 84, 800 Political Affairs Cienfuegos, Alexander Knox to Samuel Dickson, January 2, 1934. F. Guridy Ibidem.

El 7 de enero de 1934, en la ciudad de Trinidad, un altercado entre blancos y negros deja un saldo de dos muertos y numerosos heridos. Durante la confrontación, varios comercios propiedad de afrocubanos fueron destruidos en un episodio que se declaraba como un "blanqueamiento de Trinidad".

Estas evidencias llevan a pensar que si Cuba es un "ajiaco", un "caldo denso de civilización que borbollea en el fogón del Caribe", como decía Fernando Ortiz, la intensidad del hervor que pretendió fusionar los elementos que la conforman fue motivada en muchas ocasiones por el deseo de desintegrar aquellas "viandas" que no se avenían al gusto de la elite blanca. Viene a la mente un fragmento de *Paradiso*, de José Lezama Lima, donde la sazón criolla revela su celo:

> –Señora, el camarón chino es para espesar el sabor de la salsa, mientras que el fresco es como las bolas de plátano, o los muslos de pollo que en algunas casas también le echan al quimbombó, que así le van dando cierto sabor de ajiaco exótico.
> –Tanta resofistiquería –dijo la señora Rialta– no le viene bien a algunos platos criollos (14).

El conflicto estaba pues en la mesa. Redefinir la identidad nacional fue urgente: respondía a presiones sociales muy concretas por parte de la población afrocubana. La respuesta a la pregunta de "¿quiénes integran la nación?", ya no podía ser respondida en términos tan marcadamente excluyentes como en el siglo XIX: había que tomar en cuenta "el voto negro". Los cambios ocurridos en las primeras décadas de la República suscitaron así la paradójica confluencia del racismo con la participación política del afrocubano.[8]

---

[8] La población afrocubana sufrió un progresivo fraccionamiento que siguió líneas de clase a medida que se fue integrando. La lucha por los derechos de la población afrocubana escondió también los intereses de movilidad social de la naciente burguesía negra. Salvando las distancias, resulta interesante estudiar el caso cubano a la luz de algunas ideas propuestas por Cornel West para el negro en la sociedad norteamericana. Interesa particularmente su categorización sobre cuatro modelos de respuesta ante el racismo por parte de los afroamericanos ("The four traditions of response" son: "the Afro-American exceptionalist tradition"; "the Afro-American humanist tradition"; "the Afro-American assimilationist tradition"; "Afro-American marginalist tradition" (West: 1982, 70-85). El investigador cubano Tomás Fernández Robaina propone también un modelo que recoge esta multiplicidad de posiciones, haciéndo más bien énfasis en el aspecto político. La lucha afrocubana sigue así una "solución individualista", una "solución colectivista política dependiente", y una "solución colectivista política independiente" (Fernández Robaina 118-123).

III

La crítica coincide en que Nicolás Guillén es el vocero fundamental –o fundamentador– de la mulatez cubana (Vitier, Lazo, Fernández Retamar, Morejón). Es quizás por ello que ha devenido el poeta nacional: su canto es el canto conciliador y fundacional del mestizaje.[9] No en balde se lo ubica en el parnaso cubano, justo después de José Martí, ese otro gran escritor que imaginó una Cuba sin antagonismos raciales. Sin embargo, este acuerdo crítico no se ha visto acompañado de una lectura que problematice en igual medida la creación de una identidad mulata desde la "ciudad letrada". El presente ensayo parte del imaginario que nutre la obra temprana de Nicolás Guillén, a fin de insertarla en la tradición discursiva de las representaciones de lo cubano como lo mestizo y develar allí el deseo de resolver las tensiones que minan la formación nacional.

La poesía escrita por Nicolás Guillén durante la década del treinta[10] muestra la preocupación por representar lo que él llama, en la tradición de Martí, "el color cubano".[11] Tal interés se manifiesta explícitamente en

---

[9] Roberto Fernández Retamar relata una anécdota sumamente significativa: durante una caminata junto al malecón, su acompañante, poco versado en literatura, afirma que ciertos versos de Guillén recitados por Retamar no pertenecen al poeta de Camagüey, sino al pueblo. El ingenuo comentario del sujeto se transforma en una revelación para el crítico cubano, al considerar que mediante Guillén se expresa la Nación. "¿Quién es el autor de la poesía de Nicolás Guillén?", *Cuba*, diciembre de 1962. En *El son de vuelo popular* (1972,82). No ha de extrañarnos entonces que en 1972, Belarmino Castilla, ministro de Educación del momento, califique a Guillén como "la más alta figura de la poesía cubana del siglo" (Martínez Laínez 39).

[10] Ángel Augier traza la evolución de Guillén en términos sumamente interesantes, por cuanto muestra el progresivo desplazamiento de la cuestión negra en función de lo que el crítico denomina "lo universal": "De lo particular negro de los *Motivos de son* llega a lo general cubano de *Songoró cosongo*, para seguir enseguida a la dimensión antillana de *West Indies Ltd.*, y alcanzar luego la americana de *Cantos para soldados y sones para turistas*. Inmediatamente después [...] logra Guillén su pleno sentido universal con *España, 'poema en cuatro angustias y una esperanza'*" ("Raíz cubana de Nicolás Guillén", en *La Última Hora*, año II, 23, julio 10 de 1952, p. 36. Fernández Retamar cit., 15).

[11] El trabajo de Josaphat B. Kubayanda, *The Poet's Africa. Africanness in the Poetry of Nicolás Guillén and Aimé Césaire*, sitúa la poesía de Guillén en el ámbito de la "negritude", en un intento por destacar la matriz afrocéntrica de la literatura caribeña. Sin embargo, tal como destacamos en las páginas que siguen, creemos que el poeta cubano rescata lo africano a fin de reinsertarlo en un concepto homogenizador de nacionalidad. En este sentido, quizás convendría mantener la distinción entre poesía negrista y poesía de la negritud que ha establecido la crítica.

la reflexión de su prosa, pero también en la creación de formas discursivas que se perciben como idóneas para la "naturaleza" –*mestiza*- de lo cubano, tal como el *poema-son*.[12] En otras ocasiones, el autor concibe una serie de "imágenes nutricias" que remiten a la reducción de lo plural en una síntesis, como la del "cóctel" o el "níspero", por ejemplo. Asimismo, en su poesía, los instrumentos musicales encarnan esta voluntad de reunir armónicamente la pluralidad etnocultural que conforma lo cubano. En "La canción del bongó", el instrumento convoca tanto al negro como al blanco, que "bailan el mismo son".

Ésta es la canción del bongó:

> —Aquí el que más fino sea,
> responde si llamo yo.
> Unos dicen: Ahora mismo,
> Otros dicen: allá voy.
> Pero mi repique bronco,
> pero mi profunda voz,
> convoca al negro y al blanco,
> que bailan el mismo son,
> cueriprietos y almipardos
> más sangre que de sol,
> pues quien por fuera no es noche,
> por dentro ya oscureció.
> Aquí el que más fino sea,
> responde, si llamo yo.

En los versos citados, el bongó, que es un tambor doble, reverbera como una sola voz que une tanto al blanco como al negro, pues uno y otro comparten, queriéndolo o no, una misma mezcla: son todos "cueriprietos y almipardos" y "quien por fuera no es noche, / por dentro ya oscureció", dice el poeta.

El poema "Balada de los dos abuelos", publicado en el libro *West Indies Ltd.* (1934), es quizás uno de los textos más conocidos de Nicolás Guillén,

---

[12] El *poema-son* fue uno de los grandes descubrimientos de Nicolás Guillén. Esta forma no sólo brindó nuevas cadencias a la poesía hispanoamericana, sino que también ofreció una forma que expresaba lo nacional cubano. Antonio Benítez Rojo afirma que el *son* representa allí "an ethnologically promiscuous libido (...), insofar as it was a supersyncretic musical product that mixed the African drum with the European string, carried the 'white' desire for 'blackness' and viceversa" (Benítez Rojo 126).

donde se celebra la supresión de los antagonismos entre negros y blancos. El poema se estructura como una serie de oposiciones donde el ancestro africano, Taita Facundo, y el ancestro europeo, Don Federico, trazan sus desiguales peripecias en tierras americanas: "–¡Me muero!", dice el negro, "–¡Me canso!", dice el blanco. Sin embargo, hacia el final del poema, la voz lírica anula la confrontación cuando afirma: "Yo los junto":

> –¡Federico!
> ¡Facundo! Los dos se abrazan.
> Los dos suspiran. Los dos
> Las fuertes cabezas alzan;
> Los dos del mismo tamaño,
> Ansia negra y ansia blanca;
> Los dos del mismo tamaño,
> Gritan, sueñan, lloran, cantan,
> Sueñan, lloran, cantan,
> Lloran, cantan.
> ¡Cantan!

La unión de los viejos antagonistas se torna absoluta, trasciende el abrazo donde se igualan sus figuras y sus fuerzas. Aun la estructura del poema consagra esa unión, al confluir Facundo y Federico en una sola voz coral que canta; luego de acallar el dolor (gritos y llantos) del negro y del blanco. Igualar estas figuras y aplacar sus resquemores es sin duda el acto simbólico más importante en la constitución de un sujeto nacional no conflictivo. En "Palabras en el Trópico", el poeta podrá constatar entonces: "Cuba ya sabe que es mulata".

El "prólogo" a *Sóngoro cosongo* (1931) es quizás el texto "clásico" de la celebración de la Cuba mulata. Allí se concentra en muy pocas imágenes la idea de una identidad nacional que conjuga el ancestro africano y el español, reclamando una poesía cuya voz integradora –transculturadora, deberíamos decir– dé origen a un "verso mulato":

> Diré finalmente que éstos son unos versos mulatos. Participan acaso de los mismos elementos que entran en la composición étnica de Cuba, donde todos somos un poco níspero [...] Opino por lo tanto que una poesía criolla entre nosotros no lo será de un modo cabal con olvido del negro. El negro –a mi juicio– aporta esencias muy firmes a nuestro cóctel [...] *Por lo pronto, el espíritu de Cuba es mestizo. Y del espíritu hacia la piel nos vendrá el color definitivo. Algún día se dirá: "color cubano"*. (114, énfasis mío)

Guillén aún percibe la necesidad de una futura fase integrativa de la nacionalidad que vendrá "del espíritu hacia la piel" y dará origen a un "color definitivo"; pero éste trasciende lo negro, lo blanco y aun lo mestizo. Con ello ansía eliminar toda referencia a la raza, mediante la celebración de la identidad nacional plena, abarcante y acaso, sosegante. Ese impulso integrador se pronuncia por voz de los poetas que, como él mismo, funden la pluralidad étnica en la unicidad nacional del "color cubano", tal como lo hace la voz lírica en "La balada de los dos abuelos". Como vamos mostrando en lo sucesivo, la literatura adquiere aquí la función de catalizador de la nacionalidad: ésta ha de proveer las imágenes y las formas que sustentan la "Comunidad imaginada" (Anderson), o deberíamos decir, la "Comunidad decolorada y reconciliada". Roberto Fernández Retamar ha señalado en este sentido, que la importancia de Nicolás Guillén dentro de la literatura nacional se deriva de su voluntad para reconocer el proceso de síntesis cultural de *"un país en formación"* (40, énfasis mío).

Al ser un intérprete de su nación, Guillén colabora, un poco al menos, a crear la nación. Es por eso un poeta *nacional*, no sólo en el sentido que con frecuencia se la da, de poeta importante para todo el país, sino el de poeta que expresa la formación de la nación (Fernádez Retamar 40).

Visto desde las "necesidades" de la formación nacional de un país como Cuba, sometido a sucesivas experiencias coloniales y neocoloniales, podría entenderse que Fernández Retamar celebre la voluntad de síntesis que encarna la obra del poeta de Camagüey y cuestione las lecturas que "sobrestiman" lo negro. Literatura, mestizaje y nación se presentan aquí estrechamente vinculados al deseo de unificar lo cubano bajo un mismo signo:

> debo confesar que he buscado la tal poesía negra de Guillén, llevándome algunas sorpresas. También, que no veo relación necesaria entre una cierta poesía ejercida por Guillén y su condición racial [...] A partir de su primer libro, *Sóngoro cosongo*, de 1931 [...], Guillén no usa más el lenguaje deformado, y se nos presenta en posesión de un deslumbrante español arrimado a los clásicos y a García Lorca y otros poetas españoles del momento [...] ¿Dónde está la poesía negra? [...] Cuba es mestiza [...] Una poesía africana, en Nicolás Guillén, no hubiera sido una poesía cubana. En cambio, en su español trabajado a la lumbre de los clásicos resuena una sensibilidad cubana, es decir, mestiza (Fernández Retamar 38-39).

Sin embargo, ante esta celebración de la identidad mestiza como la "verdadera identidad nacional" cubana cabría preguntarse, ¿dónde ha de escucharse la voz de lo africano? Guillén parece responder a esta pregunta de manera indirecta cuando rechaza el término "afrocubano",[13] el cual le resulta reductivo de lo que percibe como la esencia mestiza de lo nacional: "Nada más falso, por eso, que el término 'afrocubano' para designar cierto arte, cierta música o cierta poesía: lo cubano, así sea en el negro como en el blanco, es lo español más lo afro, el amo más el esclavo" (1975,299). Esta curiosa imagen que convoca a amos y esclavos, recuerda el texto de José Martí, "Pobres y ricos", que suspende el conflicto étnico en aras del interés nacional. Sin embargo, es el mismo Nicolás Guillén quien brinda una pauta para interpretar su imaginario transculturador como un deseo que se expresa desde la "ciudad letrada".

En este sentido resulta interesante revisar su texto "Nación y mestizaje", puesto que allí pone en evidencia una brecha que separa la *idea* de nación de las *prácticas* sociales concretas que acontecen en el seno del país: a pesar de concluir que "la nacionalidad cubana [...] es consecuencia de una vasta transculturación afrohispana", Guillén advierte también que "desde el punto de vista social y económico siempre existió una insalvable diferenciación entre blancos y negros" (1975:289). En efecto, si bien el constructor de la nacionalidad apela a la noción de mestizaje, las prácticas sociales concretas no anulan las contradicciones profundas que surgen del conflicto racial.

Una reflexión sobre el trabajo de Nicolás Guillén con las formas poéticas resulta ilustrativo de esa voluntad de reconciliar la pluralidad de voces que confluyen en lo cubano. En este sentido, Cintio Vitier fue uno de los primeros en apuntar que los versos del período negrista de Guillén exhiben un profundo linaje hispánico: "Así salen 'La canción del bongó', romance

---

[13] En 1951, Guillén escribe en el periódico *El Nacional* de Caracas un revelador texto titulado "Regreso de Eusebia Cosme". Allí parece poner coto a la exaltación del elemento africano dentro de la cultura nacional, reclamando supeditar este componente étnico a la función de factor asimilado dentro de la cubanidad. Guillén escribe: "De todas suertes, la presencia de Eusebia Cosme ha puesto otra vez sobre el tapete de la actualidad un concepto que implica sutiles discriminaciones de orden artístico y sociológico: el concepto de 'lo afrocubano' [...] ¿Qué quiere decir esto? A mi juicio –perdón, señores especialistas– no quiere decir nada. Es en todo caso una manera rápida de hablar, una convención que no responde a ninguna realidad en el panorama de la cultura nacional. Considerar que existe lo 'afrocubano' como expresión independiente y parcial del alma de Cuba, es falso, pues estamos hechos de una conmixtión profunda de dos sangres: la del esclavo traído de manera bestial [...] y la del amo [...]" (Guillén157-158). Es importante destacar que Fernando Ortiz dedica también unas líneas a esta recitadora afrocubana.

de negrismo un tanto demagógico, y el 'Velorio de Papá Montero', con final de luna lorquiana, pero criollísimo en el *son* que lo centra categórico"(423). Inclusive en el poemario *West Indies Ltd.*, Vitier identifica el cancionero anónimo español:

> Si me muriera ahora mismo,
> si me muriera ahora mismo,
> si me muriera ahora mismo, madre,
> ¡qué alegre me iba a poner!

En su libro *Mestizaje y nación en la obra de Nicolás Guillén*,[14] Nancy Morejón ha destacado también con acierto la confluencia de los elementos hispánicos y africanos en la obra de Guillén, enfatizando que en lo que toca al lenguaje, "Guillén es el más 'español' de los poetas cubanos, sin duda alguna" (1982, 77). La autora señala entonces la presencia fundamental de Quevedo, Góngora, Garcilaso, Fernando de Herrera y Cervantes en la obra de Guillén. Otro crítico que ha extremado esta lectura es Roberto González Echevarría, al destacar una vena barroca en quien había sido visto como poeta de versos mulatos. Aún más, según este autor, el intento por representar la voz del negro forma parte de una tradición iniciada por Góngora y Quevedo, lo que le permite observar un eco de las letrillas de estos poetas en composiciones como "Que siga el son", de *West Indies Ltd.* (González-Echevarría 200).

A partir de las propuestas realizadas por estos autores, interesa enfatizar esa voluntad de síntesis cultural que se expresa en el lenguaje de Guillén y que permea incluso su "período negro".[15] Cabe recordar aquí una entrevista concedida a Fernando Martínez Laínez, donde el poeta cubano se refiere a su deseo de asimilar el *son* al renacer español, con lo que pone en evidencia el impulso transculturador de su obra:[16] "Me pareció que era posible (y tenía razón) injertar aquel ritmo en el del romance español; es decir, un proceso de transculturación poética concomitante con el de la transculturación sociológica" (Martínez Laínez 42).

---

[14] Cito del capítulo fundamental del libro, publicado como "Transculturación y mestizaje en Nicolás Guillén", en *Casa de las Américas*, No. 132, XXII, 1982, pp.63-86.
[15] Seguimos aquí la clasificación del trabajo de Guillén sugerida por Ángel Augier (1982) y, con algunas variantes, por Stephanie Davis Lett (1981).
[16] Para un estudio de esta confluencia de formas ver Gustavo Pérez Firmat, "Nicolás Guillén between the Son and the Sonnet", *Callaloo* 9, No. 4, otoño 1986.

Con el advenimiento de la República, la intelectualidad avanzó notablemente en el rescate de lo afrocubano[17] y en la lucha contra la discriminación racial, pero estos intentos fueron reintroducidos en una matriz donde lo africano se debía injertar, adherir y asimilar al tronco de *una* nacionalidad unificada. Este proceso –o programa– se puso en evidencia en el discurso que fundamenta el nacimiento de lo que ha dado en llamarse "el verso mulato". En este sentido, Morejón concluye que: "Así, el dilema de la lengua de Calibán entra, en su irradiación mestiza, a integrar, para siempre el substrato definidor de la nacionalidad cubana"(1982,80). La confluencia contradictoria de elementos culturales, el dilema de Calibán –que encarna el conflicto entre el amo y el esclavo, lo europeo y lo africano, el centro y la periferia– parecen así reducidos a una instancia "armónica" que se expresa en la voz del Poeta Nacional. Pero tal empresa constituye sobre todo un proyecto, un deseo. Antonio Benítez Rojo lo ha expresado ya con una muy aguda crítica que nos sirve para poner en evidencia la ansiedad racial del sector letrado cubano y su voluntad de generar un imaginario unificador de la nacionalidad:

> Guillén desired a Cuba that was "mulata"; that is, a form of nationality that would resolve the deep racial and cultural conflicts by means of a reduction or synthesis that followed from the proposal of a Creole myth; that is, the *mestizo* reality understood as "unity", not as a sheaf of different and coexistent dynamics (Benítez Rojo 126).

En este momento de la reflexión conviene regresar al libro *Mestizaje y nación en la obra de Nicolás Guillén,* donde Nancy Morejón muestra cabalmente cómo la obra del poeta se aboca a la creación de una voz mestiza. La autora parte de las conceptualizaciones de Fernando Ortiz para celebrar esta poesía cimentadora de la cubanidad, en tanto literatura de la transculturación. Este ensayo de interpretación es revelador por cuanto se aparta explícitamente del cuestionamiento que proponemos en este trabajo. En este sentido, la autora acepta y celebra un concepto de identidad nacional unificado(r),[18] el cual parte de la asimilación de los

---

[17] El poema "Apellido" de Guillén, publicado en *West Indies Ltd.,* es quizás una de las expresiones más contundentes de este intento por dar relevancia a la voz del negro. Sin embargo, diferimos de la idea recurrente en la crítica que ve allí claramente una afirmación exclusiva de lo africano. Los versos finales del poema cierran con una duda: "¿Pudiera ser Guillén Kongué?/ ¡Quién lo sabe!/ ¡Qué enigma entre las aguas!"

[18] Morejón afirma: "Los diversos elementos formativos de la nación cubana se funden en una sola sustancia, en aquella que, precisamente, busca su rostro en la

elementos heterogéneos: "nos producimos como pueblo mestizo", dice Morejón, quien advierte además que "la gestación de una nación homogénea" va más allá de "cualquier cándida controversia cultural o racial"(1982, 66). Según esta idea, pareciera que la discusión de los conflictos raciales resultará en una falsificación de la realidad cubana, o acaso en perspectivas reaccionarias:

> El hecho de combatir, por un lado, el desprecio y el odio al negro –arraigado en las clases dominantes– [...], y de defender, por otro lado, el *justo lugar que tiene su gestión y su aporte en nuestra cultura e idiosincrasia*, no lanzó a Guillén por derroteros enajenados que como en muchos casos de escritores caribeños y africanos, hubiera podido dejarlo en callejones sin salida, aislados y encerrados en especulaciones de carácter etnográfico – lo cual no las exime de una carga ideológica interesada [...] al servicio de posiciones de derecha cuando no colonialistas y reaccionarias. (1982,69, énfasis mío)

Estas ideas explican por qué el trabajo de Nancy Morejón no problematiza el imaginario de Guillén dentro de *la ideología del mestizaje*, ni cuestiona la función histórica que tal ideología desempeña en Cuba, como mecanismo de normalización de las diferencias étnicas.[19] Cierta historiografía literaria ha preferido así quedarse con la imagen del abrazo fraternal del blanco y el negro:

> Los dos se abrazan.
> Los dos suspiran. Los dos
> las fuertes cabezas alzan;
> los dos del mismo tamaño,
> bajo las estrellas altas...

Con este imaginario, las tensiones generadas por "la raza" se desplazan en función de la integridad nacional. Como bien apunta Benítez Rojo, una manera de eliminar la violencia generada por el conflicto racial es eliminar

---

más legítima independencia nacional"(1982,66). Es interesante observar aquí cómo resurge el problema de la definición de lo nacional frente a las nuevas necesidades de independencia, autonomía y unidad que plantea la Revolución Cubana.

[19] Cabría preguntarse si acaso la posición enunciativa de Nancy Morejón, dentro de un proceso revolucionario que requiere la unidad nacional, la invita a posponer reivindicaciones que le serían afines por su propia identidad racial. No en balde el mismo Nicolás Guillén ha afirmado que en el contexto de la revolución, el tópico de la raza es irrelevante (Entrevista con Martínez Laínez, 1975).

la línea de color ("colores baratos"), tal como lo hace Guillén en su poema "West Indies Ltd.":

> Aquí hay blancos y negros y chino y mulatos.
> Desde luego, se trata de colores baratos,
> Pues a través de tratos y contratos
> Se han corrido los tintes y no hay un tono estable.
> (El que piense otra cosa que avance un paso y hable.)

La crítica coincide en que con el advenimiento de la Revolución Cubana, Guillén centra su atención en temas de orden social y político; el "problema de la raza" no parece ya fundamental, por cuanto el proceso revolucionario habría de eliminar las fuentes de la discriminación. De allí que, refiriéndose al II Congreso Cultural celebrado en La Habana, Guillén comente:

> El otro aspecto [discutido] es la fijación del origen de la nación cubana, como resultado de una convivencia de más de tres siglos de esclavos y amos, y sus descendientes respectivos. Esto, que en último extremo era admitido como un tímido susurro bajo el régimen capitalista, está asentado públicamente como el hecho incontrovertible de la sociología cubana. *Era imprescindible una revolución para que tal hecho ocurriera.* (Lainez 48, énfasis mío)

No puedo adentrarme aquí en el sentido último de estas afirmaciones, las cuales responden a una nueva articulación de la identidad nacional en función del proceso revolucionario.[20] Basta apuntar que percibimos aquí cierta continuidad en torno a la conformación de una cubanidad donde lo racial no constituye un elemento "discordante"; donde la pluralidad se mantiene unida al ritmo de un mismo *son*.

Cabe decir, finalmente, que la recepción de la obra de Nicolás Guillén y del llamado negrismo en general, por parte de intelectuales liberales y/o revolucionarios resulta clave para comprender la importancia social y política de la celebración del mestizaje en la cultura cubana. Atender a estas reflexiones permite descubrir los momentos en que lo político y lo poético se interceptan, en respuesta a contradicciones básicas (o basales) de la nación.

---

[20] Los trabajos de Roberto Fernández Retamar sobre la obra de Nicolás Guillén, reunidos en *El son de vuelo popular*, resultan de gran utilidad para discutir esta articulación de la patria mestiza a partir de los intereses generados por el proyecto que se inicia en 1959.

Bibliografía

Anderson, Benedict. *Imagined Communities. Reflexions on the Origin and Spread of Nationalism*, Londres-Nueva York, Verso/New Left, 1995.
Augier, Ángel. "Òrbita de Juán Marinello". *Òrbita de Juán Marinello*. La Habana: UNEAC, 1968.
Ballagas, Emilio. *Òrbita de Emilio Ballagas*. La Habana: UNEAC, 1965.
Barnet, Miguel. *Biografía de un cimarrón*. Barcelona: Ediciones Ariel, 1968.
Benítez Rojo, Antonio. *The Repeating Island. The Caribbean and the Postmodern Perspective*. Durham: Duke University Press, 1996.
Branche, Jerome. "*Burundanga*: Negrismo, Authority, and the Cultural Hybridity Question". Conferencia leída en la Universidad de Pittsburgh, 1998.
Carbonell. Walterio. *Cómo surgió la cultura nacional*. La Habana: S.L., 1961.
Davis Lett, Stephanie. "Revisando a Nicolás Guillén". *Explicación de textos literarios* 10/1 (1981): 87-94.
Fernández Robaina, Tomás. *El negro en Cuba, 1902-1958*. La Habana: Instituto Cubano del Libro, 1994.
Fernández Retamar, Roberto. *El son de vuelo popular*. La Habana: Instituto Cubano del Libro, 1972.
González Echevarría, Roberto. *Celestina's Brood. Continuities of the Baroque in Spanish and Latin American Literature*. Durham: Duke University Press, 1993.
Guillén, Nicolás. *Las grandes elegías y otros poemas*. Caracas: Biblioteca Ayacucho, 1984.
____ *Prosa de prisa*. La Habana: Editorial Letras Cubanas, 1975.
____ *Prosa de prisa: crónicas*. La Habana: Universidad Central de las Villas, 1962.
____ *Sóngoro cosongo; Motivos de son; West Indies Ltd.; España, poemas en cuatro angustias y una esperanza*. 2da. ed. Buenos Aires: Losada, 1957.
Guridy, Frank. "Race and the Revolution of 1933 in 20th Century Cuban Historiography" (Manuscrito no publicado).
Helg, Aline. *Our Rightful Share: The Afro-Cuban Struggle for Equality, 1886-1912*. Chapel Hill: The University of North Carolina Press, 1995.
Kubayanda, Josaphat B. *The Poet's Africa. Africanness in the Poetry of Nicolás Guillén and Aimé Césaire*. New York: Greenwood Press, 1990.
Lezama Lima, José. *Paradiso*. México. Colección Archivos, UNESCO, FCE, 1988.
Linares Pérez, Marta. *La poesía pura en Cuba*. Madrid: Payador (Colección Nova Scholar), 1975.
Mansour, Mónica, González, José Luis. *Poesía negra de América*. México: Ediciones Era, 1976.

Marinello, Juan. *Òrbita de Juan Marienllo*. La Habana: UNEAC (Colección Òrbita), 1968.

_____ "Negrismo y mulatismo". *Poética, ensayos en entusiasmo*. La Habana, 1933.

_____ "Hazaña y triunfo americano de Nicolás Guillén". *Literatura Hispanoamericana: hombres-meditaciones*. México: Ediciones de la Universidad Nacional, 1937. 79-90.

Martínez Laínez, Fernando. *Palabra cubana*. Madrid: Akal Editor, 1975.

Morejón, Nancy. *Nación y mestizaje en Nicolás Guillén*. La Habana: Unión de Escritores y Artistas de Cuba, 1982.

_____ "Transculturación y mestizaje en Nicolás Guillén". *Casa de las Américas* XXII/132 (mayo-junio, 1982): 63-86.

Pratt, Mary Louise. "La heterogeneidad y el pánico de la teoría". *Revista de Crítica Literaria Latinoamericana* 21/42 (1995): 21-27.

Rama, Ángel. *La ciudad letrada*. Hanover: Ediciones del Norte, 1984.

Ruiz del Vizo, Hortencia (comp.). *Black poetry of the Americas (a bilingual anthology)*. Miami: Ediciones Universal, 1972.

Vitier, Cintio. *Lo cubano en la poesía*. La Habana: Instituto del Libro Cubano, 1970.

West, Cornel. *Prophesy Deliverance!: Afro-American Revolutionary Christianity*. Westminster: Westminster Press, 1982.

Palabra de noche sobre Nicolás Guillén*

René Depestre

> *Los que quieran tratar separadamente la política y la moral no entenderán nunca nada de ninguna de las dos.*
> Jean Jacques Rousseau

VI POR PRIMERA VEZ A NICOLÁS GUILLÉN EN 1942. YO ERA ENTONCES un alumno de tercero en el liceo Pétion de Port-au-Prince: el gran poeta cubano estaba de visita en Haití, como huésped del escritor Jacques Roumain y de la intelectualidad haitiana. Literalmente fascinó a la clase. Fue una fiesta conocerlo y oírlo recitar algunos de sus poemas. Tal vez nadie en este siglo ha interpretado poemas –los suyos y los de otros poetas– con tanta gracia y vigor viril. Desde esa mañana, ya no abandonaría la poesía de Guillén. Me entregué a su disfrute con la misma intensidad con que lo hice con la poesía de Jacques Roumain, Aimé Césaire, Langston Hughes, Apollinaire, Vallejo, Neruda, Cendrars, Pavese, etc. En los años siguientes, tuve el privilegio de convertirme en un amigo muy cercano a Nicolás. Esta fuerte amistad se mantuvo mucho tiempo itinerante, a causa del nomadismo político del uno y del otro, antes de arraigarse en La Habana, durante los locos años en los que el mismo Nicolás me hacía el honor de ver en mí a "un cubano más" en la revolución... Pude así conocer al poeta en su tierra natal, entre su gente, en su cultura, en la historia

---

* Este artículo apareció publicado en la revista *Encuentro* 3 (invierno 1996-97) de la Asociación Encuentro de la Cultura Cubana.

extraordinaria del pueblo cubano. Nos hicimos íntimos amigos enseguida. Nos telefoneábamos a menudo, intercambiábamos "confidencias" de la vida cotidiana, hacíamos paseos amistosos en algunas veladas de la hermosa ciudad de La Habana. En los años cincuenta, había tenido la dicha de deambular junto a Nicolás en París, Praga, Moscú, Berlín, Santiago de Chile, Viena, Buenos Aires.

Aprendí a comprender mejor la importancia de su poesía, su extrema originalidad de artista, su complejidad de hombre y de ciudadano. Hombre muy cultivado, había leído a los clásicos españoles e hispanoamericanos. Se expresaba en un español de gran belleza que refrescaba sin cesar la prodigiosa corriente de criollismo a la cubana que habitaba su palabra de noche y de día. Supo escapar muy pronto a la influencia del modernismo hispanoamericano, cargado de lugares comunes de los blancos criollos. Inventó su propia estética: logró trascender los clichés del *negrismo* latinoamericano. A partir del son y de su propio fondo negro, creó una nueva poesía, un lirismo nunca visto antes de él, dotado de una frescura sin precedentes en la ironía y la belleza de su expresión castellana. Con Guillén ya no era posible hablar de poesía *negra*, ni de poesía *blanca*, ni de poesía *mestiza*. Su genio de poeta lírico, que fundaba su capacidad de mestizar, dotó a la lengua española de una corriente original, cubana y universal, profundamente sensible a las angustias y a las sublevaciones del siglo XX. Tuve la oportunidad durante mis años cubanos (1959-1978), de vivir en intimidad con los dos hombres más representativos de las letras cubanas en este siglo: Guillén y Alejo Carpentier, tan gran poeta el uno como prosista de primer orden el otro en la historia de la literatura mundial. Puedo evocar intensamente, con mi ternura admirativa, tanto al poeta como al novelista, y hablar también de los lazos de amistad que los unía desde los días trágicos de España en llamas. Lloré como un niño inconsolable la muerte de Alejo en París, en 1983. Asistí a los funerales "nacionales" en Cuba, como enviado de la UNESCO. Estaba ausente de La Habana cuando la muerte de Nicolás, en 1989. En 1978 dejé Cuba, después de mi ruptura con la revolución castrofidelista. Al mismo tiempo tuve que romper también con Nicolás Guillén. Nuestra vieja amistad no sobrevivió a la crisis de identidad que la Seguridad del Estado cubano, convertida en policía de los sueños al estilo de la KGB, había abierto en mi vida dadas mis dificultades en hablar una lengua torpe y en ahogar bajo un pensamiento torpe (o, peor aún, plano y sin resquicios) mi libre jurisdicción de poeta y de ciudadano. En esos días Nicolás Guillén me llamó a su despacho de presidente de la UNEAC (la Unión de Escritores cubanos) para devorarme como un padre furioso. Me comunicó sin humor que alguien que no había luchado junto a Fidel –ni cuando el ataque al cuartel Moncada (1953) ni en el momento del desembarco de los rebeldes del *Granma* (1957)– no tenía derecho a emitir ningún juicio crítico sobre la conducta política de los funcionarios de la revolución cubana. Yo debía cerrar el pico y se acabó. Me recordó también mi origen extranjero. El *"un cubano más"* se hizo humo a través de su ventana.

Me dijo que no podía ayudarme a salir del atolladero en el que me había metido. Convertido en una importante figura pública, instalado en uno de los pisos más lujosos de La Habana (en la planta 23ª del famoso edificio Someillan), con el golfo de México ante sus ojos, un Cadillac de funcionario (presidente de la UNEAC), con chófer y con la habilidad de reunirse, cuando lo quisiera, con uno u otro de los hermanos Castro, etc., nunca habría corrido el absurdo riesgo de caer en desgracia. Yo no daba crédito a mis oídos. Como, en el fondo sentía afecto por mí, después de tantos años de compartir nuestras más íntimas aristas, estaba sinceramente enfurecido y desconcertado: consideraba mi conducta como una falta de habilidad política. Esperaba de mí mayor prudencia y fineza en el análisis de la situación. Claro que –admitía– los métodos de la URSS habían influido en la revolución cubana; claro que era una infamia lo que había tramado la policía política contra el poeta Heberto Padilla; claro que todos estos comandantes incultos de la camarilla de Castro son un incordio, pero ellos, a diferencia de los poetas, habían estado en el Moncada en el '53, y en el *Granma* en el '57, jugándose su pellejo por Cuba. Eran ellos el poder de la revolución, ellos la conciencia crítica del proceso revolucionario, y no los Padilla, Arenas, Lezama Lima, Virgilio Piñera y otros *hijos de la gran puta*. Se sentía afligido al tener que mezclarme con aquellos que el *"poder revolucionario"* tenía razones para apartar como nocivos. Yo estaba consternado por descubrir semejante torpeza en un gran poeta tan celoso del buen uso que hacía, por otra parte, de la lengua de Machado y de Lorca. Me fui sin decir una palabra, contrariado profundamente por haberlo sorprendido en un día tan mediocre y oportunista hasta la más flagrante cobardía. Había dos Nicolás: el autor de *Sóngoro cosongo, West Indies Ltd., El son entero,* etc., y el poeta cortesano en el que se había convertido para preservar los privilegios que le brotaban por todos los poros de su arrogancia y fatuidad. Para mí fue una verdadera desgracia perder su amistad. En ningún momento tuve la idea de pedirle que intercediese por mí ante sus poderosos amigos del PC cubano. Habiéndosele informado a un alto cargo de mi "mala conducta", y de los comentarios críticos que yo hacía libremente a mi alrededor, se dio prisa en tomar distancia y en soltar prenda a mis espaldas ante unos amos... a los que despreciaba tal vez aún más que yo, teniendo más a menudo la ocasión de codearse con ellos en los dorados bastidores del poder. Después de este encuentro, ya no habría entendimiento posible entre nosotros. Lamentablemente, se podía ser un poeta formidable, un artista cabal y un cortesano consumado.

La *complejidad* de Nicolás Guillén no se me había escapado, sin embargo, mucho antes de haber tenido esa amarga experiencia. Unos años antes, uno de sus más viejos amigos, el excelente cuentista cubano Enrique Labrador Ruiz, testigo del "idilio" amistoso entre Nicolás y yo, me había puesto sobre aviso... Él acababa de ser víctima de una "infamia" de su viejo compañero de siempre. En el autor de las hermosas elegías a la cubana podía despertarse un tigre. Su marxismo era un barniz. Una sola cosa contaba ante sus temibles ojos: su gloria de poeta mundialmente conocido y las ventajas materiales que obtenía por ello desde los años treinta. Estaba situado muy por encima de todos los demás poetas latinoamericanos de su generación, incluidos César Vallejo y Pablo Neruda. Las confidencias de Labrador Ruiz me habían conmovido. Los mismos rumores me llegaban de personas menos importantes que este escritor. El éxito de Nicolás Guillén había provocado celos en las generaciones que venían tras él. La sombra que su reputación proyectaba llenaría una catedral literaria, sembrando el pánico entre los creyentes ansiosos porque se hablara de su talento. Había que estar, pues, en alerta continua, sin hablar del anticomunismo con respecto a un poeta que, desde la Guerra Civil Española, se había adherido al *Partido Socialista Popular*, nombre del PC cubano.

Su compromiso de tomo y lomo había incluso limitado la amplitud de su renombre, hasta tal punto sus obras llegaban a una vasta audiencia entre el público de lengua española. Este triunfo –y la secreta frustración de ver cómo su horizonte se constreñía por límites ideológicos– había modelado, a través de los años, un Guillén modesto en apariencia, abierto, cálido, un verdadero cubano de la calle, que ocultaba a un individuo suspicaz, vengativo, altamente consciente de sus méritos de poeta y vigilante de un territorio inmenso de la poesía que desbordaba los contornos insulares de Cuba. Pablo Neruda acabó un día sintiéndose celoso por ello, de ahí que en sus memorias, *Confieso que he vivido*, lance el implacable golpe de estilete: "Guillén, el español, el bueno", haciendo alusión a Jorge Guillén. Cuando Nicolás supo de este apunte de su viejo "amigo" Pablo, estalló ante mí con una furia desmesurada, que lo llevó a tratar al autor de *Residencia en la tierra* de "hijo de la gran puta, pequeño poeta sin porvenir, ni en los cojones, ni en la imaginación". Al mismo tiempo, era presa del pánico ante la idea de que Neruda tuviese ante sí un porvenir de clásico de las letras chilenas e hispánicas, lo que volvía aleatoria la caída de sus obras en el olvido: su pérfido juicio corría el riesgo de atravesar los siglos. "Tu amigo es un cabrón, un charlatán, un chulo de la literatura, un borracho de la peor especie. Debería haber titulado sus memorias *Confieso que he vivido bebiendo* (sic)". En su fuero interno, Nicolás Guillén, inteligente como era, debía repetirse, en medio del dolor y de la consternación, que no era a un borracho consuetudinario a quien la Academia sueca había otorgado la envidiable distinción del Premio Nobel de Literatura.

La poesía de Guillén era sin duda la cara visible de su vida de hombre. La cara oculta era la incapacidad del poeta para "soportar" a su vera el talento de los demás. Nunca escuché de su boca elogio alguno a los numerosos poetas, muy valiosos, que era posible frecuentar en Cuba en los años sesenta: Eliseo Diego, Fayad Jamis, J. A. Baragaño, Heberto Padilla, Miguel Barnet, C. Vitier, Pablo Armando Fernández, R. F. Retamar, José Lezama Lima, entre otros. Cuando le hacía una pregunta sobre cualquiera de ellos, guardaba un silencio de muerte que era un veredicto sin remisión, o se irritaba con igual ferocidad. Yo me pregunté, durante años, qué pensaría de mis poemas. Durante mucho tiempo evitó hablarme de ellos, así como tampoco me daba su opinión sobre la poesía de Jacques Roumain, A. Césaire, L. S. Senghor o León Damas. Admiraba, sin embargo, a Langston Hughes, y como prosista a Roumain, el autor de *Gobernadores del rocío*, novela que colocaba muy por encima de las mejores ficciones de su compatriota Alejo Carpentier. Si reconocía de buena gana el gran valor literario del narrador Alejo Carpentier, era sumamente severo sobre el hombre, a quien juzgaba tacaño, mezquino y con una tendencia bastante avara en sus efusiones de corazón... La erudición encantada que Alejo prodigaba con generosidad en su conversación más familiar irritaba en grado sumo a Nicolás. "Lleva consigo a todas partes", decía de Carpentier, "la cátedra del Collége de France que los franceses le negaron. Se desquita con los analfabetos que nosotros, los cubanos, somos a sus ojos de señor franco-castellano". Lo que no le impedía evocar, con una alegría comunicativa, la historia de su amistad con Alejo, que se remontaba a los años treinta, especialmente con ocasión de su encuentro en Madrid, en plena guerra civil, encuentro que vivificaba la presencia de Rafael Alberti, Pablo Neruda, ensombrecida por un conflicto dramático en el que desaparecería Federico García Lorca, asesinado muy pronto por los esbirros de Franco. Con respecto a Lorca, él se mostraba más bien "generoso" en cuanto a su género lírico, aunque expresando reservas sobre la homosexualidad del poeta, que era un límite, de todos modos, al resplandor de su poesía... Había conocido al "pobre Federico" con ocasión de su larga estancia en La Habana, en los años treinta. Lo había seducido el encanto andaluz que su personalidad irradiaba, gracias a su sentido contagioso de su camaradería, que hacía olvidar "su gusto por los guapos jóvenes nacidos en Cuba". Una real tristeza se apoderaba de él cuando hablaba de las circunstancias que rodearon la ejecución del gran poeta español.

En lo que concierne a mi humilde persona de poeta, acabé sabiendo un día el sentimiento que le inspiraba a Nicolás. Fue después de la publicación en Cuba de mi libro *Un arc-en-riel pour l'Occident chrétien* (*Un arco iris para el occidente cristiano*). Estos poemas, traducidos por Heberto Padilla, fueron bien recibidos por la crítica y los lectores. Presentado al concurso anual de Casa de las Américas, mi libro dio lugar, después de las deliberaciones de un prestigioso jurado, a un verdadero "suspense" en la opinión. Tenía frente a él al poemario del poeta español Félix Grande, *Blanco-spirituals*. Fue difícil desempatar los votos, tan cerrada era la discusión entre Eliseo Diego, Thiago de Melo, César Fernández Moreno, Idea Vilariño y otro miembro del jurado, un antiguo ministro checo de cultura, muy cercano a Guillén. El voto de este último debía decidir el escrutinio. Durante cuarenta y ocho horas, vaciló entre mi libro y el de Grande. Bajo la presión amistosa de mi amigo Nicolás, decidió finalmente votar por *Blanco-spirituals*. Esta historia corrió por toda La Habana. Thiago de Melo, un excelente poeta de la Amazonia brasileña, hizo una declaración indignada donde reafirmó su admiración por mis poemas, y se asombró públicamente de la elección de quienes habían preferido el talento de mi "adversario". Me enteré más tarde por C. F. Moreno, convertido en uno de mis mejores amigos en París, del papel eficaz cumplido por Nicolás en este asunto como presidente de la Unión de los Escritores Cubanos (UNEAC). Quiso a toda costa evitar que se premiase un libro que podría, de llegar a la notoriedad, empañar su papel hegemónico en el mundo de la poesía. "Es la obra de un poeta mulato que ha intentado mezclar el sortilegio y la fuerza de expresión con una auténtica integración de las desdichas de Haití y de África en su aventura personal de poeta visionario", como expresara poco después Thiago de Melo para justificar el voto que me había asignado. Hay que decir que las aprensiones de Nicolás no tenían ningún fundamento. Yo no cazaba en sus tierras. No podría descubrirse ningún rasgo de su influencia en mi lirismo, que pertenecía a la tradición de la "negritud" y del mundo francófono. Y si había que hablar de mi "originalidad" en este poema dramático, no era para nada comparable a la de las obras poéticas de Guillén, que siguen siendo inimitables y colocan al autor a la altura de los maestros de la poesía del siglo XX, junto a sus pares: Alberti, Lorca, Langston Hughes, Nazim Hikmet, Vallejo. En esta escala domina sin duda el destello a la vez íntimo y épico del genio nerudiano. El registro del bardo chileno lo emparenta con Hugo, Whitman, Baudelaire, Puchskin, Rubén Darío, Rimbaud, Aimé Césaire, R. Tagore, Aragón, Saint-John Perse, es decir, con la corriente más *soberana* de la poesía mundial. En este dominio, por otra parte, es inútil establecer un palmarés. Nicolás Guillén es un gran poeta, y mi "clasificación" sólo tiene real sentido con respecto a la falta de confianza en sí mismo que él manifestaba cuando medía sus dones inmensos con el rasero de los otros logros de la poesía en el siglo.

Poco tiempo después del episodio del Premio Casa de las Américas, Guillén me invitó a comer en un lugar de ensueño, fuera de La Habana. Durante esta comida, frente a frente, me pidió que le recordase mi edad. Estábamos en 1967, yo tenía cuarenta y un años. "A esa edad", me recordó, "yo era un poeta célebre. Tienes que darte prisa. No estaba mal tu *Arco iris para el occidente cristiano*, que estuvo a punto de obtener el Premio Casa, pero tú nos debes un libro revelación, la obra de un verdadero poeta de Haití. Ponte a trabajar seriamente. No dejes que el periodismo agote tu savia poética. Estás en buen camino..." Yo respondí saliéndome por la tangente, llevando la conversación a un tema extraño a mi porvenir de poeta. Ese mediodía, si yo no hubiese tenido ya mi jurisdicción personal, indiferente al elogio y a la censura, la confianza que tengo en mis modestos medios se habría derrumbado: sin ser una obra maestra, *Un arco iris para el occidente cristiano* era algo más que una promesa. Hoy, a treinta años de su publicación, no le han salido esas arrugas que condenan a un libro a un abismo sin nombre. Merecía en 1967 el aliento de mi hermano Nicolás Guillén. Tomé entonces su juicio como preocupación fraternal de su parte por hacer crecer mi prestigio...

El incidente del '67, por otra parte, no tuvo ningún efecto sobre el fervor de nuestros encuentros. Continuamos viéndonos bastante a menudo, compartiendo nuestra alegría de vivir, hablando de las mujeres con el entusiasmo de los veinte años. He conocido muy pocos hombres tan extraordinariamente dotados como Guillén para la vida sexual. La disfrutaba con todo su cuerpo. Si lo hubiese deseado se habría convertido, sin dejar de ser un poeta revolucionario, en uno de los mejores escritores eróticos de todos los tiempos: sabía agradecer enfáticamente con las palabras a las mujeres que lo habían hecho vivir más intensamente. Habría que remontarse a la literatura china antigua para encontrar un erotismo tan libre de todo asomo de culpabilidad o pecado. Guillén sabía dar las gracias a cada mujer que había poseído por sus senos, sus nalgas, su sexo, sus muslos, su lengua, sus caricias, sus movimientos de cintura, su fuego giratorio en medio de los prodigios del coito. Esta fuerza erótica, sin embargo, no aparece en su vena poética. No es un poeta del amor físico o sublime. Celebró discretamente a la mujer en sus poemas, él que navegaba como un corsario en las grandes aguas marinas de las mujeres. Yo suponía que amaba sobre todo en ellas el lado *hembra*, la feliz animalidad que algunas mujeres saben poner de mil maravillas en el acto del amor. A este respecto, tuve derecho a las confidencias épicas de Nicolás. Su verbo era inagotable sobre este maravilloso capítulo. Su autobiografía erótica habría hecho palidecer las memorias de Casanova o los escritos de Aretino o los de los clásicos del erotismo exuberante. "Debes contar la historia de tus experiencias de cama", le decía yo. "Tu conocimiento de la mujer es enciclopédico. La rosa de los vientos es tu alcoba, el erotismo tu único domicilio fijo, el coño de la mujer tu propia casa en cualquier parte del mundo, sus nalgas tu lista de correos, ¡su vientre tu romántica *otra parte* de poeta!". Nicolás se echaba a reír con una risa de rey merovingio, me daba un abrazo generoso y de reconocimiento, y me decía siempre lo mismo: "¡Estás loco, no habrá una sola línea sobre toda esta formidable vuelta al mundo femenino! Quieres perderme ante los ojos de nuestros camaradas del Partido. Todos conocen, sin duda, mi inclinación por el bello sexo. Ven en mí un auténtico 'macho' cubano, el absoluto opuesto del 'maricón' criollo, pero ¡ignoran la extensión del imperio que me he construido a la medida de las 'hembras' de todos los países, abriendo paso a la unión de los proletarios! Nuestros comisarios me echarían del Partido si descubrieran el pastel de toda mi vida. Por ello soy tan avaro en mensajes tiernos, cartas de amor y poemas a los que son tan aficionadas las mujeres. En el amor, más que en cualquier otro dominio, sólo los actos sirven para comunicar, es decir, ¡los cojones, chico! ¡Nunca se sabrá la aventura prodigiosa de los *cojones* del autor de *Sóngoro cosongo*!".

Y yo sufría por ser el único en disfrutar de la *oralidad* erótica que Nicolás juraba que nunca confiaría en sus memorias, con el fin de proteger la buena reputación de "macho" que ocultaba al condestable del libertinaje que él era. Lamentaba no ver a Nicolás poniendo sus dotes poéticas excepcionales al servicio de una libido que encontraba acentos líricos y épicos al narrar sus proezas en la cama. Creo que por la autocensura que Guillén impuso a toda una vertiente creadora de su sensibilidad, se negó de plano a comprometer las fuerzas profundas de su ser en la experiencia de la poesía. La ascesis por la cual se forjó precozmente la personalidad de un poeta soberano quedó inacabada porque el autor de *El son entero* había quedado sujeto a las consignas partidarias sobre los poemas que se esperaban de un "poeta nacional". Él sacrificó deliberadamente una zona voluptuosa de su arte a la estética del "realismo socialista", mientras la vena "social" de su poesía, en *West Indies Ltd.* y sus libros posteriores, no había logrado ahogar su fuerza inigualada de fantasía y de deslumbramiento. En el ejercicio de la función literaria, Nicolás Guillén no estaría, de acuerdo con los datos viscerales de su biografía, a la altura de la alborada de la creación que, sin embargo, estaba al alcance de sus dotes. Prefirió abandonarlos, mientras que el movimiento comunista internacional –cuyas críticas fulminantes temía– desviaba hacia el desierto trágico del totalitarismo el ideal de civismo mundial y de solidaridad en todos los sentidos que debía iluminar la energía creativa de numerosos poetas notables del siglo XX. Piénsese en Maiakovski, B. Brecht, Neruda, Aragón, Paul Eluard, Yannis Ritsos, sin hablar de César Vallejo, Aimé Césaire, Nazim Hikmet, Alberti, Cesare Pavese, Robert Desnos, Miguel Hernández, entre tantas otras víctimas que esta colosal desviación del sueño acumuló en las filas de los poetas y de los escritores del siglo. Como muchos otros artistas, Nicolás Guillén, al contrario de un Picasso o de un Jorge Amado, dudó de la magia que pertenecía al rostro desconocido de su temperamento, a la buena, llena y poderosa luna de la libido, que su genio era capaz de tornar, para millones de lectores, en suprema salud del arte y de la poesía. Su experiencia del amor solar era una materia ignífuga que podía llegar en la escritura poética a una incandescencia y una fuerza de combustión estética aún más hermosas que las llamas en la que se consumió su carnaval de sueño clandestino con las mujeres. El director de orquesta prefirió arrojar al fuego del olvido su fabuloso cuaderno íntimo de música, en lugar de *añadirlo* a sus otras cosechas de la vida, y de poner así a disposición de otros su fuerza contagiosa de celebración de la mujer y del acto de amor.

¿Estoy echando arbitrariamente sombras sobre el retrato de un hombre que, al fin y al cabo, nos ha dejado una obra poética de primer orden? No lo creo. Al contrario, quería mostrar, en este esbozo, cómo la influencia política arbitraria de un Partido sobre la imaginación creadora puede estrechar el horizonte de un gran artista, hasta el punto de impedirle integrar en su aventura estética el conjunto de las adquisiciones sicológicas y eróticas de su recorrido autobiográfico. Ya no es el "ser entero" de Nicolás Guillén lo que sus destacables escritos dejan ver, sino el poeta que una revolución falsificó disipando en deshonroso humo el mejor combustible de su creación. Todos los PC del planeta, sometidos al vibrión del mismo determinismo sin mañana, invitaron a los artistas que se habían adherido a su programa, a desprenderse de la complejidad de su vida interior de individuos libres, para llevar al oprobio la carga "histórica" de una lucha de clases regida por el desprecio de las reglas más elementales de la democracia. El *compromiso* ciego que los PC reclamaban de sus miembros bien dotados para el arte y la poesía ha afectado gravemente el ejercicio por el cual el individuo creador asimila sus recuerdos, transforma las pruebas de su biografía y los dolores del mundo, al mismo tiempo que construye libremente su obra y su personalidad. El movimiento comunista, a causa de su dogmatismo sin fe ni ley, ha sido, en la vida de los escritores, un obstáculo sumamente peligroso en ese esfuerzo obstinado de integración de todos los datos existenciales (entre los cuales el amor ocupa el primer plano) que el yo de cada artista necesita imperativamente para realizar una obra capaz de inundar con una felicidad igual todas las riberas de la condición humana.

Durante mis "años cubanos", pude observar bastante a menudo cómo se comportaba Guillén en presencia de Castro o de los dignatarios del Partido, del Gobierno o de las Fuerzas Armadas. En todo momento, yo descubriría la obsequiosidad de su cortesía ante los jefes. Él exageraba las muestras de respeto y de amabilidad. Tenía la sonrisa y los modales de un cortesano más que la noble y cordial prestancia de un hombre cuya cultura superaba sobremanera el torpe pensamiento que prosperaba alrededor de nosotros. Conocía a los viejos dirigentes del antiguo PSP (Partido Socialista Popular) desde los años cuarenta. Había sido el "militante" más prestigioso de la extrema izquierda cubana, junto a Juan Marinello. Los jóvenes comandantes que habían bajado de la Sierra Maestra, Fidel Castro, su hermano Raúl, el Che Guevara, Camilo Cienfuegos, lejos de querer intimidarlo, lo trataban con una deferencia afectuosamente relajada, dispuestos como estaban a escuchar su palabra de "poeta nacional". Habría podido, con una idea más elevada de su responsabilidad de "intelectual orgánico de la revolución", ayudar a Castro a poner a Cuba a salvo de la "política cultural" al modo soviético. Al contrario, mantuvo voluntariamente una actitud reservada en las discusiones que, desde 1959, dividieron a la nueva inteligencia que entraba en escena en defensa de la revolución castrofidelista. Él se alineó junto a los "viejos comunistas", formados en la absurda tradición del "dzanovismo estético", cuando escritores jóvenes y poetas, agrupados en torno a Guillermo Cabrera Infante en el semanario *Lunes de Revolución*, intentaron con talento sacar a la creación artística de los senderos trillados. También se quedó de brazos cruzados cuando centenares de jóvenes homosexuales, víctimas de una odiosa caza de brujas, fueron encerrados en una colonia penitenciaria de la provincia de Camagüey (conocida con el nombre de campo de la UMAP). Negó igualmente su apoyo al gran poeta y escritor José Lezama Lima (el autor de *Paradiso*), perseguido tanto por su homosexualidad como por la fuerte originalidad de sus gustos estéticos. Con ocasión del famoso "caso Padilla", cuando se vio cómo los Servicios de la Seguridad del Estado acorralaban a este excelente poeta obligándolo a una "confesión" pública en la sede de la UNEAC, ante una asamblea infectada de vergüenza y de cólera contenida, Guillén actuó como Pilatos: la enfermedad de un pariente cercano lo retenía, esa noche, lejos de los antros de la infamia policial, en Santiago de Cuba... Fue su compañero José Antonio Portuondo quien desempeñó –con un celo digno de los procesos de Moscú– la función de juez de la antipoesía.

Hay que decir que la función oficial de Presidente de la Unión de Escritores agobiaba a Guillén como un terrible tributo. No se equivocaba: en ese papel, colmado de honores y de privilegios, era en realidad uno de los principales comisarios de la policía general de las ideas y de los sueños. Fue el desgarramiento íntimo que se infligió a un auténtico "gobernador del rocío" que, desde sus poemas de 1928, había puesto el derecho a soñar libremente al alcance de los cubanos de "uno y otro color de piel". Pero, así como en la época en la que cantaba la esperanza de los ofendidos y de los humillados de su isla, Nicolás Guillén se había revelado capaz de mostrar toda su estatura de hombre rebelde y de soñador incomparable, del mismo modo, llegado al poder, hizo poco caso de la aptitud legendaria de los poetas para la rebelión y el sueño. Se dedicó sobre todo a "administrar" su elevada posición, sin contrariar nunca a las autoridades en el poder, conforme en todo a los prejuicios, a lo arbitrario, a los usos irracionales del PC cubano y del poder absoluto de Fidel Castro.

En favor de Nicolás, hay que aclarar que nunca se presentó como un "teórico marxista-leninista", ni tampoco como "intelectual orgánico". Ya en 1938 mi compatriota "capital", Jacques Roumain, confiaba en París al poeta Félix Pita Rodríguez que su amigo Nicolás "no tenía cabeza metafísica". Era lo contrario de un pensador o de un "apparatchik de nomenclatura" o incluso de un comisario político. Pude más de una vez burlarme afectuosamente de él al respecto de su "ignorancia enciclopédica" de la filosofía y de la economía política marxistas, como de su indiferencia a toda forma de abstracción y de conceptualismo a la francesa. El materialismo, dialéctico o histórico, no era su taza de café bien cargado. Se reía de ello a carcajadas. Él me reprochaba, a cambio, que perdiese mi tiempo leyendo a György Lukács, Antonio Gramsci, Henri Lefevbre, Althusser, Régis Debray o Jean-Paul Sartre. Había formado su espíritu en la frecuentación de los maestros españoles y latinoamericanos y de los mejores clásicos europeos. Conocía todos los secretos de la lengua española. Escribía en la prensa del Partido crónicas que acentuaban, por contraste, la indigencia moral e intelectual de los profesionales de la media lengua. Manejaba como un virtuoso la ironía y el sarcasmo. En su conversación, el célebre choteo, forma de humor popular propia de los cubanos, perdía toda sombra de grosería y llenaba de belleza el oxígeno de la poesía. Desde el 8 de junio de 1942, Miguel de Unamuno, en la carta que le dirigió desde Madrid al joven poeta Nicolás Guillén, quien le había enviado *Sóngoro Cosongo*, había subrayado lo esencial de su arte: "Hace ya un tiempo, estimado señor y compañero, desde que recibí y leí –apenas recibido– su *Sóngoro Cosongo* que pensaba escribirle. Después lo releí y se lo hice leer a unos amigos –y oí a García Lorca hablar de usted–. No debo ocultarle la profunda impresión que me produjo su libro, sobre todo *Rumba*, *Velada fúnebre de Papá Montero* y los *Motivos de son*. Me conmovieron como poeta y como lingüista. La lengua es poesía. Y mucho más porque sigo de muy cerca el sentido del ritmo, de la música verbal de los negros y de los mulatos. No solamente entre los poetas negros norteamericanos, de los que disfruto intensamente, sino también de los que cantan en 'papiamento', lengua, como usted sabe, de los habitantes de Curazao, que he aprendido. Es el espíritu de la carne, el sentimiento de la vida directa, inmediata, terrestre. Es, en el fondo, toda una filosofía y toda una religión. Habla usted, al final del prólogo, de 'color cubano'. Llegaremos al color humano, universal e integral. La raza espiritual humana está siempre a punto de hacerse. Sobre ella fermenta la poesía. Y como usted dice: 'Nuestra risa asomará en las riberas y los pájaros', quiero enviarle un pequeño texto que escribí el 5 de enero del año pasado, cuando no conocía su libro... Nada más por el momento. Estoy a su disposición, ahora en Madrid, en este Parlamento, y regularmente en mi Salamanca. Le doy la mano como a un compañero de sueños".

Está todo dicho en esta carta de Unamuno. Guillén era poesía. Y es toda la poesía que ellos profanaron, los que cortaron a su medida un uniforme verde oliva de "comisario de los sueños" o de guerrillero al servicio de las ignominias de la razón de Estado y de la realpolitik "socialista". En Cuba hay un hecho –Guillén, que sobrevivirá a las desdichas de la revolución. Es el hecho eminentemente "poético", únicamente poético y criollo, de un artista que se elevó en la historia cultural de su país, tomó un "estremecimiento nuevo", para decir a voz en cuello la respuesta de los negros y de los mestizos de Cuba al racismo de los blancos. El alcance histórico de este *hecho poético* es que logró, de golpe, trascender toda concesión al *negrismo* y al "racismo antirracista".

La historia de Nicolás Guillén es la de un poeta que, con toda la fuerza de su fidelidad a las pulsaciones de la vida, se ha arraigado en un terreno cubano que no es negro ni blanco; hasta ese punto escapa a los prejuicios de la "raza" y alberga bajo su propia ley la experiencia vivida del mestizaje de España y de África. Poeta creador de su lenguaje, Guillén ha restituido a los cubanos los fermentos de unidad que están latentes en la doble herencia cultural que fertiliza su deslumbrante y trágica aventura histórica. En una obra, a la vez denunciadora y encantada, ha hecho danzar a la manera cubana formas y colores, sonido y luz, tinieblas y esperanzas, más allá de los mitos raciales que dividen y envilecen la conciencia de los hombres. Un lenguaje poético, hecho de civismo y de solidaridad, ha nacido admirablemente de este "espíritu de la carne" del que habló Miguel de Unamuno. La energía sensual de Guillén, energía de origen africano y español, se transforma en sus poemas en vocación maravillada de la vida terrestre, sinergia feliz del lirismo y de la verdad. Toda una poética del único "color humano" alcanza en la perfección verbal la reconciliación de las diversas humanidades del planeta.

Esta poesía, plenaria en su belleza, orgánica en su aliento y su sentido de la justicia, criolla en sus componentes, rebelde en su ontología, continúa fascinándome más allá de mi ruptura con el poder intolerante y brutal que tendió una trampa al recorrido cívico de Guillén. Desde el punto de vista de la amistad, debo a este poeta cubano las horas inolvidables de conversación que nos condujeron a los bordes de los grandes espacios libres de la imaginación que París, Viena, Praga, La Habana, abrían a nuestros pasos vacilantes de exiliados. La revolución cubana habrá sido en mi vida el más doloroso de mis exilios. Tal vez lo era también para su poeta, detrás de la máscara satisfecha de "presidente" que le hicieron llevar con sus riesgos y peligros, y más a menudo para lo peor que para lo mejor de la vida en sociedad.

No olvido la visión que Nicolás Guillén me dio de la muerte, una tarde de primavera soleada en el jardín de Luxemburgo. Sabía cubrir con sus palabras el tiempo de los vivos y de los muertos, y las aguas subterráneas del amor, y lo real maravilloso de las mujeres donde se alimenta la esperanza del mundo. Más vasta y más poblada que la isla de Cuba, la palabra amiga de Nicolás Guillén podía, en ciertas ocasiones, ser una tierra de imperio en la que la poesía, camino de compasión y de justicia, poder secreto de la inocencia, sabía sobre la historia humana más cosas que las revoluciones que destruyen a hachazos los lazos de amistad entre los poetas.

Traducción de Mario Merlino

Nacionalismo y caribeñidad

Cuba, Guillén y su profunda africanía

Nancy Morejón

CUBA, QUE NO ES UNA ISLA DE LA POLINESIA –COMO CREYÓ, ALGUNA VEZ, UN desnortado amigo[1] que asistía en Halifax a un seminario sobre tema cubano– es más que una isla, es más que la Perla de las Antillas, más que la Antilla mayor, es un archipiélago cuyas aguas albergan todavía misterios ecológicos y que los antropólogos modernos no se cansan de reclamar en sus programas de estudio. No es la geografía cubana la que determina la esencia de su cultura. Exaltada su belleza en las mejores páginas de los cronistas, muy particularmente en el *Diario de navegación* del genovés Cristóbal Colón, Cuba ha trascendido a la historia por sus aportes al arte y la literatura mundiales y por su desafío moral junto a la defensa de su derecho a la sobrevida, en medio del hemisferio occidental al que pertenece, como se sabe, desde siempre. A pesar de la nitidez con que la imagen del carácter cubano ha circulado por el mundo actual, esa imagen de Cuba, de la cultura cubana, ofrece variados puntos de vista en muchos casos lastimados por la adulteración que algunos medios masivos conforman y siguen conformando. En esas imágenes en donde casi siempre hay despampanantes mujeres sobre playas ahítas de luz, palmeras remotas en su altura de ensoñación u hombres de tez trigueña husmeando enormes tabacos que irán a encender en fracciones de segundos, hay como una

---

[1] Evidentemente, este amigo confundía a Cuba con la Martinica pues me confesó su admiración por el fundacional ensayo *Le discours antillais* del martiniqueño Edouard Glissant que había leído en la magistral versión inglesa del crítico y profesor trinitario-jamaicano Michael Dash. Allí Glissant abunda sobre ciertas confusiones geográficas a propósito de los países pequeños.

necesidad de perpetuar ante nuestra vista el primer paisaje que fijaron los conquistadores en sus diarios; es decir, la presencia de un escenario despojado de violencia, copado por una armonía de los elementos, casi inhabitado o artificialmente habitado, para el ojo que mira, por sirenas tropicales a la usanza de la antigua Ítaca y de esas zonas del Mediterráneo que han hecho sentar cátedra a Fernando Braudel. Más allá de la simplificación de Cuba a su condición insular –que la enriquece y la provee de un arsenal específico–, físicamente hermosa, encontramos cubanos como al desgaire, sabiamente instalados en un biotipo concebido sobre la base de la exclusión de la diversidad y el mestizaje que nos caracteriza a través de campos, pueblos y ciudades como lo son La Habana, Matanzas, Cienfuegos y Santiago de Cuba. Es la imagen de una arcadia isleña, intemporal, promulgadora de las bondades de nuestro clima, nuestro suelo y nuestra proverbial hospitalidad. Paralelamente a esta imagen que he intentado retratarles a grandes rasgos, vamos a encontrar la imagen de una Isla también físicamente hermosa aunque acorraladas sus aguas por las barbas de Fidel Castro, satanizada hasta el ridículo. Allí contemplamos inmensas multitudes en ademán de combate en donde resaltan rostros desafiantes, a pesar del mensaje con una aureola de dignidad así como de un estoicismo numantino. Es la imagen diabólica de una Isla nunca apacible, azotada por hordas de negros y mulatas con una expresión extraviada, en su frenesí de venganza histórica y en donde a ratos hemos percibido las mismas turgencias de las sirenas homéricas, esta vez ataviadas con impecables uniformes de milicianas displicentes.

Estamos ante dos estereotipos. Uno, clamando por una interpretación paradisíaca de la bellísima geografía cubana cuyas palmeras resguardan del severo sol y nos lanzan al más despiadado hábito de la modorra y la haraganería; otro, ostentando la naturaleza demoníaca de un infierno tangible cuya eficaz certidumbre está asegurada por el descontrol programado de hombres y mujeres de color en un disparadero revanchista, sin proyectos educacionales ni buenos hábitos de conducta. En fin, unos salvajes tamizados por la presencia de dos o tres hombres blancos que salvarían la situación en caso de crisis pero en donde nadie es capaz de leerse un libro o crear un programa para un ordenador. Luego, un fondo de luna y cocoteros; superpuesto un enjambre de banderas con la enseña nacional. Ambos estereotipos complacen a amigos y a enemigos. Ambos son sólo eso: formidables estereotipos obnubilantes, cegadores como gafas de sol del justo punto medio, del justo punto crítico que tanto nuestra heroica historia como nuestra cambiante circunstancia actual requieren. Ni paraíso, ni infierno; Cuba es un acontecimiento real integrado por hombres y mujeres, ancianos, jóvenes y niños cuya señal de progreso y cambios sociales nutren ese noble sentimiento por las utopías que, desde tiempos medievales, ha venido persiguiendo la humanidad toda.

De todos modos, estos estereotipos me son ahora útiles pues su ejemplar antinomia ha de servirme no sólo para explicar mi rechazo a su nefasta propagación sino para llamar la atención sobre el fenómeno de la profunda cubanía de Cuba, excluida del primer estereotipo (inconscientemente o no) así como exacerbadamente manipulada o profusa en el segundo, en detrimento de su justo lugar. Cuba no es una isla de la Polinesia. Cuba no es una isla que escucha la voz encantada de Nausicaa. Cuba no es una cola de tigre africano. Cuba conforma un carácter y una cultura de simbiosis; de radical enfrentamiento a quien quiera ultimarla, mediante sólidos valores de un mundo moral forjado a lo largo de las gestas independentistas; un carácter y una cultura de legitimación de su *otredad*; esa otredad que Montaigne resolvió desde su indiscutida condición precursora del mejor humanismo europeo cuando aseveraba: "Nada hay de bárbaro ni de salvaje en esas naciones; lo que ocurre es que cada cual llama barbarie a lo que es ajeno a sus costumbres".

"La verdadera historia de Cuba es la historia de sus intrincadísimas transculturaciones", estableció Fernando Ortiz en su incomparable *Contrapunteo cubano del tabaco y el azúcar* (99). Este postulado nos arroja, de cuajo, en un plano que sólo es viable mediante la elucidación de nuestro pasado cultural y sus progresivas composiciones. Queda, en primer término, nuestro primer componente, el indígena que sufrió el impacto violento de la Conquista tras haberse producido el "Descubrimiento". Su desaparición física condujo a su eliminación total del panorama cultural en la nación, sobre todo en tiempos actuales. Luego, podemos comprobar la incesante inmigración de conquistadores. A Cuba llegaron, preferentemente, andaluces, extremeños, gallegos, vascos y catalanes. Y también otros inmigrantes representativos de la milenaria cultura mediterránea, igualmente caracterizada por el mestizaje. Al mismo tiempo, hay que entender con la mejor de las voluntades la procedencia de estos inmigrantes blancos; aunque *todos* provinieran de la península ibérica, sabemos de las múltiples culturas que conformaron la incipiente nación española. Esta controvertida nación, saliendo del letargo medieval, presentaba al Nuevo Mundo no un perfil definido, exacto, homogéneo. Todo lo contrario. Una gama de pueblos y sus respectivas culturas –y aún más que pueblos deberíamos pensar en el término etnias– engendraron las filas de quienes se trasplantarían a tierras americanas. ¿Cómo no pensar, pues, en el doble impacto, en el doble choque que representaría para estos hombres, desgarrados de sus cielos oriundos y de la pluralidad cultural de su medio, a una nueva circunstancia social donde enfrentarían ya no una naturaleza abrupta, hostil, exuberante y antagónica a la suya natal, sino la selva inmensa de nuevas razas, nuevas costumbres, nuevas religiones, nueva sexualidad?

Por otra parte, el otro componente se gesta en la también diversa fuente de esclavos africanos traídos de las costas del continente. Llegaron a las islas del Caribe, y en especial a Cuba, africanos oriundos de Senegal, Guinea, el Congo, Angola, en el Atlántico, hasta Mozambique, en la costa oriental. Todos los grupos de esclavos africanos, extraídos de las costas occidentales, procedían de núcleos, tribus y etnias muy diferentes. Hablaban idiomas evolucionados –algunos más, otros sin grafía– o no; pero, en su totalidad, respondían a sistemas lingüísticos muy alejados unos de otros. Las culturas negras fueron también diversas y de diferentes grados. Las que se habían insertado en el seno de la propia cultura ibérica fueron traídas por los conquistadores y padecieron infinitos mestizajes a su vez. Nos poblaron mandingas, yelofes, ahusas, dahomeyanos, que vinieron ya con agricultura, moneda, comercio, aunque nunca con sus instituciones ni gobiernos. Sí, llegaron aquí sin escritura. Por supuesto que, para la época, el concepto que hoy tenemos de la nación era algo incierto e ignoto. De modo que aquellos hombres también entraron a desempeñar un papel que nunca imaginaron.

Los componentes básicos resultan ser: el español y el africano. No podemos subrogar otras culturas, otros componentes que, en oleadas intermitentes y minoritarias, sedimentaron raíces en suelo cubano. En Cuba, el elemento asiático, en su mayoría proveniente de Macao y Cantón y otras regiones del que fuera el Imperio Celeste, ha tenido una importancia nada desdeñable, aunque nunca con la fuerza de los componentes básicos. El chino, traído al Nuevo Mundo en un supuesto "nuevo" concepto de esclavitud –el *coolie*– bien y pronto supo del oprobio de la explotación esclavista.

La evolución histórica y social del pueblo cubano se afianza en este "toma y daca", en ese sobrecogedor denominador común a toda nuestra cultura: el mestizaje.

La naturalidad con que nos acercamos al conocimiento de esa cultura cubana supone una admisión del componente africano como esencia fundamental de sus cimientos. Es una conquista resultante de las gestas independentistas culminadas en la revolución del 30 y en la del 59. El eje central del siglo XIX lo constituyeron: la trata negrera, la esclavitud colonial y la independencia. Sin embargo, en medio de aquel siglo definidor de los antecedentes del perfil nacional, un patricio como José Antonio Saco iba a concebir al país como un derivado de España, excluyendo al componente africano de esa nacionalidad que, compulsada por los avances de un liberalismo humanista, combatía la trata por horror al negro y a los episodios de Haití de fines de siglo XVIII. Y así impulsaron la idea de una nación en donde desaparecería todo vestigio demográfico de africanos esclavos. La negrofobia de José Antonio Saco fue proverbial y su concepción de la nación cubana así lo demuestra pues excluía con una fuerza sin nombre posible, la huella de la cultura negra en el ser físico y espiritual de episodios de Haití de fines del siglo XVIII. Y así Cuba. El miedo al negro, que nació de la presencia de Tousssaint Louverture en el marco ideológico que desbordara la Revolución Francesa de 1789 en su primera etapa, marcó la sicología de este patricio cubano. Su pensamiento permaneció vivo durante todo el siglo. Su patriciado postuló un independentismo que condenaba la trata (no la esclavitud) porque en su seno albergaba el más eficiente surtidor de africanos esclavizados jamás previsto. Las fuentes históricas registran —para la época de Saco— un incremento bastante turbador de la entrada de esclavos negros a las costas cubanas, oficial o extraoficialmente. Gran paradoja es que Saco escribiera una de las más documentadas y enjundiosas historias de la esclavitud, obra maestra, de obligada consulta, de la historiografía cubana del XIX. Es el momento en que la sacarocracia, mediante ciertas manifestaciones artísticas y literarias, comienza a valerse de otro arquetipo, es decir, del indio, centro aglutinador de las culturas precolombinas. Aniquilado, exterminado, sobre todo a partir del establecimiento de las tristemente célebres encomiendas, el indio cubano sólo dejó vocablos, comidas, abalorios que hoy estimulan la avidez de la arqueología isleña contemporánea. Esta modalidad de pensamiento antiespañol y antinegro erigió un indio allí donde no lo había, negando la existencia del esclavo africano, pivote indiscutible de la lucha económica y el desarrollo de las ideas en aquel siglo de confrontación.

Alejo Carpentier ha registrado una afirmación que conlleva un resorte clave en la construcción de esa pirámide cuya profunda africanía emerge hoy con claridad. Para él, fueron los cimarrones los que nos mostraron el camino hacia el amor a la libertad, que era decir en aquel entonces a la independencia. Decía Carpentier: "Resulta que el negro que llega a América aherrojado, encadenado, amontonado en las calas de buques insalubres, que es vendido como mercancía, que es sometido a la condición más baja a la que puede ser sometido un ser humano, resulta que va a ser ese precisamente el germen de la idea de independencia" (201).

Burlada y virtualmente atrofiada, la independencia no llegó a buen término. La cultura oficial del siglo XX heredó ese miedo al negro y, durante mucho tiempo, ese costado cubano fue vejado, marginándose como a un signo bárbaro del que no sólo teníamos que avergonzarnos sino arrepentirnos. Sin embargo, la década del 30 sacó al negro de su encierro para amoldar una expresión con visos nacionales que sellará un arte y una literatura partiendo de la sanción del componente africano. Toda una época de reconocimiento y sacudida cultural nacía. Estábamos ante esa expresión mulata que hoy le da la vuelta al globo en su cubanía universal, más allá y por encima de tonos y tintes de la piel. Bajo los auspicios de Fernando Ortiz, una pléyade de obras y creadores salían a la palestra pública enarbolando el lugar de una expresión hija de aquel componente, reacción que fue también un catalizador de orden social que contribuyó a remover costras de prejuicio racial cuando no de un racismo embozado. Así florece la gran poesía de Nicolás Guillén junto a creaciones del propio Carpentier, Marcelino Arozarena, Regino Pedroso, Emilio Ballagas, entre otros, junto a la producción musical de Amadeo Roldán, Alejandro García Caturla e Ignacio Villa (Bola de Nieve). Es el momento de la irrupción del son en su complejidad formal dentro y fuera del país. Era una señal de cubanía al calor de la Revolución del 30.

La cultura negra del Nuevo Mundo iba a inaugurar un vasto escenario geográfico cuyas cabezas de playa dan al Caribe. Una nueva sensibilidad marcó el lenguaje y las nociones de una sociedad altamente acriollada cuyo componente europeo también exhibía su fijador según la procedencia: portuguesa, francesa, británica o española. La Afroamérica nuestra propondría una estética particular y conseguiría aunarla a una voluntad de establecer proyectos nacionales que en Cuba florecería, con nuevos bríos, desde 1959. Para Guillén, por ejemplo, la cultura cubana presenta también esta doble faz afrohispana. Oigamos este punto de vista suyo:

> Así, pues, de ese oleaje negriblanco nace nuestro perfil nacional, que ha ido cristalizando por los medios más diversos y cuyos primeros síntomas aparecen a fines del siglo XVIII y comienzos del XIX. El criollo que murió ingenuamente en 1762 combatiendo contra los ingleses en el sitio de La Habana, y lo hizo como si hubiera nacido en la lejana península, no es el mismo que medio siglo más tarde pide, como [Félix] Varela, que Cuba sea "tan isla en lo político como lo es en la naturaleza". Trátase de un descendiente de españoles y en menor grado de africanos, es cierto, pero su mentalidad se diferencia del pensamiento colonial en busca de una afirmación propia. No pasaría mucho tiempo sin que se produjera el primer estallido revolucionario, el del 68 (Varela había muerto quince años antes), y la clase rica criolla, dividida, ofreciera un numeroso flanco

progresista, liberal, que rompió abiertamente con España. Llevados a la lucha por sus amos, los esclavos se incorporan a ella, y también muchos negros y mulatos libres, que forman parte, con los blancos, de una comunidad de cultura surgida a lo largo del proceso que hemos tratado de dibujar en sus líneas más generales. Porque aunque desde el punto de vista social y económico siempre existió una insalvable diferenciación entre blancos y negros, la nacionalidad cubana se debe a entrambos elementos y es consecuencia de una vasta, caudalosa, irresistible transculturación afrohispana. (288-89)

Recordemos que Ortiz, aun antes de haber arribado al concepto de transculturación de que ya les hablé –que parte del de *acculturation* del profesor de Yale, Bronislaw Malinowski–, había propugnado el uso de los prefijos *afro* e *hispano* con el fin de nombrar, distinguiéndolos, aquellos fenómenos sociales y etnológicos en cuya naturaleza aflorase, con mayor énfasis, lo *afro* o lo *hispano*, según el caso. De ahí la importancia del vasto proceso de transculturación que es fundidor, no reductor, de influencias recíprocas. Ese toma y daca es irreversible en el nuevo producto conseguido. No se trata de inventariar lo afro y lo hispano, cada uno por su lado, como factores aislantes. No es que cada cubano blanco reclame, exclusivamente, el componente hispano de su integridad. No. No se trata de que cada cubano negro reclame, excluyentemente, el componente africano de su africanía. No. Tampoco se trata de que aquellos cubanos, mulatos desde el punto de vista racial, ensalcen simultáneamente la dualidad de su condición mestiza como factores aislantes. No. Cualquiera de estas conductas sería estérilmente regresiva, enajenada y enajenante en relación con una nacionalidad cuyos pilares son ya irreversibles. La cubanía es un estado de ánimo más allá del color de la piel, de su origen de clase, de cada ubicación geográfica. Ella nos identifica, trascendiendo incluso posiciones políticas, en ese gesto compartido en la cadencia de los aires; en la práctica del choteo; en el ejercicio de un ritmo asincopado para la danza y la música; en la destreza para la oralidad pluridimensional; en la agilidad subrepticia para sobrevivir y en la asunción del riesgo para resistir, defendiendo todo intento de poner en peligro eso que llamamos, precisamente, cubanía.

Siendo como es, y como se ha probado, el factor étnico factor decisivo en la consecución de cualquier proyecto nacional, creo en la modernización de su contexto sociopolítico en Cuba. Los acontecimientos que dieron al traste con el socialismo real de los países de Europa Oriental nos deben haber abierto los ojos en muchos sentidos. En el vórtice de aquella debacle, simbolizada por la caída del Muro de Berlín, en 1989, quedó como un punto obligado de referencia el caos y la consiguiente vulnerabilidad de aquellas naciones donde este factor étnico había sido reducido a una uniformidad visiblemente reductora. Como proclamaba el mexicano Benito Juárez, "el respeto al derecho ajeno es la paz". Armenios, lituanos y kirguises comprobaron el hecho histórico de que, aun cohabitando una misma lengua, (pues, como se sabe, la lengua es también una suerte de patria), sólo poseían una torre que aunque compartida, sus cimientos eran puros fuegos artificiales, fuegos fatuos que se apagaron un buen día, de la noche a la mañana. Cuidado, entonces, con la uniformación planificada y programada del factor étnico porque es engañosa. Estos distintos procesos que desembocaron en una confrontación bélica, como la de Bosnia-Herzegovina (es decir, una de las más absurdas e inexplicables del final de siglo, mimando casi al borde de un ataque de nervios ciertas páginas Beckett o Ionesco), son una prueba fehaciente de lo que he venido afirmando. Por supuesto, siendo esta contienda un capítulo europeo no ha sido tildada de lucha tribal. Para el martiniqueño Edouard Glissant "las rivalidades casi siempre sangrientas entre etnias son una constante de la herencia colonial para muchas naciones nuevas del Tercer Mundo. La superación de estas rivalidades no se avizora todavía" (232). Habría que colegir ahora que son también extensivas a Europa Oriental. No son exclusividad de las llamadas nuevas naciones.

La historia del continente africano está plagada de infinitas luchas tribales. Sólo en América, África pudo alcanzar un símbolo de unidad gracias a la diáspora que sus descendientes entretejieron en busca de su liberación. El haitiano Jacques Roumain ostentaba un África dolorosa "como la astilla en la herida" (*Fundación de la imagen* 214) pues esa identificación de un África única es aquella que se reconoce en el desarraigo y en la tortura de todo tipo. No por azar, el gran poeta Aimé Césaire, amigo de los surrealistas y de André Breton, clamaba por un África múltiple convocando en Afroamérica y, principalmente, a los propios africanos, hacia un ideal de diáspora panafricana en su sentido más amplio y humano, que pudiese brindar esa dimensión cuya existencia comprueba un enorme cuerpo de obras de arte y literatura expresadas en un multilingüismo que adelantó esa condición como moderna modalidad, *sine qua non* podrá perdurar el siglo XX. Y esa misma complejidad étnica que algunos, desde sus centros hegemónicos, llaman tribal, se produjo, asimismo, de una forma u otra –y hoy revive con renovada energía– en la España anterior a la aventura triunfal del almirante genovés. Imposible entonces dejar de asociar el factor étnico para las culturas originarias de los dos componentes básicos de nuestra nacionalidad. Si África no es en este aspecto una abstracción tampoco lo es España. Los conflictos lingüísticos que se han desgajado en su seno en tiempos modernos y no medievales fijan sus respectivas coordenadas literarias, desagregándolas pero enriqueciéndolas. No hay modernidad posible; no hay entrada impetuosa al balbuciente siglo XXI, sin el entendimiento humano razonable del factor étnico en cuyo corazón late agitado otro factor insoslayable, a mi juicio derivado del primero, que es el lingüístico. Una metáfora se impone; es la de esta torre de Babel que deberá ser comprendida en su totalidad, en su diversidad; que deberemos comprender y amar más, mucho más que admitirla con esa tolerancia reticente la cual únicamente nos enseña el camino de la arrogancia, la estulticia y el aislamiento, con vocación de *ghetto* fascista, de esas extrañas culturas emergentes.

La africanía de Cuba no emplazó al factor lingüístico o sea al idioma. Junto al resto de las Antillas mayores (con excepción de Jamaica) cuya experiencia colonial de raíz europea proviene de España, Cuba –contrariamente a los procesos lingüísticos del resto de las islas del Caribe– no creó un *creole*, es decir, una tercera lengua compuesta a su vez por morfemas y sintaxis de la lengua del europeo colonizador, de algunas etnias precolombinas y los restos de aquellas lenguas que trajeron consigo en los barcos negreros los futuros esclavos manumitidos. El caso del papiamento (lengua franca y restos de lenguas africanas) es el mejor ejemplo para definir, o explicar esta práctica de nuestra civilización regional. Entre los elogios que Miguel de Unamuno declara a Nicolás Guillén tras la lectura de su poemario *Sóngoro cosongo* (1931), hay uno que llama la atención: la capacidad unamuniana para captar la genialidad de Guillén al aprender el signo de un factor étnico trasladado a una lengua que, si bien transculturada, y por ello mismo, expresaba el sustrato de un alma nacional. En su carta, Unamuno confiesa haber percibido la obra del cubano sobretodo en su dimensión lingüística. Oigamos:

> Hace ya tiempo, señor mío y compañero, desde que recibí y leí –apenas recibido– su *Sóngoro cosongo*, que me propuse escribirle. Después lo he vuelto a leer –se lo he leído a amigos míos– y he oído hablar de usted a García Lorca. No he de ponderarle la profunda impresión que me produjo su libro, sobre todo "Rumba", "Velorio de Papa Montero" y los motivos del son. Me penetraron como a poeta, y *linguista* [El subrayado es mío]. La lengua es poesía. Y más que vengo siguiendo el sentido del ritmo, de la música verbal, de los negros y mulatos. No sólo en los poetas negros norteamericanos, que gusto con fruición, sino hasta en los que canta en papiamento –lengua, como sabe, de los de Curazao– que he aprendido. Es el espíritu de la carne, el sentimiento de la vida directa, inmediata, terrenal. Es, en el fondo, toda una filosofía y toda una religión (324).

Entre las lecciones que brindaba la poesía del mulato cubano estaba la de ahondar y brindar una alternativa a la expresión lingüística de la profunda africanía de nuestro ser nacional. Sin embargo, el español que se habla y se escribe en Cuba, se afilia a las características generales del español de América. El cuerpo lexical de nuestro idioma, insuflado por vocablos congos y yorubas, ha mantenido la esencia de la lengua hablada en las regiones del sur peninsular. Los acentos locales del habla cotidiana no la enrarecen sino que la dotan de una especificidad que no la oculta sino que la brinda tal como ocurre en México, Venezuela o Argentina. La cadenciosa especificidad del español de Cuba tiene mucho de la síncopa de nuestros ritmos, de antecedente africano, de ese mordaz choteo, de esa capacidad tan ingeniosa para crear metáforas inauditas como por ejemplo llamar a una caja de cervezas una jaula de lagartos.

La oralidad de la cultura afrocubana, para decirlo con palabras de Ortiz, es un hecho incuestionable en el mundo de hoy; integrándose por derecho propio —en el marco de los procesos similares que también hoy distinguen sobremanera a este fenómeno del ámbito caribeño. Excepcional y comunitaria, la oralidad del negro cubano ha preservado, en el plano literario, aquellos valores prelógicos inherentes a un África mítica que sólo ha tomado fuerza y carácter a partir de los años sesenta. Esa oralidad cubana, parte integrante de esa manifestación antillana, alcanza uno de sus máximos exponentes en las obras de Lydia Cabrera, Miguel Barnet, Rogelio Martínez Furé. El desglose de una manifestación lingüística nos lleva, en sus obras, a develar el misterio de una cantera mitológica sólo comparable a la que ha producido en nuestro hemisferio el genio de los haitianos a través del vodú y su pintura primitiva, así como el genio de los brasileños, especialmente los de Bahía a través de su candomblé. Vodú candomblé o santería proyectan un denominador común que es la mitología de origen yoruba, la cual sobrevivió casi de manera similar en Haití, Brasil y Cuba. La santería cubana, polo finisecular de esta tríada, ejerce aquí su condición de agente provocador de estética al igual que sus homólogas haitiana y brasileña.

La función del mito en la cultura cubana contemporánea, su existencia misma, comprueba el estallido y florecimiento de esa flor oculta de nuestra identidad. Como nunca antes, salieron a la luz pública, cantos tonadas, a través de los seculares patakines. La percusión de la santería ocupó un nuevo espacio en la escena teatral y aún en varios estilos de la música popular. Esta liberación de los tambores llamados *batá* o su incorporación a agrupaciones musicales de corte experimental, es decir, de nuevo tipo, es altamente perceptible en ese modo isleño de acometer toda la rítmica de la música popular cubana, en especial de la bailable. Esa presencia de los mitos incluye y condiciona gran parte de nuestra escuela de danza moderna y, desde su fundación, del repertorio del Conjunto Folklórico Nacional.

El mito, entre nosotros, engrosa las filas del pensamiento por imágenes e incluso llega a ser la espina dorsal de lo que Levy-Brühl llamó, para su íntimo escarnio, "pensamiento primitivo". El poeta Miguel Barnet –autor de un clásico de la literatura latinoamericana, contemporánea, *Biografía de un cimarrón* (1966)– declaraba en un texto sobre la función del mito en la cultura de nuestra isla, que son los mitos traídos por los esclavos africanos los que han moldeado, en verdad, la cultura popular nacional. Los mitos cubanos, de origen yoruba, se ajustan a los rasgos básicos universales; parten del misterio de cómo se crearon el mundo, el planeta, los seres humanos y los propios dioses; esa explicación de la creación expresa sus concepciones cosmoteogónicas y ejemplifica normas de conducta, vigentes o no. Apunta Barnet:

> El mito en la cultura cubana es, en rigor, de origen africano [...] Los mitos más esotéricos se van filtrando, haciéndose populares, asimilando ingredientes profanos. Van perdiendo esa médula religiosa para, sin desvirtuarse, sin perder su belleza, convertirse en una historia popular aceptada y hasta funcional. Funcional porque, aunque el mito fuera de marco religioso, sirve al pueblo para explicar muchas cosas.

Si bien es una verdad el carácter transculturado de la cultura nuestra mediante sus dos vertientes, la hispana y la africana, sería provechoso detenernos sobre este sugerente y aún insondable fenómeno del mito.

Desde mi primera juventud, en medio de aquella explosión de valores provenientes de la religiosidad latente en la población, escuché hablar del término sincretismo, que se aplicaba con el fin de explicar, de alguna manera, la adaptación que habían hecho los esclavos de sus dioses africanos remodelándolos a la usanza de los dioses del catolicismo. Sincretismo sólo era algo referido a los aspectos religiosos de nuestra identidad. Se hablaba poco, apenas se usaba el término de transculturación tan bien delimitado por Don Fernando en el prólogo a su *Contrapunteo cubano del tabaco y el azúcar*.

Cuando en Cuba hablamos de mitos, debe tenerse la plena certeza de que se está hablando de la mitología yoruba y de que ésta es el sustento principal de la santería cubana. Al homologar vodú y candomblé (para las experiencias respectivas de Haití y Brasil), parto de la premisa de que en estos tres grandes complejos de religiosidad americana subyace una fuente de denominación común que no es otra cosa que la mitología yoruba.

Los ritos y ceremoniales pueden ser muchos, diversos, contradictorios, pero siempre la raíz de cada dios, de cada avatar, de cada camino, será una raíz compartida pues los mismos dioses apenas habrán sido capaces de cambiar sus nombres. Santería, vodú y candomblé evidenciarán ese vasto proceso de transculturación que Ortiz adelantara para englobar, en su aspecto mitológico –trascendiéndolo–, el término de sincretismo, a las claras, mucho más limitado. En este sentido, es obvio que contemplamos, de entrada, una supuesta dualidad lingüística pues los nombres de dioses y mitos son un producto afrancesado para el vodú, se hispanizan en Cuba y llegan a Brasil. Sin embargo, en el plano musical y danzario, permanecen extraordinariamente iguales las manifestaciones de estos mitos. Las letras de los cantos rituales permanecen intactas no sólo porque se conserven trozos enteros de antiguas epopeyas sino porque se conservan las formas lingüísticas correspondientes al estado de desarrollo de las lenguas africanas según el período en que fueron arrancados de su latitudes originarias, yorubas. Bien sabemos que fue la religión de los yoruba la que nutrió o sirvió de savia a estos complejos religiosos nacionales, es decir, de nueva índole, extendidos en Cuba, Haití y Brasil. La función gregaria de estos mitos en su complejidad respectiva no permaneció intacta sino que se vio compelida a integrar ese vasto proceso de transculturación en sus versiones lingüística y cultural.

Entro ahora en un dominio sumamente delicado. Como afirmé con anterioridad, Cuba no creó –como el resto de las Antillas de estructura colonial francesa o británica– un tercer idioma, o sea, un creole. Para nadie es un secreto la existencia de un desgarrador conflicto lingüístico en estas áreas sobre todo en el plano de la creación literaria. El creole fue apartado de la vida civil y política de las islas, confinado a su función de vehículo de costumbres vernáculas despojado de toda función comunicativa en términos tecnológicos o de una supuesta "vida civilizada". Sólo en nuestros días podemos apreciar la urgente implantación del habla popular (el creole) en las funciones burocráticas de estos países. Hay una emergencia de una literatura afincada y en muchísimos casos sólo manifiesta en lengua creole. Las historias literarias oficialistas (provinieran de los centros hegemónicos o incluso de su propia periferia) han excluído sistemáticamente, la producción literaria en creole. Los estudiosos del fenómeno siempre están alertas para descubrir cuando algún emisario de esta opresión cultural se vanagloria de que en su isla de turno sólo se habla la lengua de Molière o la de Shakespeare. Existe todo un código de conducta que alienta tras ese idioma popular que es el creole. Cualquiera de estos estudiosos tendría que admitir que hay dos lenguas que conviven: la metropolitana y el creole.

En el caso de Cuba, muchos se preguntan si no es una negación de los cubanos el admitir la existencia en Cuba de un creole sólo empleado en el marco de esa religiosidad latente en los ceremoniales de la santería. En varias zonas del ámbito caribeño, he debido enfrentar este punto. Y, naturalmente, me he visto enfrascada en una franca polémica que me ha indicado muchas cosas. Entre otras, la primera, que es que no existe un estudio ni comparado ni sistemático de la historia lingüística de nuestro país en relación con la realidad lingüística del Caribe, en el sentido de que no hemos sido capaces de crear un creole. Hemos incorporado, como nadie duda, una infinita cantera, todo un glosario de vocablos de procedencia africana incluso ya desglosados según sus etnias originarias (conga, yoruba, arará) que se han acriollado, es decir, que se han infiltrado en el cuerpo del gran árbol lexical hispano. El habla popular cubana registra una infinidad de términos, giros, incluso de tonalidades fonéticas que remiten al antecedente africano de nuestra cubanía. Así las cosas, sería iluso y falso afirmar que en Cuba existe un creole o que esos restos de lenguas africanas, fijas en el repertorio de patakines, mitos y ceremoniales, tienen una vida de comunicación. Ni ahora ni antes la tuvieron fuera del ritual al que respondían. Si uno entra a un rito de la santería cubana, va a escuchar sorprendentemente cantos cuyas letras no responden a ninguno de los patrones o signos de la lengua española. La cuestión está en comprender que estas lenguas conforman un código cerrado, sólo vivas en el momento mismo del ritual, en el momento mismo de iniciar un viejo himno de Ifé, o de Benin. Ningún religioso puede comunicarse; no hay, de hecho, una comunicación colectiva que desconozca o prescinda del uso del español aún en su cotidianidad, es decir, en su naturaleza de lengua hablada. Los que hayan asistido a cualquier ceremonia de la santería habrán escuchado rezos, acompañados de sus cantos, no pronunciados en español. Sin embargo, para solicitar cualquier servicio, para pedir cualquier gestión concreta, todos deberán expresarse en lengua española, claro que en su tono hispanoamericano, en su inconfundible aire ultramarino. Lo mismo ocurría cuando asistíamos a misa en cualquier iglesia católica. El cura oficia en latín pero el sermón deberá ser pronunciado en la lengua de la mayoría, que es, además, la lengua materna de los cubanos: la española. La población negra y mulata de Cuba no posee otro idioma –como algunos eruditos pretenden afirmar. El español de América, pasase por México, Cuba o la Argentina, ha clamado su especificidad y, no en balde, ha gestado una literatura, la hispanoamericana, que en sus momentos más significativos ha bebido y reverenciado a la tradición de la literatura peninsular. Así mismo, esa literatura peninsular, ya desde fines del siglo XIX, había abierto brazos, oídos y manos a la estética hispanoamericana para enriquecer la lengua y ponerla a circular de modo incesante al ritmo de un mundo vertiginosamente moderno. Así lo han demostrado las obras más trascendentes tanto de la llamada generación del 98 como de la del 27. Dos poéticas y una misma lengua han sido la divisa de una historia literaria compartida, desde entonces, entre ambas riberas del océano Atlántico.

La religión atravesó campos minados; disparó sus radares hacia la vida civil y, trasmutada en formas culturales, copó zonas claves del arte y la literatura cubanos contemporáneos, liberando una infinidad de valores hasta el momento desconocidos. Esa explosión estética iba de la mano con las innumerables contradicciones de una época estremecida por el final del Siglo XXI como soñara el Che en su diseño utópico de una América Latina en manos de las mayorías, en manos de los que desean restituir una sabia equidad de plenos poderes, sexos y razas, con el fin de procrear una humanidad de nuevo rostro. Las artes escénicas, las artes plásticas, la música (culta y popular), la danza, no sólo evidencian dicha explosión sino patentizan que el lado tangible de su africanía es imposible de desgajar de los sentimientos nacionales de nuestro imaginario.

Repasando los conceptos de Fernando Ortiz, volveremos a comprobar que la cultura cubana es una resultante que incluye en su entidad dos fuentes primicias: la hispana y la africana, en un toma y daca irreversible.[2] En el plano de la historia nacional, los dos héroes de la independencia reflejan, de algún modo, esta verdad. Son ellos mismos una metáfora de un contexto sociohistórico nacido de una estructura ya conocida por ustedes. El poeta José Martí y el general Antonio Maceo son paradigmas

---

[2] Aún intelectuales como Jorge Mañach concebían nuestra identidad como un resultado de la combustión racial entre blancos y negros. En plena república, Mañach confirmaba que: "Llevamos en la masa de la sangre una herencia nada remisa al cruce voluptuoso, de la cual da fe bastante la extensión –ostensible y disimulada– de nuestro mestizaje. Y lejos de vernos en el caso de reprocharle al negro el haber sido motivo de un problema cruento como el de la Guerra Civil norteamericana, tenemos que agradecerle todo lo que han significado en nuestra historia un Antonio Maceo, un Guillermón Monceda, un Juan Gualberto Gómez, amén del cuantioso y oscuro contingente guerrero de su propia raza". Véase su artículo "El problema negro" 123-24.

de una cubanía que alcanza niveles de sublimación incuestionables. Más allá de diferencias políticas, ideológicas o meramente culturales, los cubanos que residimos en la Isla o aquellos que conforman una suerte de diáspora esparcida por el mundo, asumimos a estas dos figuras tutelares como los principales gestores de una cubanía no negociable.

Además de Antonio Maceo, los mejores amigos de Martí fueron los negros cubanos Rafael Serra[3] y Juan Gualberto Gómez.[4] Con el auxilio de ambos, aunque fundamentalmente con la gestión y asistencia del segundo en lo que toca a la Isla, logró fundar, organizar, movilizar y difundir los ideales del Partido Revolucionario Cubano. Mal interpretado y manipulado hasta la saciedad, el postulado martiano de "Cubano es más que blanco, más que negro, más que mulato", sirvió para que algunos se permitieran el lujo de confundir y confundirse, al pretender abstraer del concepto de cubanía uno de sus principales factores étnicos.[5] Todas las crónicas martianas en Estados Unidos durante el primer lustro de la década de los noventa, por ejemplo, lo muestran como un observador acucioso de las confrontaciones raciales (suministradas por todo tipo de inmigrantes). La nación martiana asumió, consecuentemente, el factor étnico africano. Ensayos suyos como *Nuestra América* (1892) y "Mi raza" así lo proclaman. La Cuba de Martí tenía clara conciencia del horror de la esclavitud inequívocamente condenada en los *Versos sencillos*.

La Cuba de Nicolás Guillén respira en la certeza de haber cantado a su profunda africanía. ¿Qué otra cosa fue para Guillén el concepto de nación

---

[3] Con su genio habitual, Martí dijo de Rafael Serra: "Y cuando, con el corazón clavado de espinas, un hombre ama en el mundo a los mismos que lo niegan, ese hombre es épico" (19).

[4] El ideal independentista de Juan Gualberto Gómez estuvo conformado por premisas martianas. Ferviente luchador contra la segregación racial que, a partir de la guerra hispano-cubana-americana (1898), ya iba invadiendo la vida civil de las ciudades de provincia, sobre todo en el este de la Isla; heredero de las luchas abolicionistas pues él mismo había sido hijo de esclavos que habían comprado su libertad, Juan Gualberto Gómez fue un patriota en cuyo ideario alumbra el equilibrio del componente africano de nuestra identidad. Su periodismo, que influyó poderosamente en el del joven Guillén, así lo demuestra. Véase Juan Gualberto Gómez: *Por Cuba Libre*.

[5] Si bien es indudable la profunda africanía de Cuba a través de infinitas manifestaciones –sólo esbozadas aquí– no es menos cierto que, en tiempos recientes falta una reflexión, una meditación compiladora de la presencia y la gestión de la población negra y mulata de Cuba en la historia de las ideas independentistas. Sus aportes permanecen en una opacidad injustificable.

sino una reafirmada voluntad de sublimar también el factor étnico que contribuyera a dibujar nuestro perfil definitvo?

El asunto de la africanía o el africanismo de Nicolás Guillén es algo ineludible en su expresión, según propusiera Don Ezequiel Martínez Estrada. Su juicio, que evidentemente se asienta en la lectura detenida de la elegía familiar "El apellido", se fundamenta, no obstante, en la explícita aceptación del rasgo nacional que advertimos en toda su poesía. Martínez Estrada no duda, por ello, de la cubanía de Guillén, porque pudo asimilar la importancia que para Nicolás tiene nuestro lado africano.

Así, declara: "Guillén trae una poesía de pueblos ágrafos, de intemperie y espontaneidad, no una ecología, una paideuma africana, como se ha dicho y repetido. En todo caso, africana más que asiática y cubana más que africana" (64).

En Guillén, África no es opción sino esencia transculturada. Para terminar, oigamos su sobrecogedor "Son número 6":

>Yoruba soy, lloro en yoruba
>lucumí.
>Como soy un yoruba de Cuba,
>quiero que hasta Cuba suba mi llanto yoruba:
>que suba el alegre llanto yoruba
>que sale de mí.
>Yoruba soy,
>cantando voy,
>llorando estoy,
>y cuando no soy yoruba,
>soy congo, mandinga, carabalí.
>Atiendan, amigos, mi son que empieza así:
>Adivinanza
>de la esperanza:
>lo mío es tuyo,
>lo tuyo es mío;
>toda la sangre
>formando un río,
>La ceiba ceiba con su penacho;
>el padre padre con su muchacho;
>la jicotea en su carapacho.
>¡Que rompa el son caliente,
>y que lo baile la gente,
>pecho con pecho,
>vaso con vaso
>y agua con agua con aguardiente!

Yoruba soy, soy lucumí,
mandinga, congo, carabalí.
Atiendan, amigos, mi son, que sigue así:

Estamos juntos desde muy lejos,
jóvenes, viejos,
negros y blancos, todo mezclado;
una mandando y otro mandado,
todo mezclado;
San Berenito y otro mandado,
todo mezclado;
negros y blancos desde muy lejos,
todo mezclado;
Santa María y uno mandado,
todo mezclado;
todo mezclado, Santa María,
San Berenito, todo mezclado,
todo mezclado, San Berenito,
San Berenito, Santa María,
Santa María, San Berenito,
¡todo mezclado!

Yoruba soy, soy lucumí,
mandinga, congo, carabalí.
Atiendan, amigos, mi son, que acaba así:
Salga el mulato,
suelte el zapato,
díganle al blanco que no se va ...
De aquí no hay nadie que se separe;
mire y no pare,
oiga y no pare,
beba y no pare,
coma y no pare,
viva y no pare,
¡que el son de todos no va a parar!
("Son número 6" 129-30)

Somos un emblema de lo real maravilloso. Fuerzas históricas y sobrenaturales junto a una decisión retadora, nos colocan en el centro del Golfo, con una pupila múltiple para estar y ser, sobrevivir y defender nuestra específica diferencia, ese particular modo de ser que puede vencer no importa cuál aparente imposibilidad.

Cuba presenta una africanía profunda que, por ella misma, no se muerde la cola sino que alumbra nuestro camino hacia un futuro abierto al mundo, al entrecruzamiento natural y no impuesto pues nuestra cultura, pertenece a los vaivenes de un universo marcado por la justicia social y la impostergable liberación de nuestro ser, de nuestra alma, profundamente cubana, nueva, múltiple y, sobre todo, como quiso el poeta de *Sóngoro cosongo*; "libre como el aire".

Bibliografía

Barnet, Miguel. "Fundación del mito en la cultura cubana". *Unión* VI/1 (La Habana, marzo 1968).

Carpentier, Alejo. "La cultura de los pueblos que habitan en las tierras del Mar Caribe". *Anales del Caribe* I/1 (La Habana, 1981): 201.

Deschamps Chapeaux, Pedro. *Rafael Serra y Montalvo* (biografía). La Habana: Ed. Unión, 1976.

Glissant, Edouard. *Le discours antillais*. Paris: Du Seuil, 1981.

Gómez, Juan Gualberto. *Por Cuba Libre*. Emilio Roig de Leuchsenring, selección y prólogo. La Habana: Ed. Ciencias Sociales, 1974.

Guillén, Nicolás. *Prosa de prisa (1929-1972)*. Tomo III. Ángel Augier, selección, prólogo y notas. La Habana: Ed. Arte y Literatura, col. Letras cubanas, 1976.

_____ "Son número 6". *Antología mayor*. La Habana: Ed. Unión, col. Bolsilibros, 1964. 129-30.

Mañach, Jorge. "El problema negro". *Pasado vigente*. La Habana: Ed. Trópico, 1939. 123-24.

Martínez Estrada, Ezequiel. *La poesía afrocubana de Nicolás Guillén*. La Habana: Ed. Unión, col. Cuadernos, 1967.

Montaigne, Michel de. *Essais*. Libro I, Capítulo XXX, 1580.

Morejón, Nancy. *Fundación de la imagen*. La Habana: Ed. Letras cubanas, Col. Giraldilla, 1988.

_____ "Miguel de Unamuno: 'Carta a Nicolás Guillén'". *Recopilación de textos sobre Nicolás Guillén*. La Habana: Ed. Casa de las Américas, Serie Valoración Múltiple, 1974. 324.

Ortiz, Fernando. *Contrapunteo cubano del tabaco y el azúcar*. Bronislaw Malinovski, introducción. La Habana: Ed. Consejo Nacional de Cultura, 1963.

Para hablar en caribeño de verdad: sobre martirio y mitopoiesis en la literatura caribeña

Jerome Branche

"*No hay otra patria que la libertad*".
Fayad Jamis

ESTE TRABAJO SE ENFOCARÁ PRINCIPALMENTE EN DOS TEXTOS. ELLOS SON "Elegía a Jesús Menéndez" (1951) del poeta nacional cubano, Nicolás Guillén y "Poem for Walter Rodney" (1983), del poeta barbadense Kamau Brathwaite.[1] Los sujetos de estas elegías fueron asesinados bajo los regímenes de los presidentes Grau y Burnham en 1948 y 1980, respectivamente. La muerte del primero fue el resultado directo de su agitación y organización de parte de los trabajadores del azúcar en Cuba, y la del otro, por combatir el unipartidismo en Guyana y la crisis políticoeconómica que lo acompañó. Queda claro, antes que nada, que a pesar de ser escritos en distintas lenguas, o de ser productos de contextos espaciotemporales distintos, estos textos sí tienen mucho en común, sobre todo porque, a través del vehículo lírico, convierten el homicidio vulgar en martirio. Comparten, además, el hecho de ser una respuesta a la condición neocolonial y poscolonial del Caribe y de ser canales para aquel impulso libertario que ha caracterizado buena parte de la historia de la región. Por eso tampoco sorprende que las elegías expresen una evaluación de los dos eventos no sólo por su significado local, sino también por su importancia

---

[1] Para esta discusión usaré la versión del poema de 1993 que lleva por título "How Europe Underdeveloped Africa". La versión original apareció en *Third World Poems*.

regional. De hecho, el análisis que de ellas haré en este ensayo tomará como punto de partida la importancia regional que poseen los eventos referidos. Antes de volcar la atención sobre los poemas, me interesa señalar la medida en que el Caribe –en cuanto comunidad imaginada– ha sido asumido y proyectado tanto por el discurso literario-afectivo, como por el histórico-político.

La respuesta lírica ante la frustrada revolución de Granada que hace Nancy Morejón en su poema "A los caídos en Granada", se presenta como un ejemplo clave de la proyección de una alianza regional más allá de las fronteras nacionales. El tributo rendido por Morejón convierte a estos héroes en herederos espirituales de insurgentes de la historia caribeña, tales como el cubano Antonio Maceo y el haitiano Toussaint L'Ouverture. También convierte a Granada, a partir del momento de trascendencia revolucionaria (1979-1983), en el centro momentáneo de una gran patria caribeña; y esto a pesar del multilingüismo, la insularidad y la fragmentación geográfica de la región. Es notorio, entonces, que siguiendo el espíritu regionalista, la poetisa remita a la imagen de "madre patria" para referirse no sólo a los granadinos que cayeron en defensa de su tierra natal, sino también a aquellos cubanos que allí perdieron la vida ante la incursión estadounidense. "Granada", dice el poema, "gran patria de las Antillas,/ navegando entre musgos,/ tus hijos múltiples/ (hijos de Louverture, como hijos de Maceo/ ponen sus altas sienes sobre tu pecho)".[2]

La invocación de una comunidad regional es igualmente notoria en el homenaje poético que hace Kamau Brathwaite a Nicolás Guillén en ocasión de su primera visita a la isla de Jamaica en 1974. En lo que resulta ser una exposición brillante de lectura y rescritura de Guillén, Brathwaite toma la obra del cubano como motivo de su propia creación para producir "Wordmaking Man: Poem for Nicolás Guillén in Xaymaca". "Wordmaking Man" es un texto híbrido: mitad académico, mitad lírico.[3] El barbadense hace un resumen creativo de la poesía de Guillén, enfatizando su temática antirracista, anticapitalista y en pos de la soberanía nacional. A la metáfora

---

[2] Véase Morejón, *Cuaderno de Granada*. En su introducción al *New Caribbean Thought: A Reader*, Brian Meeks, el editor, desmiente la noción de que fueran soldados cubanos quienes enfrentaron a los invasores estadounidenses en Granada en 1983. Subraya el papel del ejército y milicia granadinos en el evento y aclara que los cubanos involucrados habían sido trabajadores de la construcción con alguna capacitación como milicianos. Véase nota a pie de página xviii.

[3] Con este título Brathwaite se hace eco de la edición bilingüe de poesía guilleneana hecha por el puertorriqueño Roberto Márquez en 1972 y que lleva por título *Man-Making Words*.

central de "West Indies *Ltd.*" (1934) de Guillén, empleada para referirse al sometimiento regional histórico y contemporáneo al capital internacional, Brathwaite responde con otra que prevé un Caribe sin límites ("west indies *unlimited*") solidario, insurgente y con confianza en sí mismo.[4] Al hablar sobre sí mismos y sobre la región, estos escritores logran establecer un importante circuito dialógico o una especie de metatexto caribeño, que tiene como base su profundo sentido identitario extranacional.

El imaginarse una comunidad nacional caribeña no es un asunto que se limita a los poetas de la región. Ya en el siglo XIX líderes como José Martí, de Cuba; Emerito Betances, de Puerto Rico y el dominicano Gregorio Luperón, habían ideado una unión política hispanófona. Entre los años 1958 y 1962, las islas anglófonas de hecho formaron una federación antillana (West Indian Federation). En fecha tan reciente como 1973, el trinitario C.L.R. James, quien había trabajado incansablemente para lograr su constitución, no obstante el fracaso de dicha federación, propugnó la creación de una unión caribeña aun más amplia. Esta incluiría no sólo los territorios anglófonos e hispanófonos, sino también los de habla francesa y holandesa, así como Belice y las Guayanas. Una "nación caribeña" era para James una meta históricamente necesaria y digna de proseguir.[5]

Quizá sea James en sus varios papeles de novelista, dramaturgo, ensayista, historiador y analista político, quien ha promovido de manera más consistente la idea de la "nación caribeña" durante el siglo pasado. Este hombre de múltiples aspectos era un negro, colonial, anglocaribeño y de clase media, de educación puritana, quien abogó enérgicamente en aras de la emancipación proletaria y articuló una de las críticas más importantes sobre el marxismo ortodoxo de su época. Sus contribuciones al debate público en Europa, África y las Américas constituyen un poderoso legado intelectual, tanto por su aspecto teórico como por su utilidad en cuanto recurso académico en el campo de los estudios culturales.[6] Entre sus proyectos de amplia envergadura cuentan una novela de temática caribeña, *Minty Alley* (1936), *World Revolution, 1917-1936: The Rise and Fall of the Communist International* (1937), *Beyond a Boundary* (1963), un análisis

---

[4] Véase *Wordmaking Man: Poem for Nicolás Guillén in Xaymaca*. Énfasis del autor, reimpreso en *Middle Passages*, 1993.
[5] Véase, por ejemplo, "On Federation." *C.L.R. James: At the Rendezvous of Victory*, 85-128.
[6] Sylvia Wynter, "Beyond the Categories of the Master Conception: The Counterdoctrine of the Jamesian Poiesis", y Neil Larsen, "Negativities of the Popular: C.L.R. James and the Limits of 'Cultural Studies' ".

social y biopolítico acerca del *cricket* en las Antillas y *Nkrumah and the Ghana Revolution* (1977), por mencionar sólo unos pocos. Al considerar el conjunto de su escritura teórica y creativa, uno puede informarse acerca de sus ideas sobre la política pre y pos-independencia de países como Ghana, India, Egipto y la del Caribe mismo. Ello nos remite también a las grandes lecciones de la literatura mundial, al marxismo como empresa teórica y práctica y a la fe que siempre ha tenido James en la agencia subalterna y en la transformación social. El rigor y la pasión con los que emprende sus análisis, ya sea de cuestiones particulares o de aplicación universal, obligan a sus lectores al reconocimiento de aquella combinación peculiar jamesiana de poesía y praxis; es decir, de *poiesis* en su sentido etimológico.

El compromiso que tiene James con la emancipación, la subjetividad del trabajo, la agencia popular, y la caribeñidad queda ejemplificado en su libro *The Black Jacobins: Toussaint L'Ouverture and the San Domingo Revolution* (1938). Es una de sus obras más conocidas y en ella convergen la escritura creativa y el materialismo histórico como procedimiento analítico. Según ha comentado el escritor, *The Black Jacobins* se produjo como respuesta a la negación, por parte de los portavoces del colonialismo, de la agencia histórica de los caribeños. Así la escritura misma del libro se convierte en un acto político.[7] Gran parte de la importancia de *The Black Jacobins* radica en que el Caribe ya no figura como la periferia del imaginario colonial, sino que es reubicado como elemento central en lo que es el proyecto occidental de la modernidad. Aquí, como también sucede en otras obras, James hace hincapié en la importancia que tuvo el trabajo forzado en el Caribe para la acumulación originaria de capitales, lo que, en última instancia, hizo posible la revolución industrial, punto que fue elaborado de manera más detallada por su ex-alumno Eric Williams en su estudio magistral *Capitalism and Slavery* (1944).[8]

Enfatizar la subjetividad de las clases laborales y su capacidad para la transformación social, tal y como lo demostraron los esclavos en la revolución haitiana, ha sido una constante en el pensamiento jamesiano. Si la insurgencia de los esclavizados fue un elemento clave en el proceso de la emancipación, dice, su legado de rebeldía serviría de inspiración generaciones más tarde a los líderes políticos a la hora de procurar la independencia nacional. Sin embargo, en la medida en que este liderato, a menudo elitista y occidentófilo, perdiera de vista su base popular al

---

[7] Véase su entrevista con Stuart Hall.
[8] Al respecto véase Stefano Harney, *Nationalism and Identity: Culture and the Imagination in a Caribbean Diaspora*, 183.

emprender el proyecto nacionalista, sugiere James, asimismo minaría la oportunidad histórica para la construcción nacional.

James enfatiza en su análisis de la revolución haitiana –al hablar de la cuestión de la base popular– la medida en que las contradicciones que resultan de una falta de comunicación entre el liderato (en este caso Toussaint L'Ouverture) y las masas, terminan socavando el proyecto revolucionario. Sostiene que la inclusión estratégica de blancos en momentos críticos del proceso fue un error táctico, sobre todo porque dio la impresión a los soldados rasos de que se estaba favoreciendo a elementos de la que antes era la clase dominante lo que podía verse como una forma de capitular. Hace una analogía con la revolución de octubre, en la cual Lenin incorporó a burgueses competentes al estado obrero pero mantuvo informados en todo momento a los que le apoyaban. Toussaint, en cambio, a pesar del hecho de que sí había ganado la confianza de la mayoría del ejército de ex-esclavos, terminó minando su propia autoridad a raíz de esta falta de comunicación. James ve también como un error que Toussaint haya eliminado a su sobrino, Moise, quien gozaba del apoyo de muchos de los insurgentes y estaba en contra de cualquier *rapprochement* con la vieja *sacarocracia* (282-84).

Basada en esta y en otras contradicciones de la experiencia haitiana, Kara Rabitt analiza al Toussaint jamesiano como un héroe épico con un defecto de carácter. Dicha imperfección en el personaje de Toussaint es producto de la incorporación que hace James de principios dramáticos aristotélicos a la lectura y a la escritura del otro y que se refleja en el orgullo excesivo que lo define, el cual en última instancia merma su estatus heroico. Hay además otro aspecto en el subtexto aristotélico de *The Black Jacobins* que, según Rabitt, es de igual importancia. Se trata del intento de James por proyectarse más allá de las limitaciones del paradigma histórico, hacia lo que podríamos llamar un paradigma profético o "poético". Para Rabitt, el predominio del discurso poético sobre el histórico en este texto tiene su premisa en la idea aristotélica de que "la poesía es un asunto de mayor seriedad y de más vuelo filosófico que la historia". Mientras en el discurso histórico se habla de particularidades, el discurso poético trata lo universal. La discursividad "poética" aristotélica en James, entonces, y la lección que nos deja Toussaint en su revolución, no obstante sus desperfectos, nos ponen sobre aviso de una diacronía futura de posibilidades basadas en lo ocurrido con anterioridad. Se trata de una proyección de "lo que las leyes de la probabilidad o la necesidad dicten que va a suceder", según la *Poética* de Aristóteles (citada en Rabitt 125).[9]

En el apéndice a la edición de *The Black Jacobins* de 1963, reaparece el giro literario: en una rápida retrospectiva de la historia regional, James reitera la estatura épica de Toussaint, mientras señala las semejanzas sociohistóricas entre las revoluciones haitiana y cubana. En lo que pudiera considerarse una especie de documento fundador de la nación caribeña jamesiana, en el apéndice "De Toussaint L'Ouverture a Fidel Castro", James toma la revolución cubana como punto de partida para un enlace teleológico de los dos momentos seminales del pasado de la región, señalando, de paso, a aquellos individuos que mejor han interpretado su pueblo y representado sus aspiraciones. Con la aseveración de que "(L)os antillanos por primera vez cobraron conciencia de sí en la revolución haitiana", y de que "sea cual sea su destino final, la revolución cubana marca un hito decisivo en la búsqueda de una identidad caribeña", James se lanza a la creación de un panteón "nacional" putativo, en el cual figura Toussaint L'Ouverture como el "primero y más grande de los caribeños" (418).[10]

En el panteón se nombran a personajes de la estatura de Jean Price Mars, quien celebró la cultura del campesinado haitiano en su *Ainsi parla l'oncle* (1926), en desafío abierto a la francofilia pos-independencia de la nación, y a Fernando Ortiz, cuya investigación del enlace transculturativo afro-español otorgó una nueva genealogía nacional para Cuba. Asimismo, se menciona con orgullo al jamaiquino Marcus Garvey, por el "milagro propagandístico" que efectuó en los años veinte a través de su *United Negro Improvement Association*, promoviendo el orgullo racial y creando un nuevo mapa cognoscitivo de África para millones de negros de la diáspora. También se incluye al trinitario George Padmore, el "padre de la independencia de África", por sus colaboraciones con el presidente Kwame Nkrumah de Ghana, y las iniciativas anticolonialistas que, juntas, resultaron en la independencia de unas cuarenta colonias africanas menos de una década después de que Ghana se independizara en 1957 (396-98). También

---

[9] En el original, "poetry is more philosophical and serious business than history...", y "what is likely to happen...based on the rule of probability or necessity". Las traducciones son responsabilidad del autor de este artículo.
[10] En el original, "West Indians first became aware of themselves as a people in the Haitian Revolution [...]whatever its ultimate fate, the Cuban Revolution marks the ultimate stage of a Caribbean quest for national identity". Toussaint "the first and greatest of West Indians [...]"

evoca, para rendirles debido homenaje, al poeta martiniqueño Aimé Césaire, los escritores Vic Reid, George Lamming, Wilson Harris y V.S. Naipaul, y al líder sindical trinitario Andrew Cipriani.

En opinión de Homi Bhabha, la nación es producto de una tradición de "pensamiento político y lenguaje literario" (*Nation and Narration* 1).[11] En la medida en que esta formulación pudiera aplicarse al contexto caribeño, no se puede negar ni la coherencia ni la relevancia del pensamiento de James. De hecho, es esa convergencia de la *poiesis* caribeña, es decir, del arte y de la agencia y del arte como agencia, lo que anima la presente lectura de las elegías de Guillén y Brathwaite.

PARA CONTESTAR AL ESTADO POSCOLONIAL: DOS VERSIONES DE LA MISMA CANCIÓN

La elegía sirve para la reflexión filosófica y para la narración de hechos tristes o dolorosos, ocasionados por la guerra, la muerte o el amor. En los casos aquí estudiados, sin embargo, pareciera que a los poetas les interesa no sólo lamentar el fallecimiento de estos sujetos, sino también engrandecerlos y celebrar su insurgencia. Exponer las razones de su muerte y cómo ésta se relacionó con las causas que promovían también les resulta importante. Existe, entonces, una dimensión marcadamente testimonial en las narrativas de Guillén y de Brathwaite. Nos referimos al testimonio no con el propósito de asociar estas obras con dicha categoría en la literatura latinoamericana contemporánea, aunque sí se puede afirmar que por su mensaje y su urgencia socio-histórica se asemeja a ella.[12] La posición de los escritores en la "Elegía a Jesús Menéndez" y en el "Poem for Walter Rodney", parece estar más de acuerdo con la función reformulada del *griot* en la escritura contemporánea afronorteamericana, tal y como la explicara Ishmael Reed recientemente.[13] Es decir que a diferencia del testimonio donde la/el hablante es un *yo* que dicta una narrativa a un etnógrafo como su interlocutor primario, estas elegías tienen más que ver con el compromiso de parte de los mismos poetas de documentar los

---

[11] "[...] political thought and literary language [...]"

[12] Al respecto, véase George Yúdice, "*Testimonio* and Postmodernism" 44, y John Beverley, "The Margin at the Center: On *Testimonio* (Testimonial Narrative)".

[13] El escritor y crítico cultural rescata de la función tradicional del *griot* africano, es decir, los elementos de cronista y de conciencia crítica que lo definían. Otra de sus funciones era además la de servir los intereses de los poderosos. De la conferencia magistral en el Congreso "Race in the Humanities", Universidad de Wisconsin-La Crosse, 16 de Noviembre de 2001, "How to Get the Hip Hop Generation to Read and Write."

eventos. Brindan un informe sobre las vidas de personajes que les parecían de alguna manera sobresalientes y dejan constancia de la historicidad de su fallecimiento.

Las dos narrativas tienen que ver con un crimen único que asume múltiples dimensiones. Suponen la alta teatralidad de la conspiración, promovida por sus propios compatriotas e incluyen un subtexto de traición de los valores más caros de la civilización. Los acontecimientos que describen involucran a agentes que se conocían con cierto grado de intimidad y en el desenlace de los eventos se revela una pugna sobre asuntos de suma importancia para el desarrollo de las dos jóvenes naciones, Cuba y Guyana. Lo que bajo ciertas circunstancias pudiera denominarse un homicidio vulgar, pasa así a representar algo más grande: el patricidio, por tener implicaciones tan importances a nivel de la nación o patria. Además, si vemos el tropo de la comunidad imaginada nacional como "familia", tomando en cuenta la naturaleza gregaria de las poblaciones caribeñas y su relativamente reducido tamaño, nos permite ver estos asesinatos como instancias de fratricidio, sobre todo por la íntima conexión dialógica y la fraternidad enajenada de los involucrados. Los poetas, entonces, al anunciar y denunciar estos crímenes, asumen el papel de la *vox clamantis*, tanto en el sentido individual como en el más amplio sentido social.

La alusión a la *vox clamantis* bíblica no es gratuita. Los poemas incluyen una referencia ineludible a la metáfora de la redención y del juicio final referida en el anuncio que hiciera Juan Bautista acerca de la venida del Mesías.[14] En el caso de las elegías, sin embargo, el anuncio viene después de la llegada de sus "profetas". No obstante, los últimos son invocados como ejecutores futuros de un juicio final. En el caso de Menéndez su regreso será como "el General de las Cañas", para entregar "el azúcar ya sin lágrimas". En el caso de Rodney, la alusión a un juicio final es menos directa. El poeta lo invoca a través de una repetición tendenciosa de "*until*" ("hasta que") en la narración, la cual apunta hacia una revolución apocalíptica que traerá justicia e igualdad a los hermanos ("equal rights & justice to the bredren"). El acudimiento por parte de Brathwaite a la retórica rastafariana, expresada en la lírica de los íconos de la música *reggae* Bob Marley y Peter Tosh, también enfatiza su conciencia de lo inevitable de la violencia como instrumento del cambio social.

---

[14] Véase el *Evangelio según Marcos* 1:3.

Existen pocos análisis críticos de la "Elegía", cuestión sorprendente dada la gravedad del tema de Guillén, su despliegue ejemplar de una variedad de formas métricas, la plasticidad de sus imágenes y su manejo magistral de la economía narrativa. Hace medio siglo el impacto global del texto inspiró el juicio de la crítica Mirta Aguirre, quien sostuvo que la "Elegía a Jesús Menéndez", representó "el logro más alto de cuanto ha producido la poesía cubana en cien años. Y, acaso, en toda su historia" (103). Impresionada sobre todo por la musicalidad, la métrica y el poder evocativo del poema, agregó que sería un candidato perfecto para la adaptación como un oratorio revolucionario. Aunque el análisis de Aguirre no se adentró en el significado socio-político de Menéndez como líder sindical negro, hizo hincapié en la importancia del apuntalamiento religioso del poema, visto a través del manejo experto de las propiedades metafóricas del nombre Jesús del protagonista. Si bien también enfatizó el tema y contenido antiimperialistas del texto, su aplazamiento de un estudio más profundo de los "valores" del poema para un momento futuro cuando estos no sean vistos como "subversivos" no carece de importancia en el caso cubano. En la medida en que tal abordaje pudiera incluir el tema racial como categoría analítica en el poema, reconocería la magnitud verdadera del protagonista de Guillén, lo cual a su turno podría tener un efecto desestabilizador frente a un panteón de héroes nacionales que son predominantemente blancos. Haría falta, en todo caso, sondear el contexto social e histórico de Menéndez para tener en cuenta lo que Aguirre no incluye en su análisis y, así, preparar el terreno para una apreciación más cabal de su agencia histórica.

Menéndez fue un afrocubano de clase obrera y sin mayores luces académicas. Su trayectoria heroica es un reflejo directo de su lucha de toda una vida, dentro del parámetro sindicalista, por la restauración de la dignidad de los trabajadores cubanos del azúcar y el mejoramiento de sus pésimas condiciones laborales y de vida.[15] Era una tarea histórica ya que confrontó la mentalidad de la *sacarocracia*, que durante la esclavitud había

---

[15] Menéndez se hizo socio del Partido Comunista Cubano en 1931. El partido se había formado en 1925. En el contexto de opresión racial en Cuba, el interés que mostraba el PC en los afrocubanos reflejaba la admonición leninense al Comintern de 1920 de que se viera a los negros como un "elemento estratégicamente importante" en la lucha de clase en EE.UU. En el Sexto Congreso del Comintern y en el Red International of Labor Unions, los dos de 1928, se reiteró esta llamada. En Cuba, la creación del Sindicato Nacional de Obreros de la Industria Azucarera en 1932 fue uno de los resultados de esta política. Véase Robert Young 222, y de la Fuente 190.

extraído mano de obra gratis de sus cautivos africanos y que seguía en el mismo plan en el período pos-emancipación. Irredenta y resuelta a seguir su explotación de los trabajadores del azúcar, empleaba todos los medios a su disposición para negarles un salario decente. La división racializada del trabajo en Cuba –que buscaba restringir a los negros a puestos serviles y excluirlos de aquellas profesiones que implicaban ascenso social–[16] fue complementada por una pérdida notoria de tierras entre el campesinado negro a principios de siglo. La penetración del capital estadounidense, que acompañó la intervención militar al gestarse por segunda vez la independencia contra España, desposeyó a casi todos los campesinos negros en la provincia de Oriente. De hecho, entre 1899 y 1905, se calcula que el sesenta por ciento de los propietarios rurales de la isla fue despojado de sus tierras de la misma manera. La enajenación de las propiedades agravó el descoyuntamiento de la población rural ya que sujetó a los ex-dueños de pequeña y mediana propiedad a un nuevo régimen de endeudamiento y dependencia semi-feudal.[17] En el peldaño más bajo de la escala social quedaban los cientos de miles de campesinos negros condenados al desempleo y al subempleo después de la zafra anual de tres meses.

La crisis de la clase subalterna cubana era producto de la progresiva concentración en el monocultivo del azúcar y las inversiones de capital norteamericano. Esta crisis venía acompañada también por un influjo sin precedentes de braceros. El monto de inversiones subía de cincuenta millones en 1895, a un billón y medio de dólares en 1928, y el azúcar producido en 1925 era diecisiete veces la cantidad registrada en 1900. La importación correspondiente de mano de obra, principalmente de Haití y de Jamaica, era tan intensiva que excedió el monto anual de esclavos adquiridos durante el período colonial y, de hecho, duplicó los rasgos de la trata.[18] Las ganancias exorbitantes del azúcar tenían como premisa la colaboración del alto comando militar y político y de la burguesía comercial e industrial que estaba integrada de manera orgánica a la órbita consumista del capitalismo y, por ende, enajenada del interés nacional. La enmienda Platt y el Tratado de Reciprocidad Comercial, impuestos por los Estados

---

[16] Véase de la Fuente 130-131.
[17] Véase Pierre-Charles 33, y García Galló 40-41.
[18] Según Susy Castor, durante la ocupación estadounidense de Haití, la exportación legal e ilegal de mano de obra haitiana alcanzó las cincuenta mil personas en 1920, es decir cuatro veces la cifra anual más alta de africanos importados a Cuba durante la trata (citado en Pierre-Charles 29).

Unidos a raíz de su intervención en la guerra hispano-americana, sirvieron de marco legal para esta alianza.[19]

Las articulaciones de este aparato represivo en relación al proletariado del azúcar se veían en su reacción draconiana ante las demandas de los obreros. A pesar de la caída del brutal régimen machadista en agosto de 1933, debido en parte al mismo descontento popular, las marchas de hambre y un paro general, es de notarse que el reemplazo del dictador por su secretario de estado fue acompañado por el arribo de tres destructores estadounidenses al puerto de La Habana. El evento recordó de manera vívida la intervención americana como reacción a una serie de huelgas entre 1917 y 1918. Asimismo, era un pronóstico siniestro de la declaración antilaboral de la administración de Fulgencio Batista, en 1934, de que "habrá zafra o habrá sangre".[20] En este contexto, la influencia de Menéndez a nivel local, regional y nacional, fue cada vez más notoria. La eficacia de su liderazgo como secretario general del Sindicato Nacional de Obreros del Azúcar, su pasión por las causas de los trabajadores y su aptitud para la negociación, dieron múltiples mejoras a la condiciones laborales de sus seguidores. Cuentan entre estos avances alzas insólitas en los salarios de los trabajadores del azúcar, la institucionalización del empleo permanente para los trabajadores del campo y la garantía de beneficios para sus dependientes en caso de fallecimiento. Menéndez también montó campañas para mejorar las condiciones insalubres de las plantaciones.[21] Por primera vez en la historia de la industria azucarera en Cuba, las clases más bajas tenían quien las representara en los círculos más altos de la toma de decisiones. Las contradicciones que de ahí se desprendían tuvieron resultados fatales para su liderazgo y también para el movimiento sindical.

Los éxitos más notorios de Menéndez tenían que ver con el cese de una tradición según la cual los salarios en el sector azucarero dependían de precios predeterminados para la proyectada zafra del año. En los casos en los que los altibajos del mercado resultaron en un precio más favorable

---

[19] En 1901 se aprobó la Enmienda Platt. Esta legalizó la intervención estadounidense en los asuntos internos de Cuba así como el establecimiento de bases militares en la isla.
[20] Citado en Pierre-Charles 109.
[21] García Galló nos cita una observación de Menéndez de que los bateyes en los que vivían los trabajadores del azúcar no habían recibido manutención por parte de los latifundistas desde la época de la esclavitud (87). Calcula que el auge salarial entre 1940 y 1947 era de un doscientos ochenta por ciento (78).

para el edulcorante, los salarios de los trabajadores permanecían iguales mientras los especuladores y los varones locales y extranjeros del azúcar se quedaban con la diferencia. En 1946, las iniciativas tomadas por Menéndez en contra de la congelación de precios y salarios produjeron unos treinta y siete millones de dólares para la economía cubana y los trabajadores del azúcar, que era la diferencia que arrojó el mercado ese año. Al año siguiente la negativa por parte de los monopolistas a que se repatriara a Cuba toda la diferencia de ciento cuarenta millones y la decisión sindical de resistir por medio del paro, fue lo que precipitó la muerte de Menéndez. A los latifundistas que durante décadas habían priorizado la producción y la plusvalía bajo el lema de "sin azúcar no hay país", la réplica sindical priorizó al pueblo y la patria, al insistir en su propio lema de que sin brazos no hay azúcar. Así, se enfatizó en la importancia de la subjetividad del trabajo para con la nación. En el contexto de las ansiedades anticomunistas de la guerra fría y varios años antes de darse el movimiento por los derechos civiles en Estados Unidos, la idea de que un senador cubano negro y socialista propugnara demandas ante los círculos de poder estadounidenses apenas requiere elaboración.

La representación poética de Menéndez es brillante y bien pensada, ya que enfatiza tanto sus reivindicaciones laborales como la tradición de insurgencia antiesclavista de la que fue heredero. El azúcar también forma parte de la conciencia poética en la elegía, puesto que fue el monocultivo el que ocasionó el trabajo forzado o malpagado para los millares de obreros defendidos por la gestión de Menéndez. En consecuencia, la elegía se estructura en torno a dos ejes tropológicos relacionados: primero, a Menéndez como símbolo del activismo sindicalista y, en segundo lugar, a su importancia en el contexto de la protesta antiesclavista y anticolonial del período anterior. El espacio geográfico de la isla, así como el subtexto colonial y neocolonial establecen el marco histórico y nacional del poema. Así, la mezcla de los planos diacrónico y sincrónico produce un heroísmo nacionalista transhistórico. Esto sirve, a su vez, para dar una mayor trascendencia a los seguidores imaginarios de Menéndez mediante la invocación de quienes trabajaron y lucharon por la libertad en Cuba a través de su trayectoria histórica. También sirve para realzar la importancia del poema en sí mismo en cuanto reivindicación racial de agencia histórica desde abajo.

De acuerdo a la matriz metafórica transhistórica del capitalismo, azúcar y esclavitud, el verdugo de Menéndez, el capitán Joaquín Casillas Lumpuy, asume las características del *rancheador* del período colonial, en su persecución de Menéndez a través de la isla. Casillas, sin embargo, instrumento de la supresión burguesa y símbolo del dominio del capital monopolista en Cuba, no es solamente un *rancheador*. Según la naturaleza moralmente atroz del crimen, es convertido también por el poema en el perro ayudante y, siguiendo la metáfora animal, en otros predadores también. Ya que además es la personificación del odio (es "el Capitán del Odio"), el poeta lo fusiona con su instrumento mortífero, el revólver. La pasión por la persecución predadora, la anticipación animalista de dar con la presa, el clímax del momento del asesinato y la metamorfosis regresiva de Casillas a un ser mítico mitad hombre mitad animal, todo converge en la primera sección del poema. Según lo describe Guillén:

> ...El capitán de plomo y cuero,
> de diente y plomo y cuero te enseñaban:
> de pezuña y mandíbula,
> de ojo de selva y trópico...
>
> la boca líquida entreabierta,
> el salto próximo esculpido...
>
> Allí estaba
> Las narices venteando
> tus venas inmediatas...
>
> el ojo fijo en tu pulmón
> el odio recto hacia tu voz
> sentado en su pistola el capitán...
>
> De pronto, el golpe de la pólvora. El zarpazo
> Puesto en la punta de un rugido.

Ya consumado el acto odioso, se caracteriza de nuevo a Casillas por su rasgo animalesco en la tercera sección ("dientes de lobo...lenta baba").

A estas alturas de la narración, ya queda claro que el capitán funciona como parte de un tropo más amplio: el de las ganancias y el capitalismo; es decir, como un elemento sinecdocal de aquella máquina buitresca que se alimenta del esfuerzo humano cautivo. En la segunda sección aparece en Nueva York, la capital del capital, donde es integrado a su metatexto, o sea, el informe financiero del New York Herald Tribune, que presenta un reportaje sobre las empresas transnacionales que dominan el hemisferio. El escenario de la bolsa de valores presenta lo mismo de siempre: la compraventa ruidosa e hiperactiva. Allí se encuentra el capitán, tras una convergencia mágico real entre el centro y la periferia del capitalismo.

Piensa en "su propina", mientras pone a sus jefes al día con relación a la misión Menéndez. Lo más importante del pasaje, sin embargo, es la presencia del cuerpo roto de Menéndez en la Bolsa. Entre los datos del informe sobre el Dow Jones, la Cuban Atlantic Company, la Punta Alegre Sugar Company, etc. –con su especulación, las pérdidas y ganancias respectivas– se destacan las referencias al cadáver y a la sangre de Menéndez, como si ellos también formaran parte de las transacciones (Sección II). De hecho, el día después de su asesinato el valor de la sangre de Menéndez ha cerrado "150 puntos 7/8 con tendencia al alza".

A la observación quevediana de que "poderoso caballero es don dinero", corresponde el dicho homólogo en inglés de que éste es la raíz de todo mal ("the root of all evil"). Lo que ha hecho Guillén al convertir a Menéndez en objeto de especulación monetaria y al ubicarlo en las capitales política y financiera de los Estados Unidos, o sea en Nueva York y Washington D.C., es hacer de estos sitios la sede de la iniquidad. Efectivamente, las repetidas referencias al azufre en el aire y a los brindis que hacen los políticos, especuladores y otros poderosos, a Baltasar y el espíritu del mal, refuerzan el motivo diabólico. Al enumerar a todos los que participan en el frenesí especulatorio, los identifica también como conspiradores en el crimen. Además, Guillén, al entrelazar varios símbolos estadounidenses –el Tío Sam, el K.K.K, al mercenario William Walker,[22] la bomba de hidrógeno– presagia de una manera impresionante la guerra fría, la carrera armamentista y la posibilidad del holocausto nuclear. El brindis que se da en la Sección IV es con la muerte: "¡Va por la muerte, por la muerte va!" El asesinato de Jesús Menéndez en 1948 por las fuerzas del imperialismo, lo convirtió en símbolo de la expansión estadounidense, tanto contemporánea como futura, y del sometimiento de los condenados de la tierra. Los individuos y las instituciones que se han congregado en torno a su cadáver cantan en coro mientras venden sus pedazos en la segunda sección.

    El coro allí de

        Comerciantes
        Usureros
        Papagayos
        Lynchadores amanuenses

---

[22] El aventurero estadounidense William Walker invadió Nicaragua en 1855 con su ejército particular. Su intrusión estuvo conectada con los esfuerzos del partido liberal para tomar las riendas de un plan de construir un canal interoceánico en Nicaragua.

>> Policías
Capataces
Proxenetas
Recaderos
Delatores
Accionistas
Mayorales
Trúmanes
Macártures
Eunucos
Bufones
Tahures...
...vendiendo
borbotones de angustia, pregonando
coágulos cotizables, nervios, huesos de aquella
descuartizada rebeldía;...

La escena de la Bolsa con el cadáver de Menéndez es importante por varias razones. En primer lugar, nos remite inevitablemente a la trata atlántica; es decir, a la conversión de los cautivos africanos en objetos de compraventa y en combustible para la máquina del capitalismo, sobre todo en la época colonial cuando reinó el azúcar.[23] La escena también habla del consumo en otro sentido. Se trata del canibalismo implicado en la práctica del linchamiento. Los actos ritualizados de mirar y de llevarse partes de los cuerpos de los linchados que se asociaba a dicha costumbre en los Estados Unidos, como instrumento de castigo y disciplina del negro, han sido interpretados por la teoría sicoanalítica como una forma de la escopofilia. La escopofilia es un componente del instinto sexual en el cual el acto de la mirada libidinizada equivale a devorarse, engullirse, o imitar el objeto de la mirada.[24] El cadáver de Menéndez como objeto especular, entonces, se refiere tanto a la contemplación comercial como a la libidinal, evocadas por la raíz etimológica de la palabra.[25] El frenesí de la especulación monetaria, entonces, es también un frenesí de la escopofilia, o sea que el devorarlo especularmente simboliza tanto la satisfacción orgiástica, como la plusvalía para los que representan al capitalismo. Sin embargo, en el presente acto de linchamiento, la castración que de costumbre sufre el cadáver para dejarle un recuerdo a la turba, no se hace. De hecho, ya que

---

[23] Véase a Eric Williams, *Capitalism and Slavery*.
[24] Véase David Marriot, "Bordering on: the Black Penis," y Otto Fenichel, *The Collected Papers of Otto Fenichel*, 373-97.
[25] Del infinitivo latino *speculari*: mirar, examinar, observar.

Menéndez simboliza la colectividad obrera, es el cuerpo más bien del movimiento laboral el que queda descabezado, como era el objetivo del evento. Al enfatizar el poema la relación de canibalismo entre el capitalismo y sus motores humanos a través del baile ("¡Danzad despreocupados, verdugos crueles...!" Sección VI), pareciera que Guillén está parodiando una de las imágenes más famosas de la iconografía racista del colonialismo. Se trata esta última de la tribu de primitivos que bailan alrededor de la cazuela que contiene el cuerpo del explorador blanco.[26] En el poema de Guillén son los civilizados los bárbaros, y viceversa. Aparte de esto, la imagen del baile tribal de los capitalistas crea un paralelo poético interesante con el evento histórico conocido como "la danza de los millones" (1919-1922), ya que a raíz de la demanda azucarera al terminar la primera gran guerra, hubo un vertiginoso auge en los precios del azúcar. Asimismo subió la especulación y los capitales invertidos a la producción del edulcorante.[27]

Pero a Guillén le interesa también el Menéndez vivo. Para marcar el contraste con la imagen de muerte y abyección corporal que resultó de la maldad del capitán, en la Sección IV se vuelve sobre el protagonista entre sus iguales y se revela la fuente de su trascendencia. En el comienzo de la sección se lee: "Jesús es negro y fino y prócer, como un bastón/ de ébano, y tiene los dientes blancos y corteses..." Es una caracterización que implica una relación ontológica natural entre la negritud y la dignidad, y que desbarata, a través del personaje de Menéndez, la alegoría maniquea del colonialismo.[28] Según dicho esquema, lo blanco representa lo trascendental y lo negro su contrario. El efecto que tiene la imagen es el de sugerir – aunque la gravedad de Jesús está sostenida por el peso de su asociación con lo divino– que se debe principalmente a la fuerza de su carácter y a su integridad como individuo y como líder. En otras palabras, la virtud ennoblece. La invocación de Plácido, el martirizado poeta afrocubano del siglo XIX, al que se cita en el epígrafe de la sección, enfatiza la idea. Al personaje de Plácido se lo caracteriza con "un corazón en el pecho/ de crímenes no manchado".

La nobleza de Jesús también tiene raíces bioculturales. Al afirmar la cubanidad del protagonista, a pesar de una peculiaridad del habla que le da un parecer francófono, el poeta nos informa que su padre había sido

---

[26] Véase Jan Neverdeen Pieterse 113-122.
[27] Durante el período 1913-1928, según Pierre-Charles, subieron las inversiones del azúcar en un quinientos treinta y seis por ciento (31).
[28] La frase es de Abdul Jan Mohammed.

capitán en la guerra de la independencia contra España y que al último había hablado con Maceo ("pero es cubano y su padre habló con Maceo"). Se logran dos cosas con la conexión directa transgeneracional con Antonio Maceo –la más importante figura militar de la guerra contra España– en primer lugar, establece el linaje revolucionario del protagonista, ya que no sólo había luchado su padre por la independencia de Cuba, sino también sus tíos y anteriormente su abuelo. El abuelo, Doroteo Menéndez, había sido teniente en la guerra de 1868 (García Galló 31). Establecer la militancia mambisa de Menéndez lo coloca en una categoría, por ende, en la que el liderazgo que nace del patriotismo viene a ser una expresión natural y también una obligación de su nobleza. En segundo lugar, *hablar con* Maceo sugiere una aproximación del clan Menéndez, cuyos orígenes estaban en la esclavitud, a la agencia y al poder de decisión que puede determinar el destino de la nación. Disuelve la diferencia entre el ex-esclavo iletrado, o el mambí común, y aquellos paladines de la historia de clase alta, quienes por su erudición serían conocidos en el futuro como los próceres de la nación. (Es típico del manejo sugestivo del lenguage que hace Guillén que aquí su referencia a Menéndez como "prócer" no sea solamente como adjetivo, sino también como sustantivo. De ahí que su heroísmo adquiera una dimensión diacrónica nacional).

La soldadesca revolucionaria negra de la que deriva la militancia de Menéndez tiene el efecto de re-ubicar la afrocubanía desde los márgenes del discurso dominante nacional, hacia una posición más céntrica. Su ligazón con Maceo, el líder que atacaba plantaciones para liberar a los esclavizados para que se sumaran a la causa nacionalista, que sufrió la calumnia racista mientras cumplía su misión patriótica, y que preveía una futura federación entre Cuba, Haití y la República Dominicana, tiene implicaciones importantes respecto a la cultivación hagiográfica de José Martí, el otro protagonista nacional militar de la época. Como es sabido, el discurso historiográfico nacional ha presentado a los dos más bien en

---

[29] Véase Aline Helg, "La Mejorana Revisited: The Unresolved Debate between Antonio Maceo and José Martí". En este artículo se hacen observaciones de sumo interés acerca del pensamiento racial de Martí en el contexto del conflicto revolucionario. El artículo revela mucha de la ansiedad acerca de la presencia negra en una Cuba independiente, que caracterizaba el pensamiento de la *inteligentsia* nacionalista blanca en el transcurso del siglo XIX. Dicha ansiedad también se ve en el análisis seudocientífico a que se sometió el cráneo de Maceo. El objetivo era confirmar la premisa racista de que el valor de Maceo y su inteligencia eran atribuibles a su herencia europea. Véase al respecto James Pancrazio.
[30] Véase al respecto la entrevista hecha a Guillén por Nancy Morejón (51).

oposición binaria: al líder blanco se lo celebra por su inteligencia y al mulato por su fuerza física.[29]

El poeta introduce su propia voz al testimonio para indicar a sus lectores que hubo ocasiones en las que él acompañó a Menéndez, mientras éste atravesaba la isla para hablar de justicia a sus seguidores.[30] En esta representación del líder sindical en diálogo con hombres que lo habían esperado por mucho tiempo se refuerza la analogía mesiánica. También le otorga al texto otra oportunidad para establecer cuán ancho era su radio de influencia, es decir, partía desde Santa Clara donde nació, para incluir a todos los trabajadores explotados y despojados de América Latina. Todos forman parte de su "gran provincia", según declara en la cuarta sección:

> alguna vez anduve con Jesús transitando de
> sueño su gran provincia de hombres
> ...que gritaban
> Oh Jesús, como si hubieran estado esperando
> Largamente su venida;

Al incluir la referencia religiosa, sin embargo, el poeta enfatiza la materialidad del valor del sujeto, ya que finalmente abandona el paradigma cristiano para dar lugar a la resolución marxista: "Jesús no está en el cielo, sino en la tierra; no demanda oraciones, sino lucha; no requiere sacerdotes, sino compañeros; no erige iglesias, sino sindicatos" (Sección VI).

Es una apreciación parecida la de Rodney como líder icónico de una "gran provincia" la que inspira el poema de Brathwaite. La comparación nos permite abarcar el trabajo tanto político como pedagógico del sujeto y también su vocación emancipadora. En la vida de Walter Rodney es evidente un ensanchamiento ideológico cada vez más abarcador a partir de los días de su juventud en el políticamente cargado ambiente de la Guayana inglesa en los años cincuenta. El período de estudio en Jamaica y en Inglaterra que siguió también lo preparó para una vida profesional que llegó a realizarse en tres continentes. Para el joven guyanés, la vocación de historiador sería una piedra de toque para la cuestión identitaria y también para la praxis política. Su interés consistiría, sobre todo, en un reconocimiento y una rehabilitación de la historia de África, monopolizada y manipulada al servicio de los intereses occidentalistas y colonialistas, para que las lecciones que de ella se desprendían pudiesen servir a una conciencia revolucionaria.[31] Asimismo, su llamado en pos de una

---

[31] Comenta Rodney acerca de la desorientación del sistema de educación colonial, que como subgraduado en la carrera de historia era incapaz de decir más allá de algunas "generalizaciones vagas" por qué era importante la historia africana. *Walter Rodney Speaks*, 14.

separación revolucionaria del capitalismo se fundaba en sus investigaciones acerca de los efectos de la inserción del continente africano al sistema mundial del capital, la despoblación y la destrucción de las economías locales que ésta produjo y el sometimiento de sus países al control colonial.[32] De nuevo su crítica a los "escollos de la conciencia nacional",[33] tal y como se manifestaran en el caso guyanés y caribeño poscolonial, tenía una base experimental y objetiva.

El anticolonialismo apasionado de Rodney, su panafricanismo y su nacionalismo antirracista fueron productos no sólo de su vocación personal, sino también de la circunstancia histórica. Según observara alguna vez C.L.R. James, su generación había sido beneficiaria del activismo intelectual de la diáspora negra cuyas raíces se remontaban hasta principios de siglo. Esto incluía el trabajo de personajes como W.E.B. Du Bois, George Padmore, Aimé Césaire, y el mismo James.[34] Si a esto se le agrega el efecto del "garveyismo" de entre guerras, los movimientos del poder negro y de los derechos civiles en Estados Unidos, y los de la descolonización africana y caribeña, lo que resulta es el ambiente de lucha indígena e internacional que inspiró a Rodney como estudioso negro. Dicho ambiente definió a una generación entera.[35] Fue, de hecho, la "multitud" transcontinental rebelde del período que "provocó el surgimiento del Imperio", según Hardt y Negri (43). Tomando en cuenta las influencias de Fanon y Amílcar Cabral, su contacto directo con el movimiento contra el *apartheid* y sus experiencias directas del socialismo africano (*ujamaa*) en Tanzania, no sorprende que el poeta Rodney tenga su propia "gran provincia", y que se encuentre disponible "any where...past means present struggle".

No obstante lo antes dicho, es a Rodney en su aspecto caribeño que la elegía busca enaltecer; de ahí la imagen repetida de sus devastados restos materiales, el producto de la bomba asesina.

---

[32] Véanse, por ejemplo, *A History of the Upper Guinea Coast* y *How Europe Underdeveloped Africa*. Para un listado de las obras de Rodney consúltese Alpers y Fontaine 178-185.
[33] Véase al respecto el capítulo de Fanon sobre "The Pitfalls of National Consciousness."
[34] En "Walter Rodney and the Question of Power" en *Walter Rodney, Revolutionary and Scholar: A Tribute*. Edward Alpers y Pierre-Michel Fontaine, eds. 134.
[35] Véase Fredric Jameson, "Periodizing the 60s", y Robert Young "Colonialism and the Politics of Postcolonial Critique".

> to be blown into fragments. your flesh
> like the islands that you loved
> like the seawall that you wished to heal...(49)

En el ámbito regional, la imagen incorpora la subjetividad del personaje a las islas del archipiélago caribeño, como si su martirio y la pérdida de plenitud corpórea implicaran la inversión de la potencialidad de éstas para la unión. La dicotomía de la fragmentación/unión es importante también a nivel nacional guyanés. En cuanto medio metafórico para la reparación del dique marítimo, tiene relevancia tanto en lo material como en lo humano. Por una parte, su relevancia contemporánea radica en el hecho de que una de las características primarias del partido político de Rodney, el *Working People's Alliance*, formado en 1974, era su agenda multirracial y su liderazgo colectivo. En el contexto del cisma entre los sectores indo y afro-guyanés que habían dominado la vida política nacional en la década anterior y la posterior a la independencia, la llamada del W.P.A. a la unión racial constituía una amenaza al paradigma racial de los dos partidos políticos dominantes.[36] Por otra parte, teniendo en cuenta el hecho de la vulnerabilidad de Guyana como país que depende literalmente del dique marítimo puesto que su capital queda por debajo del nivel del mar, el tropo de Rodney como ente que reparase el dique roto aumenta su valor como símbolo de unión nacional. El verso no sólo evoca un capital susceptible, también recuerda una realidad pasada en la cual la estrecha franja costera había sido reclamada al mar para permitir la fundación de la economía agrícola colonial.

Fue Rodney en su papel académico, quien al escribir *The History of the Guyanese Working People 1881-1905*, reivindicó la importancia histórica de los esclavizados africanos anónimos, los cuales, bajo el mando de los colonialistas holandeses, habían realizado la excavación y drenaje del pantano costero de manglares. Esto permitió la creación de plantaciones para la empresa colonial. Hubo una medición objetiva de esta labor protonacional en 1948 cuando la Comisión Venn calculó que la excavación

---

[36] Estos eran el People's National Congress y el People's Progressive Party, respectivamente. El PPP multirracial de la juventud de Rodney se dividió en 1955 según lineamientos raciales, dando como resultado el PNC lidereado por Burnham. Después de una intervención inglesa que suspendió la constitución a raíz de ansiedades relacionadas con las afinidades prosoviéticas de Jagan, una coalición bajo Burnham, con el apoyo de la CIA, logró el poder. El PNC detentó el poder hasta 1992 debido, principalmente, al fraude electoral.

de los canales de drenaje para las tierras rescatadas suponía sacar cien millones de toneladas de barro con palas de mano. Asimismo en la *History* se recupera la tradición de militancia laboral entre la población negra pos-esclavitud y también la de los contratados hindúes. Los últimos habían sido importados para asegurar la disponibilidad de la mano de obra sobrante que necesitaba el régimen colonial. El capital cultural que generaban las clases laborales, su contribución colectiva al nuevo estado independiente, su tradición de rebeldía y de gobernación regional democrática, todos formaron la base, en última instancia, para el esfuerzo de Rodney por rescatar la nación de los efectos de la división racial.

El enfrentamiento con el régimen de Burnham fue directo. Al exponer los males sociales tales como las restricciones a la libertad de prensa, la militarización de la sociedad, la personalización del poder estatal, y los cada vez más bajos niveles de vida, se hizo evidente que la intervención de Rodney daba al descontento popular un marco de referencia objetiva. El régimen que se había mantenido en el poder desde 1964 mediante el fraude, y que había declarado la supremacía legal de su partido en el quehacer nacional, también se había apropiado del héroe nacional, Cuffy, el símbolo primordial de la lucha antiesclavista.[37] No estaba dispuesto a tolerar la crítica que le hacía el W.P.A., a través de Rodney, y dejó constancia de ello con amenazas funestas.[38] Ante éstas, la valentía personal de Rodney, no obstante el peligro que corría, merece mencionarse. A pesar del hecho de que los detalles del caso eran bien conocidos por todos, el tributo que rinde Brathwaite evita las acusaciones directas. Más bien la elegía expresa el dolor profundo ante un proceso histórico que después de siglos de desarraigo y esclavitud para los pobres de la región, les sigue negando la emancipación. También denuncia la traición escandalosa por parte del primer régimen poscolonial guyanés del compromiso histórico que implicaba la independencia. La solidaridad del poeta, entonces, queda con su colega historiador, perdido en la cúspide de su brillante carrera.

---

[37] Cuffy fue el líder de la revuelta contra los holandeses en Berbice en 1763. Se ha descrito el evento como la rebelión más importante de la región antes de la revolución haitiana que la siguió cuatro décadas más tarde. Véase Alvin Thompson, "The Berbice Revolt, 1763-64."

[38] Aquí viene al caso citar a Fanon en su descripción del decaimiento del estado poscolonial bajo la dictadura militarizada, y la coalición establecida entre el liderato y la burguesía nacional. Véase "Pitfalls of National Consciousness." Véase también "Walter Rodney Inquest" 8. Mientras en el caso de Menéndez, el verdugo fue ajusticiado con el triunfo de la Revolución, el de Rodney nunca lo fue.

Así busca una medida poética para describir el caldero político y la persecución en los que se veía implicado el sujeto, y evoca,

> the long marches the court steps of tryall
>
>> the sudden sodden night journeys up the pomeroon
>> holed up in a different safe house every morning & try
>> ing to guess from the heat of the hand.
>> shake if the stranger was stranger or cobra or friend (53)

En lo que pudiera ser una percepción a posteriori acerca de lo arriesgado del activismo político, sugiere la voz poética que

> politics should be like understanding the floor.
> boards of your house
> swept clean every morning. Built by hands that know
> the wind and tide & language (54).

A medida que la retrospectiva de Brathwaite medita sobre la magnitud del crimen y la forma traidora de su ejecución, el poema recrea dramáticamente los últimos momentos de vida del sujeto en los que se da cuenta de que lo que creía que era un transmisor-receptor portátil (que llevaba en el regazo), era realmente un instrumento mortífero. El poeta hace que el aparato comunique el último mensaje de parte del no nombrado perpetrador en el momento en que su protagonista, "recognized the gorgon head inside the red eye/ of the walkie talkie" (52). Aquí la imagen de Rodney como un Perseo putativo a la caza de una "gorgona burnhámica" sea quizá de menor importancia que el deseo del poeta de aplicar el término con toda la fuerza que el vernáculo jamaiquino le da; es decir, para representar una figura dominante y repulsiva. Como caribeño y miembro de esa comunidad, a Rodney el texto le representa de manera más plena como "one a dem ital brothers who had grace", asociándolo así con el rastafarianismo ascético. En este caso la metáfora fraterna entre la colectividad masculina negra reafirma la cotidianidad y la cualidad vernácula del sujeto. También evoca una ocasión anterior de diálogo y alimentación ideológica en la que había participado Rodney en Jamaica.

Después de cumplir su contrato en la *Tanzania University College* en 1968, Rodney había regresado a su alma mater, la *University of the West Indies*, para asumir la cátedra de historia. En este período dio rienda suelta a su convicción de que como intelectual, y sobre todo como profesor de historia africana, su compromiso no era el del "objetivismo apolítico" del profesorado burgués.³⁹ Más bien debía ponerse al servicio de las masas iletradas. Para ellas un conocimiento del pasado africano sería la clave de su identidad y su autoestima racial. Llevó su práctica pedagógica a las comunidades marginadas de los guetos de Kingston y en éstos fue iniciado a la ontología y oralidad rastafarianas.

El análisis que hace Rodney de las fallas del gobierno posindependencia de Hugh Shearer en Jamaica en 1968, de su demagogia y su actitud entreguista ante el capital, resultó en su expulsión de la isla. El destierro impuesto cuando salió a un congreso en Canadá, provocó motines masivos en la capital, Kingston.⁴⁰ Indudablemente es a raíz de su reivindicación de los pobres y su identificación con los marginados rastafarianos que el poeta lo incluye en esa comunidad, referida neologísticamente como la del *"dreadren"*. La asimilación de Rodney a la hermandad de los *dread* (*"dreadren"*) es también un tributo al hecho de su abandono de la ética colonial que hace de la erudición un índice de elitismo y movilidad social. También señala su endoso del rastafarianismo en cuanto paradigma de la contramodernidad.⁴¹ Por su humanismo y su crítica resuelta, expresados por el poeta como su "bridge from man to men" (55) y, no obstante los trágicos efectos personales, se compromete a crear un testimonio/legado que sería entregado a la posteridad por los *dreadren*. Sería el poema mismo. Ante el aplazamiento de los honores debidos en su patria, Brathwaite, el poeta barbadense, ha invocado un pueblo caribeño más amplio, para dedicarle un monumento lírico al historiador.

Para los artistas e ideólogos más destacados de la región, dar por sentado una comunidad caribeña ha sido una constante desde el siglo XIX, tal y como se indicó al principio de este artículo. Que no haya sido posible entre ellos trascender las divisiones y las diferencias impuestas se debe más al peso del determinismo histórico, que al deseo de superar los retos objetivos de la integración. Hay que pensar sólo en los embargos comerciales impuestos a las revoluciones haitiana y cubana, el primero de sesenta años, el segundo de más de cuarenta hasta el momento, para darse cuenta del peso de la presencia hegemónica estadounidense. La multiplicidad de las intervenciones armadas habla por sí misma. Ante los reveses recientes a la soberanía caribeña; el caso granadino, la caída del

---

³⁹ Véase Alpers 68.
⁴⁰ Véase al respecto *The Groundings with my Brothers*.
⁴¹ Véase *Chanting Down Babylon: The Rastafari Reader*. Nathalie Samuel Merrell et. al.

comunismo y el prolongado período especial en Cuba, la ubicuidad de la casta burguesa poscolonial, etc., la pregunta sobre qué hacer parece indicar una respuesta que apunta más allá de la nación jamesiana. La globalización actual del capital, que ha prefigurado la muerte del estado-nación, y la transnacionalización del proletariado le imponen un aura de anacronía.

La discusión de Hardt y Negri en *Empire* nos recuerda que la nueva combinación de fuerza y capital no es ni "eterna" ni es "insuperable" (386). Tomando en cuenta la pregunta provocativa que hace Beverley sobre quiénes podrían resultar los cristianos de hoy (para responder a la analogía que hacen Hardt y Negri entre la configuración imperial actual con la de la Roma antigua),[42] la idea de que contraataquen los subalternos nos remite una vez más a la observación aristotélica acerca de la función de la poesía al profetizar aquello que puede suceder. Se trata, en última instancia, de la relación entre el arte y lo agencial, de la *poiesis* entre los intersticios de lo mítico y lo material, y finalmente, de la importancia biopolítica de las personas a las que se dedicaron las elegías que aquí se analizaron.

Bibliografía

Aguirre, Mirta. "En torno a la Elegía a Jesús Menéndez". *Estudios literarios*. La Habana: Editorial Letras Cubanas. 1981. 103-12.

Alpers, Edward. "The Weapon of History in the Struggle for African Liberation". *Walter Rodney, Revolutionary and Scholar: A Tribute*. Edward Alpers y Pierre-Michel Fontaine, eds. University of California Los Angeles: Center for Afro-American Studies and African Studies Center. 1982. 59-76.

Beverley, John. "The Margin at the Center: On *Testimonio*". *The Real Thing: Testimonial Discourse and Latin America*. Georg Gugelberger, ed. Durham: Duke University Press, 1996. 23-41.

_____ "Who are the Christians Today?" *Rethinking Marxism* 13/3-4 (2001): 144-48.

Bhabha, Homi, ed. "Introduction: Narrating the Nation". *Nation and Narration*. London: Routledge, 1990.

Brathwaite, Edward Kamau. *Wordmaking Man: Poem for Nicolás Guillén in Xaymaca*. Mona: Savacou Cooperative. 1979.

_____ *Third World Poems*. Essex: Longman Group, 1983.

_____ *Middle Passages*. Nueva York: New Directions, 1993.

Dathorne, Oscar. ed. "Walter Rodney Inquest." *Journal of Caribbean Studies*. 7/1 (1989): 1-70.

---

[42] John Beverley, "Who are the Christians Today?"

de la Fuente, Alejandro. *A Nation for All: Race, Inequality, and Politics in Twentieth-Century Cuba*. Chapel Hill: University of North Carolina Press, 2001.
Farred, Grant (Ed.). *Rethinking C.L.R. James*. Cambridge: Blackwell Publishers Inc., 1996.
Fanon, Frantz. *The Wretched of the Earth*. Nueva York: Grove Weidenfeld, 1991.
Fenichel, Otto. *The Collected Papers of Otto Fenichel*, Tomo 1. Nueva York: Norton and Company, 1953.
García Galló, Gaspar Gorge. *Esbozo biográfico de Jesús Menéndez*. La Habana: Editora Política, 1978.
Guillén, Nicolás. *Obra Poética*. Tomo 1. La Habana: Editorial de Arte y Literatura, 1974.
____ "Conversación con Nicolás Guillén". *Recopilación de textos sobre Nicolás Guillén*. Nancy Morejón, ed. La Habana: Casa de las Américas, 1974. 31-61.
Hardt, Michael y Antonio Negri. *Empire*. Cambridge: Harvard University Press, 2000.
Harney, Stefano. *Nationalism and Identity: Culture and the Imagination in a Caribbean Diaspora*. Kingston: University of the West Indies, 1996.
Helg, Aline. "La Mejorana Revisited: The Unresolved Debate between Antonio Maceo and José Martí". *Colonial Latin American Historical Review* 10/1(2001): 61-90.
James, C.L.R. *The Black Jacobins: Toussaint L'Ouverture and the San Domingo Revolution*. Nueva York: Vintage Books, 1963.
____ *C.L.R. James: At the Rendezvous of Victory, Selected Writings*. London: Allison & Busby, 1984.
____ "A conversation with Stuart Hall". *Rethinking C.L.R. James*. Grant Farred, ed. Cambridge: Blackwell Publishers Inc., 1996. 15-44.
____ "Walter rodney and the Question of Power". *Walter Rodney, Revolutionary and Scholar: A Tribute*. E. Alpers y P.M. Fontaine, eds. Los Ángeles: University of California, Center for Afro-American Studies & African Studies, 1982. 133-46.
Jameson, Fredric. "Periodizing the 60s." *The Ideologies of Theory, Essays 1971-1986*. Tomo 2. Minneapolis: University of Minnesota Press, 1988. 178-208.
Jan Mohammed, Abdul. "The Economy of Manichean Allegory: The Function of Racial Difference in Colonial Literature." *Critical Inquiry*. 12/1(1985): 59-87.

Larsen, Neil. "Negativities of the Popular: C.L.R. James and the Limits of 'Cultural Studies' ". *Rethinking C.L.R. James*. Cambridge: Blackwell Publishers, 1996. 85-102.

Mariott, David. "Bordering on: The Black Penis". *Textual Practice* 10/1(1996): 9-28.

Meeks, Brian. "Introduction: On the Bump of a Revival." *New Caribbean Thought: A Reader*. Brian Meeks y Fred Lindhal, eds. Jamaica: The University of the West Indies, 2001. viii-xx.

Murrell, Nathaniel Samuel et. al. *Chanting Down Babylon. the Rastafari Reader*. Philadelphia: Temple University Press, 1998.

Morejón, Nancy. *Cuaderno de Granada*. La Habana: Casa de las Américas. (s/d).

Pancrazio, James. "Maceo's Corps(e): The Paradox of the Black *and* Cuban". *Caribe: Revista de Cultura y Literatura* 2/2 (1998): 83-99.

Pierre-Charles, Gérard. *Génesis de la revolución cubana*. México: Siglo XXI, 1978.

Pieterse, Jan Nederveen. *White on Black: Images of Africa and Blacks in Western Popular Culture*. New Haven: Yale University Press. 1995.

Rabitt, Kara. "C.L.R. James's Figuring of Toussaint-Louverture: The Black Jacobins and the Literary Hero". *C.L.R. James: His Intellectual Legacies*. Amherst: University of Massachusetts Press. 1995. 106-17.

Reed, Ishmael. "How to get the Hip-Hop Generation to Read and Write". Conferencia magistral, "Race in the Humanities: An Interdisciplinary Conference", University of Wisconsin-La Crosse. 15 de noviembre de 2001.

Rodney, Walter. *A History of the Upper Guinea Coast: 1545 to 1880*. Nueva York: Monthly Review Press, 1970.

_____ *A History of the Guyanese Working People, 1881-1905*. Baltimore: The Johns Hopkins Press, 1981.

_____ *People's Power no Dictator and The Struggle Goes on*. London: The WPA Support Group, 1981.

_____ *How Europe Underdeveloped Africa*. Washington DC: Howard University Press, 1982.

_____ *The Groundings with my Brothers*. London: Bogle-L'Ouverture Publications, 1990.

_____ *Walter Rodney Speaks*. New Jersey: Africa World Press, 1990.

The Holy Bible, Containing the Old and New Testaments. Nueva York: American Bible Society, 1978.

Thompson, Alvin. "The Berbice Revolt, 1763-64." *Themes in African-Guyanese History*. Winston McGowan, James Rose, David Granger, eds. Georgetown: Free Press, 1998. 77-106.

Williams, Eric. *Capitalism and Slavery*. Chapel Hill: University of North Carolina Press, 1994.

Wynter, Sylvia. "Beyond the Categories of the Master Conception: The Counterdoctrine of the Jamesian Poiesis". *C.L.R. James's Caribbean*, Paget Henry y Paul Buhle eds. Durham: Duke University Press, 1992. 63-91.

Young, Robert. *Postcolonialism: An Historical Introduction*. Oxford: Blackwell Publishers, 2001.

Yúdice, George. "*Testimonio* and Postmodernism". *Testimonial Discourse and Latin America*. 42-52.

Para el arte, el arte

Nicolás Guillén y el modernismo hispanoamericano: hacia la superación de obstáculos

Keith Ellis

A Kurt Levy

A PARTIR DE LA DÉCADA DE LOS AÑOS OCHENTA DEL SIGLO XX, EL modernismo hispanoamericano entró en un período de crisis que no había conocido antes en los cien años de su inestable existencia. Son pocos los estudios dedicados últimamente al movimiento, lo cual evidencia que ya no ocupa una posición prominente en la conciencia de los estudiosos de la literatura hispanoamericana. He observado que estudiantes de posgrado que se consideran especialistas en esta literatura usan el término "modernismo" para referirse a un fenómeno literario y cultural europeo y norteamericano y, si se les pide, añaden una nota admitiendo la existencia histórica de un modernismo hispanoamericano. Es natural que en el transcurso del tiempo un movimiento literario pierda algo de su fuerza. Vienen otras tendencias a interesar a los lectores, nuevas perspectivas críticas vienen a elevar el impacto de la literatura de ciertas épocas y regiones y a disminuir el de otras; y esto sin obedecer ninguna norma cronológica. Un talento como el de Dante (1265-1321) puede quedar en una relativa oscuridad durante siglos y volver a brillar con la circunstancia política del *Risorgimento* de mediados del siglo XIX, de una campaña para crear una Italia unida. Otro talento como el de Luis de Góngora y Argote (1561-1617) puede volver a lucir tres siglos después de su primer florecimiento, gracias a una generación de escritores hispánicos que se deleitaba en juegos verbales a partir de la tercera década del siglo pasado. En ambos casos, con el examen detenido de la obra que los críticos han efectuado, por muy distinto que fuera el primer impulso de rescate, político en el caso de Dante, el arte por el arte en el de Góngora, la reputación del poeta va sostenida por la percepción de que en la obra hay un contenido serio y elevado, servido de y armonizado por admirables e imaginativos modos de expresión.[1] Los dos aprovechan la práctica poética de ciertos precursores, seleccionados para llegar a una identidad literaria propia, refinando y agrandando el dulce estilo nuevo en el caso de Dante, intensificando los modos latinos en la expresión española, en el caso de Góngora. Puede ser que el merecido resurgimiento del modernismo hispanoamericano ocurra en un futuro no muy lejano. Es aun más probable que cuando ocurra, las obras que ilustren mejor sus valores sean las de José Martí (1853-95) y Rubén Darío (1867-1916). Pero para llevar a cabo el trabajo de rectificación se tendrá que superar el considerable obstáculo de ciertas tendencias de la teoría y la crítica contemporáneas. Un fuerte indicador de la posibilidad de rectificar y superar es el alto concepto que grandes poetas hispánicos de varias generaciones han tenido de estos dos poetas modernistas, entre ellos Nicolás Guillén (1902-89), quien expresó su estima de varias maneras.

La existencia de otro modernismo, el europeo, apoyado además por una fuerte corriente norteamericana, es un factor que está perjudicando gravemente el prestigio del modernismo hispanoamericano. Ese modernismo está involucrado en toda la desgraciada historia de Europa, desde las últimas décadas del siglo XIX hasta mediados del siglo XX. Podemos reconocer en él ese estado de ánimo que los poetas de esa parte del siglo XIX reflejaban al hablar del *mal de siècle*, al declarar repetidas veces su nihilismo y al apoyar la fervorosa expansión del imperialismo, especialmente en África, o participar directamente en ella, como fue el

---

[1] En el caso de Dante las contribuciones de Leo Spitzer en su *Representative Essays* (114-204), de Erich Auerbach en su *Mimesis* (171-97) y de Ernst Robert Curtius en su *European Literature and the Latin Middle Ages* (348-79, *et passim*) tienen que tomarse en consideración en este sentido. En el caso de Góngora dos ensayos de Spitzer en su *Representative Essays* (83-122) son importantes, especialmente la primera, "On Góngora's 'Soledades'" donde concilia forma y contenido a base de la lucha hasta la victoria:
> The poet has mastered and tamed confusion. Poetry here becomes a battleground, a dramatic representation of the act of writing poetry, crowned finally by the victory of the poet. (92)
> (El poeta ha vencido y domado la confusión. La poesía aquí se convierte en un campo de batalla, en una dramática representación del acto de escribir poesía, coronado por fin por la victoria del poeta.)

caso de Arthur Rimbaud (1854-91), y que continuó en la degenerada decadencia expresada en los influyentes manifiestos futuristas de Filippo Tommaso Marinetti (1865-1944), con su ardiente promoción de la violencia, las guerras, la muerte y el fascismo, o sufrir la parálisis moral engendrada por un mundo visualizado como *The Waste Land* (1922), como es el caso de T. S. Eliot (1888-1965). Hay críticos europeos que de una manera madura y constructiva han tratado de corregir la dirección en que iba la literatura europea. El trío alemán, por ejemplo, formado por Leo Spitzer (1887-1960), Erich Auerbach (1892-1957) y Ernst Robert Curtius (1886-1950), quienes, sacando las lecciones apropiadas de la horrorosa experiencia hitleriana, fundaron su esfuerzo en estudios de la obra del gran Dante, en la coherencia de esa obra lograda por la dependencia mutua de forma y contenido, y buscaron y celebraron con rigor la literatura posterior a Dante que revelaba valores artísticos y humanistas parecidos a los del excelso florentino. Al mismo tiempo, no vacilaron en censurar a los escritores que por su negativismo y pesimismo no contribuyeron a animar el espíritu humano. Curtius, por ejemplo, siempre abogando por una literatura que proporcione fe y júbilo, ha indicado a cuál de los círculos del infierno Dante hubiera destinado a Eliot por haber pecado al producir su desalentadora poesía (Curtius 598).

En estas últimas décadas, el *boom* en la producción de teoría literaria ha aportado interesantes perspectivas sobre una enorme variedad de aspectos de la literatura. Los más destacados de los teóricos son europeos, pero su fuerte impacto en Norte América, su presencia en las universidades, ha ocasionado una explosión de actividad en este campo que va adquiriendo dimensiones globales. Algunos aspectos de esta actividad, por ejemplo sus exploraciones de posibles usos de palabras e imágenes que entrelazan diferentes textos –que ayudan a los lectores a percibir semejanzas y diferencias entre distintos autores– y la continuidad histórica de la experiencia literaria, son globalmente útiles. Algunos creadores literarios son también formuladores de teorías y están prestando atención a las teorías que otros van divulgando. Se puede observar en un autor como el paraguayo Augusto Roa Bastos (1917-) que no sólo le interesan las proposiciones de la teoría literaria contemporánea como materia de su profesorado, sino que las utiliza abierta, si no siempre felizmente, en su producción novelística, en *Yo el Supremo*, por ejemplo.[2] En efecto, la teoría

---

[2] Trato este tema en mi ensayo "Power Without Responsibility:The Function of Words in Augusto Roa Bastos's *Yo el Supremo*," que pronto aparecerá en *The Power of Words*, eds. Mauro Buccheri, Elio Costa, Donald Holoch.

literaria ha venido constituyéndose como nueva materia compuesta de literatura, historia, filosofía y lingüística que ha dado lugar a muchos debates.

El énfasis contemporáneo en el posmodernismo, en tratar de clasificar sus constituyentes heterogéneos, si no caóticos, ha intensificado la investigación acerca del modernismo. El teórico Frederic Jameson –en sus ensayos "The Politics of Theory: Ideological Positions in the Postmodernism Debate" y "Postmodernism, or the Cultural Logic of Late Capitalism" y varios otros– es quien tal vez lo haya estudiado más, incluso en su dimensión histórica. Sus ensayos han provocado diversas respuestas (algunas de ellas de colegas como Terry Eagleton "Capitalism, Modernism and Postmodernism") que comparten las posiciones marxistas y dan una marcada amplitud a sus consideraciones de factores históricos, filosóficos y culturales en sus estudios. Sin embargo aun aquí, en los ensayos mencionados, todos los ejemplos citados de la literatura, de las artes plásticas, de la historia, de la política, de la filosofía, son europeos o norteamericanos, es decir, de sociedades industrializadas. Si lo que motiva estos estudios es la idea de la defensa de los intereses culturales del pueblo, las complejidades del debate entre teóricos oscurecerán para muchos esa intención. Además, el pueblo que uno visualiza en esta lectura es relativamente privilegiado y supuestamente tiene a su disposición comodidades y artefactos culturales que están fuera del alcance de gran parte de los trabajadores (y de los desempleados) de Latinoamérica y el Caribe. Aunque la conciencia que muchos tienen de vivir en una época especial, que es una característica del modernismo europeo, puede reconocerse también como un rasgo del modernismo hispanoamericano; hay modos de responder a esta conciencia que distinguen el modernismo europeo del hispanoamericano, lo cual ninguno de los dos menciona. Si se puede decir que la teoría de Jameson y de Eagleton queda a cierta distancia de la realidad y del modernismo hispanoamericanos, por lo menos no afecta negativamente el prestigio del movimiento. Lo mismo no puede decirse de otras prominentes tendencias de la onda teórica. El estructuralismo francés que podemos asociar estrechamente con la obra teórica y crítica de Gerard Genette representa un neoformalismo que privilegia estructura a expensas de sustancia y no contribuye significativamente a un movimiento que en gran parte mantiene sus lazos con una tradición regional americanista y que por eso trata de asuntos significativos relacionados con la vida de la región. Pero el aspecto de la fuerza de la preocupación teórica que es más dañino no sólo para la reputación del modernismo sino para la de la literatura hispanoamericana en general es la fuerte corriente de la llamada desconstrucción. Teóricos como Paul de Man, Jacques Derrida, J. Hillis Miller, que han gozado y todavía gozan de gran fama, establecieron una base importante en Yale University y otras instituciones norteamericanas y principalmente desde ellas pronto difundieron a través de libros, revistas, colegas y estudiantes conceptos de la literatura que favorecían el escepticismo ante la producción literaria. En la práctica los críticos tendían a competir con el autor, buscando fallos, omisiones, contradicciones y presentando sus descubrimientos (a veces invenciones y fabricaciones) en un lenguaje que suele destacarse por la terminología generativa y los juegos de palabras.[3] Estas tendencias han afectado negativamente el prestigio de las literaturas de los países hispanoamericanos y caribeños, en especial de los que no gozan de la infraestructura cultural para defender y animar a sus escritores. Además, a veces aparecen motivaciones políticas para intensificar el intento de minar la obra de ciertos autores y de ciertas actitudes regionalistas en una época de fuerzas poderosas que abogan por la globalización. En fin, con el auge de estas tendencias críticas ya no se habla de ningún *boom* de la literatura hispanoamericana y caribeña, e incluso algún que otro notable autor ha abandonado el área para asociarse plenamente con uno que otro de los estados de la Comunidad Europea. Y del Bravo a Magallanes se difunde un aire de abatimiento.

El énfasis en la estructura formal y la práctica desconstruccionista de desfigurar el mensaje y el papel del autor, de tratar las palabras como si ellas gozaran de poderes intencionales ha sido perjudicial para un área cuya mejor literatura ha participado en la búsqueda de modos para mejorar las condiciones de vida de su pueblo. Esta es la herencia suprema de lo mejor del modernismo hispanoamericano. Está presente en la obra que generalmente es considerada como la que inició el movimiento, *Ismaelillo* de José Martí, con su impulso prometeico. Y aunque este impulso no sea

---

[3] He observado en mis clases de posgrado que al comentar versos como éstos de "Las alturas de Macchu Picchu" de Pablo Neruda:
    En ti, como dos líneas paralelas,
    la cuna del relámpago y del hombre
    se mecían en un viento de espinas, (I, 339)
los estudiantes de tendencia desconstruccionista ven en ellos un error gramatical que delata un intento de imponer una intimidad entre el hombre y la naturaleza que no existe. Los que se inclinan hacia Spitzer entienden que el uso revela excitación psicológica en un momento clave de la narrativa del poema cuando el poeta ve realizada su intuición de esa intimidad.

evidente en la obra de gran parte de los numerosos poetas que tradicionalmente son considerados como modernistas en Hispanoamérica, sin duda fue continuado en la obra de quien se hizo la figura principal de ese movimiento, Rubén Darío.

Distinguidos poetas de posteriores generaciones, entre ellos Vicente Huidobro (1893-1948), Federico García Lorca (1898-1936), Jorge Luis Borges (1899-1986), Pablo Neruda (1904-73), Octavio Paz (1914-98), Mario Benedetti (1920-), Fina García Marruz (1923-) y Roberto Fernández Retamar (1930-),[4] han comentado su obra y por lo menos implícitamente han indicado la opinión que tienen del modernismo hispanoamericano. Ninguno de ellos ha manifestado mayor interés en el aclamado líder del movimiento y ha hecho observaciones más atinadas al respecto que Nicolás Guillén. Varios aspectos de su obra han ayudado a quitar obstáculos para un mejor aprecio del modernismo hispanoamericano, a identificar los vínculos de este modernismo con las tradiciones más venerables del humanismo y a proporcionar más razones por su vigencia.

Guillén empezó a escribir poesía en 1917 y en 1922 preparó *Cerebro y corazón*, una selección de su poesía de esa primera época, que después no quiso publicar. Ángel Augier, en su "Prólogo" a la *Obra poética* de Nicolás Guillén (ix), ha explicado, justificando la decisión de Guillén, que los ecos en esos poemas de la poesía de Rubén Darío y de otros poetas modernistas eran demasiado insistentes y que Guillén recurría a un movimiento ya gastado: "el modernismo en su período declinante, ya reducido a imágenes manoseadas, a giros resabidos, a simples fórmulas de lugar común". Y es cierto, a veces se encuentran estos rasgos en aquella temprana poesía de Guillén. Pero creo que son necesarias ciertas aclaraciones: Rubén Darío murió en 1916, pocos años antes de la compilación. Dudo que la descripción del "modernismo en su período declinante" pueda hacerse de la poesía de Darío de la última década de su vida, una poesía caracterizada por una enorme fuerza inventiva (riqueza de expresión y maduro compromiso social, como veremos) que continúa atributos visibles desde la primera época de su poesía, mezclados con los aspectos decorativos de la poesía que manifestaba influencias parnasianas. Parece que el comentario de Augier se refiere más a algunos de los muchos poetas que trataron de seguir los pasos de Darío y que lo entendieron mal. Por otra parte, hay

---

[4] Véase comentarios de algunos de estos poetas en *Critical Approaches to Rubén Darío*, (53, 54, 55, 106).

que hacer hincapié en una característica de estos poemas juveniles de Guillén porque va a ser una constante de su poesía. Y es que en varios poemas de la colección, el poeta admite las dificultades de la vida pero no se rinde ante ellas. Más bien termina desafiando la suerte adversa. El poema "La amarga ironía" termina con los versos:

> La vida hay que aceptarla como es;
> y aun en el lodo, di dentro del lodo:
> "luchar para vencer..."

En el poema "Gota" destaca la idea de no vivir bajo las sombras de la muerte y, aunque el poeta sigue la tradición establecida en el siglo XIX de descargar sus quejas en "El mal del siglo", busca refugio no en la muerte sino en la soledad. Dedica sus "Palabras fundamentales" totalmente a la idea del desafío, terminando el poema con los versos

> ¡sacude el ala del atrevimiento
> ante el atrevemiento del obstáculo!

Este espíritu está presente, pues, en la poesía escrita antes de *Motivos de son*. Y hay que recordar que poemas de esta índole, "Caña" y "Pequeña oda a un negro boxeador cubano," publicados en el libro *Sóngoro cosongo* de 1931, además con una perspectiva colectiva, fueron escritos en 1929. Para mantener el espíritu de desafío, Guillén tuvo que evitar otra tendencia que disuadía a los poetas de adoptar una posición contenciosa en su obra. La moda del arte por el arte o de la deshumanización del arte había llegado a Cuba y muchos poetas habían abandonado cualquier intento de enfrentar obstáculos sociales para estar en la vanguardia artística, optando por jitanjáforas vacías y juegos de palabras.

Guillén escogió otro camino hacia la vanguardia que lo llevó a *Motivos de son, Sóngoro cosongo* y *West Indies Ltd...*, y todos los demás libros en los cuales, aun en las elegías, nunca pierde de vista la fe en la lucha por un mundo mejor, y puede expresar júbilo. Desde el poema "Alma-música" de *Cerebro y corazón* había indicado que la música iba a tener un papel central en su poesía. Ya estaba demostrando en estos primeros poemas su interés y su capacidad por dominar este aspecto del arte del verso y adquirir el "múltiple trino" que en su poema "Arte poética" de 1958 reveló que Darío le había enseñado. Si en Darío la música funcionó como parte de su ambición pitagórica de ver alcanzada la armonía en el mundo, en Guillén es una manifestación de su deseo de ver realizada la integración social. Por eso, en *Motivos de son* la música funciona en contrapunto con la difícil realidad presentada y como si fuera un modelo de la armonía total, esperada en poemas como "Son número 6" o "No sé por qué piensas tú", y realizada luego en un poema como "Se acabó" del período del triunfo de la Revolución.

La estrecha relación que tiene la poesía de Guillén con la historia es un factor que le habría interesado a Auerbach, según podemos inferir de su procedimiento crítico en general y específicamente de su análisis de una escena de la novela *Le rouge et le noir* (1830) de Stendhal (Henri Beyle, 1783-1842). Auerbach explica:

> Lo que nos interesa en esta escena es lo siguiente: que sería casi incomprensible sin el conocimiento preciso y minucioso de la situación política, de las clases sociales y de las circunstancias económicas de un momento histórico bien determinado, a saber, el de Francia poco antes de la revolución de Julio, de acuerdo en esto con el subtítulo que lleva la novela: *Chronique de 1830*. (431)

Además el poema de Guillén, "Se acabó," con los versos:

> Te lo prometió Martí
> y Fidel te lo cumplió (*Obra poética*, II, 140)

ilustra perfectamente el concepto *figural* (Martí como prefiguración de Fidel) que tiene gran importancia en el sistema teórico de Auerbach (526).

En las palabras de Auerbach citadas arriba es evidente la conciencia que él tiene de la historia, su atención a factores de clase, de política y de la economía de sociedades específicas, para su teoría literaria. Hemos observado también la contribución sico-lingüística de Spitzer y la idea de la vitalidad humanista de Curtius. En efecto, cada uno de estos filólogos goza hasta cierto punto del conjunto de cualidades que encontramos en los tres. Todos creen implícitamente en la necesidad de la coherencia de la obra literaria, en la idea de que las partes de la obra funcionan dinámicamente para conformar un todo íntegro. La ambición de ellos era hacer que la literatura europea participara en el trabajo de rescatar la civilización europea y encaminarla bien.[5] La constancia que mostraron en este empeño se debe a lo que Spitzer (448) y Auerbach (528) denominan

---

[5] Véase, por ejemplo, la expresión explícita de esta ambición y el papel central en ella de la idea de lo orgánico, en su ensayo "'Geistesgeschichte' vs. History of Ideas as Applied to Hitlerism" (207-21).

específicamente el amor, y Curtius, por su deseo de promover la alegría, evoca con el mismo sentimiento.

No escribieron sobre literatura hispanoamericana, pero la continuación de sus preceptos y valores ha sido provechosa en la crítica de esta literatura. Por ejemplo, Ulrich Leo, filólogo y consciente colega de Spitzer, encontró refugio en Venezuela después de su huida de la Alemania de Hitler. Empezó en 1938 a escribir sobre la literatura hispanoamericana y pudo compararla, aun teniendo en cuenta sus instancias de decadencia, con la europea en los siguientes términos:

> ¡Y cuán sublime, cuán envidiable nos parece, desde nuestro Infierno de derrumbe mundial, aquella decadencia, aquel *fin-de-siècle*, que ha resultado ser el fin de la cultura europea! (160)

Considerando la obra de Gabriela Mistral y de Rómulo Gallegos dice de ellos:

> arrancan ambos de una misma base ética. Para ambos tiene fuerza la responsabilidad pública; parte de su empuje creador estriba en el amor social convertido en poesía. (191)

Estos comentarios de Leo indican que ha descubierto en la literatura hispanoamericana contemporánea, lo que el trío de sus colegas compatriotas podían encontrar sólo en un pasado distante en Europa. Indican también que la teoría establecida por ellos coincide en su esencia con la que el tradicional buen sentido humanista que ha guiado la evolución de la crítica literaria hispanoamericana ha producido, incluso la de Guillén. Hay que añadir que observamos en Leo una actitud antinazista y antidecadente mucho más comprometida que la de Spitzer.

Puede ser que esto se deba en parte a los distintos ambientes culturales en que encontraron el refugio: Hispanoamérica en el caso de Leo, Estados Unidos en el caso de Spitzer. Por supuesto, la crítica literaria hispanoamericana tiene que abarcar cuestiones que no están en el ámbito europeo o que se entienden en Europa (y en Norteamérica) desde un polo adverso: entre ellos, el colonialismo, el imperialismo, relaciones raciales, además de diversos aspectos lingüísticos. Quien ha sido consciente de todo esto –y de mucho más en su formulación de una teoría apropiada– es Roberto Fernández Retamar en su libro *Para una teoría de la literatura hispanoamericana*. La preparación lingüística de Retamar, su amor social (que da a su concepción de filología una mayor presencia del autor que lo que le dan Spitzer y sus exagerados seguidores en esta línea), su concepto de la responsabilidad social del autor, su atención al papel de la ética, su promoción del rigor en la lectura, su análisis perspicaz de los factores que impiden el progreso de América, su constancia en dar énfasis a una perspectiva histórica que favorezca los intereses de las víctimas del colonialismo, el imperialismo y el racismo: todos estos valores apoyan su visión de una teoría de la literatura hispanoamericana, una visión más sistemáticamente elaborada pero esencialmente en consonancia con la de Guillén. Es una visión introducida con el movimiento de independencia y especialmente en la tercera década del siglo XIX. Martí y Darío han ayudado a agudizarla, y Guillén continúa desarrollándola de forma significativa en su poesía y su crítica literaria.

La atención que tanto Darío como Guillén prestan a la armonía, a la síntesis y calidad de forma y contenido (y los vínculos que Guillén siente entre él y Darío), son evidentes en varias observaciones de Guillén. En 1967 ofreció estos comentarios acerca de Darío: "su sensibilidad habría comprendido el carácter de nuestra época y la responsabilidad que toca al escritor en ella" (Guillén, *Prosa de prisa*, III, 310), perdurando así en Guillén una imagen que había dibujado treinta años antes en su ensayo de 1937 sobre Waldo Frank (1889-1967) de un Darío americanista preocupado por la condición enfermiza de la América "de convulsivos nervios y frente pálida" (Guillén I, 7). Con relación a la técnica, Guillén declara, también en 1967: "Darío nos pertenece; nadie puede arrebatárnoslo. Él nos enseña el camino de la perfección técnica que todo creador debe transitar si es honesto consigo mismo en primer término" (Guillén III, 310). En efecto, la admirada presencia de Darío figura más frecuentemente en la obra de Guillén de lo que se ha sospechado; aparece tanto en las actitudes favorables hacia él que predominan en sus ensayos como en referencias directas en los libros *La paloma de vuelo popular* (1958) y *En algún sitio de la primavera: Elegía* (1964). Aparece también, más sutilmente, en las muchas intertextualidades amistosas dispersas en su poesía. Por ejemplo, entre los poetas de los últimos siglos Darío es tal vez quien más ha usado la epístola, incluso existe una encontrada apenas en el año 2000 en la Widener Library de Harvard University, dedicada al poeta mexicano Amado Nervo, en la que rechaza la designación de "decadentes" tal como los críticos la habían empleado para caracterizar a modernistas como él y Nervo. Guillén ha escrito cuatro epístolas en las que conversa con distintas epístolas de Darío. En este contexto hay que mencionar especialmente la relación que Guillén forjó entre la magistral "Epístola a la señora de Leopoldo Lugones"

(1906) de Darío y su propia "Epístola" (1957). Guillén crea elementos que forman paralelos con el poema de Darío: la ardiente sensualidad, la seductora comida, la atractiva naturaleza, el lenguaje a veces elevado, a veces conversacional, la hostilidad hacia París y la nostalgia, para subrayar, entre otras cosas, el espíritu hispanista de Darío y el sentimiento patriótico de Guillén.[6] Otra área de fecundas relaciones intertextuales entre los dos poetas es la poesía amorosa, sobre todo la del libro *En algún sitio de la primavera: Elegía*. Además, en la ocasión del centenario del nacimiento del poeta nicaragüense, Guillén organizó una espléndida conferencia internacional sobre él en Varadero, Cuba, dieciocho años antes de que Ernesto Cardenal (1925-) organizara la primera conferencia internacional sobre Darío en su país natal. Son realmente extensas e íntimas las relaciones entre Guillén y el reconocido líder del movimiento modernista hispanoamericano.

Martí, el iniciador del movimiento, es también el Héroe Nacional de Cuba. No es sorprendente pues que aparezca con gran frecuencia tanto en la prosa como en la poesía de Guillén, siempre como figura que merece la más profunda admiración. Para empezar, en su artículo "Pero ¿Y Martí?," pone a Darío, a quien tanto admira, en deuda con Martí: "Rubén Darío...que tanto debe al autor de los *Versos sencillos* (Guillén II, 192). En un discurso sobre Martí pronunciado en Beijing en 1953 (II, 158-166), uno de los mejores resúmenes de la vida de Martí, en el año del centenario de su nacimiento y una vez comenzado el largo período del exilio de Guillén, éste dice de él: "Como escritor, Martí es uno de los más grandes de la lengua. Orador, político, periodista, poeta, agitador, todo lo fue en magnitud excelsa" (160).[7]

Dice Guillén además, "[h]ombre de acción y poeta, Martí representa mejor que nadie en América el celo por la perfección de la forma tanto como el vigor del concepto; la exigencia implacable del bien decir y del bien pensar, que lo llevó a pulir el idoma no con aderezos y afeites femeniles, sino con los relámpagos que un creador verdadero puede sacar de su trato con la materia estatuaria, digamos granito, bronce, mármol" (III, 111). En

---

[6] Comento en más detalle las relaciones literarias entre Guillén y Darío en mi artículo "La comida como metonimia: Jorge Luis Borges, Rubén Darío y la 'Epístola' de Nicolás Guillén", que va a aparecer en un próximo número de *Revista de la Universidad de La Habana*.
[7] Para un artículo que trata más extensamente sobre los lazos entre Martí y Guillén, véase Keith Ellis, "Antirracismo y antimperialismo: Constantes poéticas de José Martí y Nicolás Guillén". *Anuario de Estudios Martianos* 13 (1990).

el poema "Martí" (1964) Guillén muestra el mismo aprecio por el hombre polifacético que sobresale en varios campos. Claro está que según el criterio de Guillén, para ser poeta en magnitud excelsa es necesario ofrecer los más nobles, progresistas y sensatos conceptos de una manera que demuestre un dominio de los aspectos técnicos del arte poético.

El alto concepto que Guillén tiene por estos dos grandes modernistas no quiere decir que admire a los modernistas en general. Guillén se ha tomado la molestia de escribir sobre muy pocos de los numerosos poetas que suelen aparecer en las antologías de poetas modernistas. En su etapa juvenil le dedicó un soneto a Amado Nervo (1870-1919). Escribió un ensayo relativamente largo sobre Ramón López Velarde (1888-1921) en el cual menciona a otros poetas mexicanos que se agruparon bajo el "ala inmensa" (II, 354) del modernismo y lo compara favorablemente con ellos por su voz auténtica y la popularidad de su poema "Suave Patria". Escribió también un artículo titulado "Díaz Mirón o la angustia de la forma" (II, 372-74). Aquí Guillén aprovecha para criticar implícitamente a los poetas menores del modernismo (su obsesión formal). Recurre aquí a su prosa burlona, comentando que Salvador Díaz Mirón (1853-1928) "[p]ulió el poema hasta hacerlo sangrar" (372).

La actitud de Guillén hacia Julián del Casal (1863-93), su renombrado compatriota, es edificante. Guillén no escribió ningún artículo sobre él; tampoco le menciona en ningún poema. Los que leen descuidadamente la obra de Martí tengan tal vez la impresión de que por haberle dedicado un ensayo en la ocasión de su muerte, Martí le había elogiado sin reservas. Pero al Guillén que había criticado a Díaz Mirón, su inatención a la sustancia de su poesía, no se le iban a escapar las palabras de censura incluidas en el ensayo de Martí. En su ensayo "Hablemos de la calidad", Guillén comenta citando a Martí: "Pero también sabe Martí criticarle, no sin finura y tacto, que le tomara 'la poesía nula y de desgano falso e innecesario con que los corifeos del verso parisiense entretuvieron estos años últimos el vacío ideal de su época transitoria...'" (III, 306). En otra ocasión Guillén resume: "Martí (tan celoso de lo esencial americano) reprocha a Casal su apego a las formas francesas decadentes" (III, 366). Las propias palabras y opiniones de Guillén son aun más severas: "El poeta político, al modo que lo fueron Lamartine y Hugo, cedió plaza al poeta 'maldito' al modo de Verlaine y Baudelaire, y en este punto es Casal nuestro ejemplo más desgarrador, dicho sea no sólo para referirnos a la naturaleza de su verso sino también a su modo de entender la vida, que para los poetas de su estirpe debía ser un fenómeno alejado de todo contacto humano" (III, 135).[8] Rubén Darío ha ofrecido su perspectiva sobre algunas de las predilecciones de Casal y, señalando la discrepancia entre la elegancia de su estilo y lo lúgubre del contenido de su poesía, le llamó "desdichado ruiseñor del bosque de la muerte" (Darío, I, 691).

De todos los poetas modernistas hispanoamericanos, Casal es tal vez el que ha tenido vínculos más estrechos con escritores franceses de fines del siglo XIX; y mantiene estos vínculos sin manifestar ninguna adhesión a una identidad cubana o hispanoamericana. Es muy probable que con estas actitudes Casal contribuyera significativamente a que varios críticos hispanoamericanos, formados en la tradición del americanismo literario, José Enrique Rodó (1872-1917) por ejemplo, llamaran "decadentes" a los modernistas. Sólo con una cuidadosa lectura de *Prosas profanas* de Darío, Rodó en su ensayo "Rubén Darío: su personalidad literaria, su última obra" de 1898 había podido declarar que "soy un modernista también" (191) y dejó de usar desde entonces el término "decadente" en lugar de "modernista". Sin embargo, persistió en América el hábito despectivo del cual Darío tuvo que quejarse en la epístola a Amado Nervo; persistió en parte porque coexistía un modernismo europeo que era de veras decadente, en parte porque algunos poetas que se agruparon bajo el "ala inmensa" del modernismo hispanoamericano eran de veras decadentes. De ahí la incomodidad de Darío. De ahí también la opinión de ciertos críticos, Juan Marinello (1898-1977) y José Antonio Portuondo (1911-1996) por ejemplo, de que la obra de Martí, y cito a Marinello, es "de un hecho de distinta

---

[8] Estuve con Guillén en Jamaica en 1975 cuando fue a recibir el título de Doctor Honoris Causa de la University of the West Indies. Estábamos conversando acerca de literatura cubana cuando recordé que en una visita anterior a Cuba había dejado unos libros en su oficina que me iban a enviar y no me habían llegado. Me aconsejó que escribiera una nota a Sara Casal, su ayudante de administración en la UNEAC para saber qué había pasado con los libros, y procedió a deletrear el apellido de Sara. "Como Casals", me dijo, "el violonchelista español radicado en Puerto Rico, sin la s final". "O como Julián del Casal", le contesté. "Como Casals sin la s final", me dijo. Me pareció un poco rara la insistencia, el desvío por otro país, otro campo, y otro apellido cuando la referencia al poeta modernista cubano hubiera sido tan apropiada. No insistí sobre el asunto. Años después me di cuenta de la explicación. Había observado que él nunca había visto con buenos ojos a Casal y, después de su muerte, a través de su *En algún sitio de la primavera: Elegía*, supe que para él Sara Casal era persona insuperable. Como el hombre de firmes principios que era, no quería asociar a su Casal con Casal. No quiso contaminar a Casal con Casal.

naturaleza y mayor alcance, en que el modernismo queda inserto" (17-18).

Es posible aislar aspectos formales y comparar a Casal con Rubén Darío, por ejemplo. Lo que es más probable es que este tipo de estudio quede en el aire sin probar las dimensiones profundas de la contribución del nicaragüense. Cuando Vicente Huidobro, un ardiente buscador de nuevas formas, se encontraba en la Francia de 1916 enfrentando con una actitud madura y sana las locuras de las teorías estéticas reinantes en esos momentos de guerra, se dio cuenta de que podía apoyarse en Rubén Darío, en su juicio crítico de las teorías de Marinetti y en su inspiradora poesía que había continuado hasta sus últimos años. Si la sabiduría de modernistas como Darío y Martí hubiera sido influyente en la Europa de entonces, críticos como Curtius, Spitzer y Auerbach hubieran tenido mayores posibilidades de disfrutar en sus días de una literatura europea que reflejara fe y júbilo, vida y esperanza. Nicolás Guillén, con su propia obra creativa y su acertada visión crítica, nos ha ayudado a entender que hay un modernismo hispanoamericano y caribeño de granito, bronce, mármol, apropiadamente labrado, y que debemos respetarlo y celebrarlo.

Bibliografía

Auerbach, Erich. *Mimesis: La representación de la realidad en la literatura occidental*. Rafael Hernández, trad. La Habana: Editorial Arte y Literatura, 1986.

Curtius, Ernst Robert. *European Literature and the Latin Middle Ages*. Willard R. Trask, trad. New York: Pantheon Books, 1953.

Darío, Rubén. *Obras completas*. 5 tomos. Madrid: Afrodisio Aguado, 1950.

Eagleton, Terry. "Capitalism, Modernism and Postmodernism". *Against the Grain*. London: Verso, 1986. 131-47.

Keith Ellis. "Antirracismo y antimperialismo: Constantes poéticas de José Martí y Nicolás Guillén". *Anuario de Estudios Martianos* 13 (1990): 322-30.

_____ "La comida como metonimia: Jorge Luis Borges, Rubén Darío y la 'Epístola' de Nicolás Guillén". *Revista de la Universidad de La Habana*.

_____ *Critical Approaches to Rubén Darío*. Toronto: University of Toronto Press, 1974.

Fernández Retamar, Roberto. *Para una teoría de la literatura hispanoamericana*. Santafé de Bogotá: Instituto Caro y Cuervo, 1995.

Guillén, Nicolás. *Obra poética*. 2 tomos. La Habana: Ediciones Unión, 1985.

_____ *Prosa de prisa*, 3 tomos. La Habana: Editorial Arte y Literatura, 1975-1976.

Jameson, Frederic. "The Politics of Theory: Ideological Positions in the Postmodernism Debate". *Modern Criticism and Theory*. David Lodge, ed. London/New York: Longman, 1988. 372-98.

——— "Postmodernism, or the Cultural Logic of Late Capitalism". *New Left Review* 146 (1984): 53-92.

Leo, Ulrich. *Interpretaciones hispanoamericanas: Ensayos de teoría y práctica estilísticas, 1939-1958*. Santiago de Cuba: Universidad de Oriente, 1960.

Marinello, Juan. "Rubén Darío: Meditación de centenario". *L/L* 1/2 (1967): 15-32.

Neruda, Pablo. *Obras completas*. Tomo I. Buenos Aires: Editorial Losada, 1967.

Roa Bastos, Augusto Antonio. *Yo, el Supremo*. Buenos Aires: Siglo Veintiuno Argentina Editores, 1974.

Rodó, José Enrique. *Obras completas*. Madrid: Aguilar, 1967.

Spitzer, Leo. *Representative Essays*. Alban K. Forcione, Herbert Lindenberger, y Madeline Sutherland, eds. Stanford: Stanford University Press, 1988.

Palomas de vuelo popular: los poemas de Guillén más allá de la hoja blanca

Marilyn Miller

I. EL EMPUJE DE LO POPULAR

ES PROBABLE QUE NICOLÁS GUILLÉN SEA EL ÚNICO POETA LATINOAMERICANO que haya sido comparado con Beny Moré y Bob Marley.[1] Y acaso no sea una exageración. En una simbiosis feliz, la obra poética de Guillén se inspiró en fuentes populares –sobre todo la música popular y bailable– y a la vez inspiró y sigue inspirando nuevas producciones que utilizan sus textos como punto de partida creativo. Al señalar algunos de los momentos memorables en este vasto recorrido extra-literario o multi-genérico que ha gozado su poesía, nos damos cuenta de algunos logros inesperados de su trabajo poético. Primero, la obra de Guillén pone en tela de juicio estas mismas divisiones de disciplinas, medios y formas que gobiernan nuestras prácticas de análisis de la producción cultural hispanoamericana, y también pone en relieve la enorme huella que puede dejar una poética y poesía cuando logra situarse entre esos marcos muchas veces exclusivos de lo popular y lo erudito. El genio de Guillén se encuentra, paradójicamente, en su manejo refinado de lo popular, como han notado muchos de sus

---

[1] Ian Smart declara en el primer capítulo de su libro sobre Guillén (1990) que el valor y la originalidad de la obra de Guillén se debe a su carácter afro-antillano o *West Indian*. "It places him in the same group as Bob Marley, the Mighty Sparrow, Lord Kitchener, Beny Moré, Celia Cruz, and of course, Claude McKay, Derek Walcott, Gerardo Maloney, Edward Kamau Brathwaite, León Gontron Damas, and Jacques Roumain, among many others" (3).

críticos.[2] En segundo lugar, a pesar de variadísimas interpretaciones de la obra de Guillén en cuanto a su inserción en discursos o proyectos de la recuperación de la historia y voz negra, hay una respuesta casi unánime en cuanto a su valor popular. Ezequiel Martínez Estrada escribe, por ejemplo, que "esa zona no racial, aunque sí profundamente popular, es la que toca Guillén, no obstante sus convicciones racistas (o anti-racistas, da lo mismo),[3] en los momentos más altos de su poesía" (23). Contesta Ian Smart que "peculiarly African, peculiarly American, or peculiarly human, the popular thrust is central to Guillén's creativity, as it is central to the poetic art of many African and neo-African writers" (1990 62-3). Lo que para un lector es una expresión no racial, para el otro es enfáticamente racial, pero los dos coinciden respecto al carácter popular. Lo popular de Guillén se descubre no sólo en sus temas o trucos estilísticos, que aquí no pretendemos analizar, sino en la absorción y apropiación comunitaria de su poesía, es decir, por ser la propiedad de tantos otros artistas que la han cantado, dibujado, o bailado.

Cuando en 1930 y 1931, publicó *Motivos de son* y *Sóngoro cosongo*, Guillén reconoció como influencia determinante la música popular del Trío Matamoros, conjunto cubano que ya había logrado fama con sus interpretaciones de varios ritmos, especialmente el *son montuno*.[4]

---

[2] Hablando de la cualidad revolucionaria de la poesía de Guillén, aclaran Robert Marquéz y David Arthur McMurray, "But the revolution here is no simple matter of language, style, or form: that distracting swarm of 'isms' which identifies the bulk of twentieth-century writing, and which may well emerge in the final analysis as historical curiosity, has not touched Guillén. In contrast to the majority of modern antibourgeois poets, he is direct, accessible, and in the finest sense of the word, popular" (x).
[3] Ese gesto de igualar "racista" y "anti-racista" parece comprobar el deseo en Martínez Estrada de evitar una identificación de Guillén con lo africano o neo-africano. Sigue: "Entonces no es el poeta negro o mulato, sino el poeta cubano tocando una cuerda que nos hace vibrar a todos" (23).
[4] "Unos días mas tarde, publiqué yo el 'Secuestro de la mujer de Antonio', poema construido sobre la pauta del trío Matamoros, y que en aquellos días gozaba de una figuración muy importante" (1982 88). Al citar al prólogo de *Sóngoro cosongo* en sus memorias, especialmente la elaboración de su concepción de sus "versos mulatos", dice Guillén: "A lo que añadiré, sin embargo, que tanto los poemas de *Motivos de son* como éstos de *Sóngoro cosongo*, sugirieron nuevos temas y nuevos ritmos, aunque nunca he vacilado en reconocer que la poesía 'mulata', 'mestiza', o como quiera decirse, se inspiró más de una vez en la música popular, especialmente la del trío Matamoros, y que en ésta hay poemas que anuncian poemas míos: el 'Secuestro de la mujer de Antonio' es un buen ejemplo de lo que acabo de decir" (93).

Después se dio cuenta que su respuesta poética a esa música –labor que ya implicaba un profundo cuestionamiento de las distinciones entre lo escrito y lo oral, y entre lo culto y lo popular– también estimulaba una (re)producción cultural por parte de otros creadores que de igual manera se burlaban de los antagonismos existentes entre distintos medios de creación. En una autocrítica que aborda la música y el verso, además del baile y el dibujo, Guillén reveló su deseo de engendrar formas poéticas que borraran las fronteras entre diferentes registros expresivos, siempre con el fin de una representación más plena del pueblo:

> He tratado de incorporar a la literatura cubana –no como simple motivo musical, sino como elemento de verdadera poesía– lo que pudiera llamarse el poema-son, basado en la técnica de esa clase de baile, tan popular en nuestro país. Los sones míos pueden ser musicalizados, pero ello no quiere decir que están escritos precisamente con ese fin, sino con el de presentar, en la forma que acaso les sea más conveniente, cuadros de costumbres hechos con dos pinceladas y tipos del pueblo tal como ellos se agitan a nuestro lado. Tal como hablan. Tal como piensan... (Augier 36)

Este resumen del propósito de los primeros poemas que aparecieron en *Motivos de son* y *Sóngoro cosongo* fue de cierta forma profético. Fernando Ortiz también comprendió que esos versos iban a circular libremente, sin que se respetaran los derechos de autor. Comentó:

> Reproducimos los versos que acaba de publicar Nicolás Guillén con el título de *Motivos de son*. Su autor es un poeta que ha escrito para la música popular del día esos versos, ajustándolos a uno de los muchos ritmos musicales espontáneos de la musa afrocubana que retoza entre los hijos del pueblo, dando a nuestro acervo artístico muy legítimos valores, de los cuales ya han pasado algunos al tesoro universal, como la habanera, y otros están penetrando en su conocimiento, como la rumba y el son... Los versos de Guillén no son folklóricos en el sentido de su originalidad, pero lo son en cuanto traducen perfectamente el espíritu, el ritmo, la picaresca y la sensualidad de las producciones anónimas. Pronto esos versos pasarán al repertorio popular y se olvidará quizás quién sea su autor. Y acaso éste sea el mérito mayor de su obra ¡apoderarse del alma popular como nacida en ella misma! (Aguirre 110)

Quizá no exista otro ejemplo en toda América Latina de una poesía que esa alma popular haya adaptado y re-inventado tantas veces, en un constante movimiento entre registros "altos" como la música sinfónica o el arte plástico, y "bajos" como el cine popular y la música bailable. Este carácter multiforme de Guillén es más obvio al inicio de sus labores como poeta, pero constituye un hilo constante en todo el tejido de su obra de más de cuarenta años. Mirta Aguirre dijo en *Un poeta y un continente* (1982) que

> hay poemas que son música. No en lo que se refiere a lo melódico sino a lo arquitectónico. Ambiciosos y felices poemas que logran, sin ser partituras, la robusta substancia de lo orquestal... Nicolás Guillén, que no sabe distinguir entre una semicorchea y una blanca, es, como poeta, pura esencia de música (15).

En una sola oración, Aguirre confirma la presencia de elementos eruditos ("lo orquestal") en presencia de prácticas no-técnicas o "esenciales", además de señalar la capacidad trans-formativa del texto.

Como vemos, esta condición popular de Guillén siempre existe en tensión con lo "culto", y el mismo Guillén despreciaba una división rígida de los dos. Recordemos que la primera publicación de los *Motivos de son* enmarca los poemas en la página dominical "Ideales de una raza" del *Diario de la Marina*, periódico habanero de fama conservadora. O sea, los *Motivos* aparecen en un espacio de etnográfica otredad, con una representación de esa "raza" que todavía no se incluía de forma cabal en las definiciones de la cultura nacional. Al recordar el proceso de componer esos versos, Guillén habla de una experiencia onírica, "cuando una voz que surgía de no sé dónde articuló con precisa claridad junto a mi oído estas dos palabras: negro bembón" (*Páginas vueltas* 78). Se pone a escribir "como si recordara algo sabido alguna vez" y termina con los ocho o diez poemas que juntó bajo el nombre de *Motivos de son*. De cierta forma, entonces, los poemas mejor conocidos y más representados después por otros artistas eran para Guillén una transcripción de algo oído. Y esta voz tan espectral que él atendió en su composición representa una experiencia o un conocimiento "sabido alguna vez", pero olvidado o ignorado desde entonces. Es por eso que Martínez Estrada sugiere (para enojo y ofensa en algunos lectores) que "[e]n Guillén, lo africano no es una presencia sino una reminiscencia... Es una reencarnación, una sobrevivencia, una mediumnidad" (14). La voz que en aquel momento inspiraba a Guillén todavía parecía tan ajena que temía que los poemas realmente no fueran suyos: "En realidad, hasta entonces, es decir, hasta la aparición de los sones, yo sólo había escrito, de lo que después se llamó 'poesía negra', un poema titulado 'Oda a Kid Chocolate' (1929), cuyo título cambié más tarde por el de 'Oda a un negro boxeador cubano'", explicó (79). Fue necesario que Gustavo Urrutia, otro poeta que publicó un poema en la misma edición del diario, le animara a creer que él era el verdadero autor de los poemas, o que tenía el derecho de hacerse dueño, por lo menos, de esa voz en dialecto popular, llegada entre sueños.

Debido a los éxitos posteriores de esa obra, se tiende a olvidar que al leerla por primera vez, su aparente perfil "popular" no estimuló en todos una respuesta congratulatoria, a pesar de reconocer su obvia musicalidad, oralidad, etc. En 1930 opinó el periodista mulato Ramón Vasconcelos:

Imagen 1. Fragmento de la partitura de "Negro bembón" de Eliseo Grenet.

He leído –mejor diría he cantado– los *Motivos de son* de Nicolás Guillén. Están bien, porque hay en ellos sabor folklórico, criollo, afro-cubano, del patio; sabor a guanábana, a mamey, a mojo agrio, a ron. Están bien porque son el producto espontáneo de la tierra natal, todo atavismo, sensualidad y sol a plomo. Pero Guillén, poeta de numen bien enfrenado, no como los caballos de circo, sino como el pura sangre de carrera, capaz de esfuerzos serios, no debe darle el brazo a la musa callejera, fácil, vulgar y descoyuntada. De eso nada quedará, salvo el pretexto para que se dicten veredictos de ineptitud. (Aguirre 105)

Desde luego, Vasconcelos estaba muy equivocado, y la historia sigue atestiguando la vitalidad indomable de esos primeros poemas, pero hay una verdad, desde luego, en esa percepción de Guillén como un poeta que vacila entre formas populares y clásicas. Esta "vacilación" que para él era otra manifestación concreta de

Imagen 2. Fragmento de la partitura de "Sóngoro cosongo" de Eliseo Grenet.

su poética mestiza o mulata, se replicaría en las múltiples apropiaciones de su obra. Como indica Aguirre, las producciones relacionadas a los *Motivos* se insertaban en la vanguardia negrista, pero también sugerían "otros frutos de mayor sustancia".

Los compositores más valiosos se unieron al entusiasmo de los populares y se dieron a musicalizar aquellos poemas callejeros y sabios que un joven mulato camagüeyano se había atrevido a intentar, dando un nuevo sesgo a la moda 'negrista' que desde hacía años invadía el arte de las rectoras metrópolis culturales. De dolorosos trasfondos colectivos, Nicolás Guillén extraía algo, a pesar de todo, lozano y fresco, en donde se avizoraba como una vaga promesa de frutos de mayor sustancia. (109-110)

Ya sabemos que estos otros frutos son muchos y ofrecen una cornucopia de sabores que van de las canciones de Bola de Nieve a las filosóficas reflexiones de Pablo Milanés en la nueva trova. Y de cierta forma, son las musicalizaciones, teatralizaciones y evocaciones plásticas las mejores pruebas del desafío que presenta la obra de Guillén a las restricciones implícitas en el plano reducido de "Ideales de una raza."

II. Motivos de son

En general, es difícil determinar si la gran acogida de la obra de Guillén por los músicos y artistas se deba a sus formas, o a sus temas, porque en general, es difícil separar los dos, en su propio trabajo o en las apropiaciones de los demás. Poco después de la publicación de este primer puñado de poemas, algunos compositores cubanos se pusieron a musicalizar los versos, y en casi todas esas canciones se aprecia un intento temático-estilístico popular. Los más notables ejemplos de estos poemas-canciones en Cuba vienen de Amadeo Roldán, los hermanos Eliseo y Emilio Grenet, y Alejandro García Caturla, cuyos arreglos están guardados en una edición de *Motivos de son*, publicada en la Habana en 1980. Guillén, hablando en la ocasión de la muerte de Eliseo, notó:

> Recuerdo que cuando, unos años más tarde, en 1930, publiqué los Motivos de son, Grenet fue uno de los primeros en lanzarse sobre esos poemas. Surgieron así Negro bembón, Sóngoro cosongo, y otros más. Su hermano Neno, ya muerto también, se enredó con otros poemas míos –Quirino con su tre, Yambambó, Tú no sabe inglé–, los cuales por cierto tienen una jerarquía musical más seria, más liberada del ritmo puramente verbal o poemático dado por el autor del texto. (Giro 25-26)

De hecho, se estableció una cierta competencia entre algunos compositores por esos versos tempranos de Guillén. García Caturla, un compositor de Remedios, le escribió al poeta varias veces, contándole sus intenciones de convertir los poemas en canciones. Pero en pleno proceso de esta tarea, le llegó la noticia poco grata de que Amadeo Roldán ya había terminado su adaptación de los mismos versos: "Mientras Roldán puso música a *todos* los Motivos, y logró estrenarlos e incorporarlos para siempre a la música cubana (para siempre, claro, por parte de él), Caturla no tuvo tan buena suerte y sólo alcanzó a terminar el poema titulado 'Tú no sabe inglé' ('Bito Manué')" nota Guillén (*Páginas vueltas* 88). Compositor, profesor de música y violinista, Roldán ya había trabajado junto a Alejo Carpentier para organizar los conciertos de Música Nueva en 1926, y había compuesto *Danza negra* para voz femenina, dos clarinetes, dos violas y percusión, basada en un poema famoso de Luis Palés Matos (Carpentier 176). Roldán vio estrenar su pieza *Motivos de son* en el Town Hall de Nueva York en 1934 (Orovio 412). Carpentier la describe así:

> Ocho canciones para voz y once instrumentos encierra esta suite, en la que se explotan a fondo las expresiones líricas del canto negro. Aquí, a pesar de un trabajo instrumental elaboradísimo, la melodía conserva todos sus derechos. Melodía angulosa, quebrada, sometida muy a menudo a las características tonales del género, pero donde lo negro es ya, para Roldán, un lenguaje propio; proyectado de adentro a afuera. De muy difícil interpretación, estos *Motivos* se sitúan entre las partituras más personales del músico. En vano buscaríamos en ellos una influencia

manifiesta, una artimaña harmónica prestada. Constituyen, hasta ahora, un intento único en la historia de la música cubana, por el tipo de problema sonoro y expresivo que vienen a resolver. (177)

Su análisis sugiere un efecto muy parecido al acercamiento de Guillén a su materia, en que, a pesar de someter su lírica a las características del género, lo negro en algún momento deviene un "lenguaje propio". Luego, Roldán se vinculó con Fernando Ortiz para divulgar los elementos y aportes africanos dentro de la cultura musical y la literaria cubana, y si no fuera por su muerte prematura a los treinta y ocho años, habría seguido trabajando en esos proyectos tan fundamentales para el desarrollo de la estética afrocubana. Aunque no fueron amigos íntimos, Guillén tuvo en él a un aliado que reconocía y complementaba la incorporación de lo popular en las formas más canónicas de la producción cultural. Guillén recuerda en sus memorias que los *Motivos* fueron cantados por primera vez en Caracas por la soprano cubana Lydia de Rivera (*Páginas vueltas* 84), lo cual sugiere que existía otra versión además de la de Roldán. En cualquier caso, los datos confirman que ya para esa época la obra "popular" de Guillén circulaba internacionalmente en los grandes salones de música.

III. EMISIONES DE ONDA HONDA

Estas empresas de conversión y re-presentación musical de los poemas guillenianos gozaron indudablemente de un éxito rotundo por varias razones, dentro de las cuales se destacan dos.

Primero, la apariencia de una poesía profundamente popular en su contenido y en su forma, coincidió con el crecimiento de los medios masivos de comunicación en Cuba, sobre todo la radio. Las transmisiones radiales comenzaron en la isla en 1922, época de plena explotación norteamericana. El presidente Alfredo Zayas pronunció el primer discurso, dirigiéndose a los Estados Unidos en inglés (López 13). Según el autor de *La radio en Cuba* (1981), para 1930, momento del estallido de los *Motivos*, ya había 43 emisoras de onda media en la provincia de La Habana, y unas 18 más en otras zonas de la isla. En un país donde hasta el 70 por ciento de la población era analfabeta, esta intervención cultural asumió rápidamente amplia importancia, y muchos de los poemas, libretos, y discursos que marcaban la vida intelectual de la época tuvieron su público entre los radio-oyentes de esas emisiones.

En segundo lugar, algunos de los cantantes que para la misma época empezaban a asociarse con la voz nacional, y con la leyenda creciente de la música popular cubana, incluyeron temas poéticos de Guillén en sus repertorios. Al obtener fama, esas mismas composiciones se escuchaban después en versiones corales. Fue así que unos versos, musicalizados primero por Eliseo o Emilio (Neno) Grenet en los años '30, y arreglados después para el Coro de la Radio y la Televisión por Octavio Marín, pudieron llegar a miles de salas en la isla, como fue el caso de "Sóngoro cosongo", "Yambambó", "Tú no sabe inglé", y "Quirino con su tres", todos publicados en el *Álbum de Música Coral Cubana*, en 1995.

Es notable que cuando los compositores pensaban en quién podía interpretar los temas compuestos en los años '30 basándose en los poemas de Guillén, buscaron a Rita Montaner, una mulata que llegó a tener una fama casi del tamaño de esa otra mulata inolvidable, Cecilia Valdés, que de hecho protagonizó la actriz Montaner en varias ocasiones. Para darle su sello ya legendario a las versiones musicales de poemas como "Negro bembón" y "Hay que tené boluntá", Montaner hizo el esfuerzo especial de estudiar el lenguaje de los poemas "en barrios marginales de La Habana" (Fajardo Estrada 105), eso a pesar de haber nacido en Guanabacoa, vecindario de La Habana famoso por su población mulata. Una vez más, como había pasado con Guillén y Roldan, la intérprete tuvo que asumir un cierto tono de voz hasta ese momento ajeno a ella. También, para mejor cantar un texto musical que a su vez dependía de un texto escrito, Montaner estudió el habla que todavía se consideraba marginal, así replicando el proceso usado por Guillén de representar elementos populares o "vulgares" con una técnica muy cultivada, si no culta. En la interpretación de esas piezas, la acompañaba a veces una orquesta que integraba músicos negros, aún en lugares de alto prestigio,—práctica poco común en la época. Después de un concierto en el Payret en 1932, Francisco Ichaso publicó esta reseña en el *Diario de la Marina*:

> Rita Montaner cantó exclusivamente varios 'motivos de son' de Nicolás Guillén, musicalizados por Neno Grenet. La música –hay que decirlo, aunque sólo sea para hacer justicia a Guillén– no responde siempre a la fresca gracia popular de la letra. Bien es verdad que se trata de una labor difícil para el músico, en la que el obtener éxitos de aproximación ya es bastante. En ese sentido, 'Quirino con su tres' nos parece el máximo acierto.
>
> En cuanto a Rita Montaner, ya hemos dicho que es única en la interpretación de lo afrocriollo, y hemos subrayado la conveniencia de que se consagre exclusivamente a esta modalidad de nuestra música, como la manera más rápida de llegar a una verdadera universalización de su arte.

El público –dando señales de una comprensión que no se le supone– aplaudió con entusiasmo estas felices interpretaciones de la Montaner (10 de octubre de 1932, 6).

Aunque Ichaso duda que la palabra cantada tenga la "gracia" del verso puro, ya asocia a Montaner con "lo afrocriollo," implicando que los intentos de Guillén de crear un nuevo género "mulato" ya constituyen una "modalidad," y que esa modalidad se identifica con el carácter nacional.

Montaner difundió ese arte mulato o "afrocriollo" no sólo en el entorno cubano, sino en viajes y giras, primero a Yucatán, Veracruz y Ciudad de México, y luego a Venezuela, Estados Unidos, Argentina y otras partes de Sudamérica. Esta actuación dejaría su huella en el teatro, las grabaciones, el cine y hasta la televisión. Aunque hoy se recuerda a Montaner por ser una cantante de toda la música popular cubana de la época, no cabe duda que las musicalizaciones de los versos de Guillén tuvieron un papel fundamental en su desarrollo como la voz de la cubanía. Para ella, como para Guillén, era importante que se reconociera la amplia extensión y difusión de esa voz, con un alcance que abarcara mucho más allá de lo estereotípico de una "raza". Antes de debutar en Buenos Aires, dijo Montaner:

> [...] me preocupa un poco mi 'debut', pues acaso el público espere de mí una de esas rumbas con mucho movimiento y mucha bulla de timbales, bailada por una negra. Y eso me resultaría muy pesado... Hago un género nuevo y bien puedo decir que lo he creado, porque los autores cubanos han escrito las canciones para mí, para que yo las interprete. (Fajardo Estrada 121)

Es interesante notar que "los autores cubanos" en esta cita pueden ser tanto los poetas u otros escritores como Guillén, como los compositores –Eliseo Grenet y otros– quienes se inspiraron en las obras de Guillén. O sea, como pasaría muchas veces con los acercamientos populares a la obra de Guillén, las fronteras divisorias entre diferentes campos y géneros pronto desaparecían.

El renombre de "la Mulata" siguió creciendo, y en 1948 viajó a México para filmar con Pedro Infante *Angelitos Negros*, obra que introdujo un nuevo aspecto temático que, según sus promotores, apasionaría a las multitudes "por su profundo contenido de índole racial" y que revolucionaría al público de Latinoamérica (Fajardo Estrada 305). Según el estudio *Rita Montaner. Testimonio de una época* (1997), el argumento de *Angelitos Negros* fue la "negación genética en una familia pequeñoburguesa, en la cual el nacimiento de una niña mestiza ... pone en crisis la relación de la pareja protagonista.." (309). Aunque el título de *Angelitos Negros* proviniera de un bolero basado en versos del venezolano Andrés Eloy Blanco[5] y no de un poema de Guillén, tal vez no sea descabellado sugerir que la producción de la película al igual que otras creaciones del mismo tema debían mucho a la obra del escritor cubano. La "negación genética" fue el tema principal de otras películas en que actuó después Montaner, como por ejemplo *Negro es mi color* (1950) y *El alma no tiene color*, producida para la televisión en 1955. Comentó la actriz Raquel Revuelta que nunca vio en esos escenarios "otra personalidad que exprese tan hondamente la cubanía como nuestra Rita Montaner" (Fajardo Estrada 383). El mismo Guillén declaró que su poemario "tuvo en la garganta de esta eminente artista un instrumento de privilegio y en la expresión mestiza (es decir, afro-española y por lo tanto cubana, nacional)" (Fajardo Estrada 105). Si la poética de la mulatez que Guillén proclamó en la introducción a *Sóngoro cosongo* cuestionaba el discurso racial en términos abstractos, la actuación de Montaner como cantante y actriz lo reflejaba y examinaba en carne propia. A través de las actuaciones musicales y fílmicas de figuras como ella, una voz afro-americana empezó a escucharse a nivel masivo en México, Centro y Sudamérica, complementando y extendiendo la gran repercusión popular de la obra de Guillén.

Una noche, cuando "la Única" estaba enferma o de mal humor e indispuesta a presentarse ante un público de cuatro mil mexicanos que la esperaban con ansiedad en el Teatro Politeama del Distrito Federal, la actriz le dio un empujón a su pianista, Ignacio Villa, y le dijo "¿por qué no haces para el público eso que haces para jugar y divertirnos?" Fue esa noche cuando nació como cantante internacional el gran Villa, luego conocido en las Américas y Europa como Bola de Nieve. Nació ese personaje con unos versos de Guillén en la boca:

> Aturdido, sin saber lo que iba a hacer, canté *Bito Manué, tú no sabe inglé* y me aplaudieron mucho. Y luego canté mi canción que ya el público conocía, que ya estaba en la calle, y fue un gran éxito... Así empecé mi labor teatral. Esa temporada fue maravillosa.[6]

---

[5] "Píntame angelitos negros" pertenece a la colección *La Juanbimbada*, escrita, en gran parte en 1928 cuando Blanco estaba encarcelado. Es posible que el poema preceda a *Motivos de son*.
[6] Entrevista a Ignacio Villa (Bola de Nieve) por Octavio Cortázar, 1963, citada en Fajardo Estrada (114). Se encuentra otra versión en el sitio electrónico de Extremera.

El Bola en ese momento de 1933 tenía veintidós años, y aunque gozaba de mucha popularidad en tierra mexicana, nadie le conocía en Cuba (Extremera). Sin embargo, llegó a ser uno de los intérpretes más queridos de la música cubana del siglo veinte, y el gran guitarrista español Andrés Segovia dijo astutamente que "[c]uando escuchamos a Bola parece como si asistiéramos al nacimiento conjunto de la palabra y la música que él expresa". De su parte, Guillén reconoció que entre el canto popular de una figura como Bola, y la "literatura" de sus poemas, había poco trecho. Mientras felicitaban a Guillén por ser músico, él afirmó que un cantante como Bola era declamador y aún poeta: "Bola, además de su cultura musical, tiene una bien hecha cultura literaria. Su charla (no pública, pues no es charlista de ese jaez, sino la corriente entre amigos) está siempre salpicada de ingenio,

Imagen 3. Fragmento de la partitura de "Canto negro" por el compositor catalán Xavier Montsalvatge, con la letra en inglés de Thomas W. van Ess, publicado por la Southern Music Musico Company, 1959.

con lo que hace buena la observación del clásico según la cual la destreza en decir donaires es signo de grande inteligencia" (Extremera). En otro momento reconoció que "Bola de Nieve es también poeta. Y aun sin 'también'. Poeta, simplemente" (Giro 34). En 2001, el diario mexicano *La Jornada* recordó al Bola treinta años después de su muerte, también sucedida en México, al celebrar "la magia que se vive" incluso hasta el momento actual al escuchar sus interpretaciones. Entre ellas, "Bito Manué" de Nicolás Guillén ha quedado inmortalizada.

IV. GUILLÉN EN FORMA SINFÓNICA

Una de las apropiaciones más famosas de la poesía de Guillén es "Sensemayá," la obra sinfónica de Silvestre Revueltas, el celebrado compositor mexicano. Marcada por sus tonos exóticos y a veces amenazantes, es la pieza más popular de Revueltas, con unas 18 diferentes grabaciones hasta la fecha, la primera de Leopold Stokowski en 1947. Figuran en la obra instrumentos típicamente afrocubanos, como la clave, la calabaza, y el raspador, además de varios tambores. En un artículo de 1998 en el *Latin American Music Review*, Ricardo Zohn-Muldoon analiza la obra de Revueltas no como una referencia ligera o casual al poema de Guillén, sino como una rendición sistemática del poema que incorpora elementos temáticos y composicionales para replicar la estructura estrófica y dramática, el significado simbólico, y la atmósfera del texto original (153). Esa pieza después sirvió de base para un ballet de "intensidades dramáticas" titulado "Sensemayá o el canto para matar una serpiente", con coreografia de Gloria Contreras, estrenado en Nueva York en 1965, y danzado por el Taller Coreográfico de la UNAM en 1980. Con "Sensemayá", composición que ya representaba una deuda del autor con fuentes rituales extraliterarias,[7] tenemos un ejemplo claro de las reacciones en cadena que la poesía popular de Guillén solía promover.

La poesía de Guillén también gozó la suerte de interesar a cantantes populares y a compositores clásicos fuera de las Américas. En particular, hubo una respuesta muy entusiasta de parte de varios músicos españoles. El catalán Xavier Montsalvatge, compositor y crítico de música, utilizó la poesía de Guillén en cinco canciones compuestas entre 1945 y 1946 para voz y piano, entre ellas "Canto negro" y "Chévere", tomadas de poemas de *Sóngoro cosongo*. Para Montsalvatge, esta incorporación de ritmos antillanos y específicamente cubanos respondía a las conexiones históricas entre Cataluña y Cuba (*New Grove Dictionary of Music and Musicians* 17, 70). Se puede escuchar una versión de su "Canto negro" interpretada por la mezzo-soprano Teresa Berganza en el sitio http://www.poesi.as/canc0016.htm o en la grabación *Canciones españolas* de Deutsche Grammophon no. 2894358482 que también incluye "Chévere".

---

[7] Hay una buena discusión de la genealogía del poema en Kutzinski, 136-143. Smart insiste en antecedentes egipcios (1990, 36-38).

Estos mismos temas fueron distribuidos por el Southern Music Publishing Company en Nueva York a fines de los años '50, con versiones de la letra en castellano e inglés. Los versos originales dependen de la jitanjáfora y un léxico neo-africano, elementos que se resisten a la conversión idiomática, y como se ve, la versión en inglés de "Canto negro" se caracteriza por una exageración de la cualidad "salvaje" del poema. Dadas las dificultades de traducir el poema original,

> ¡Yambambó, yambambé!
> Repica el congo solongo
> repica el negro bien negro;
> congo solongo del Songo
> baila yambó sobre un pie.
>
> Mamatomba,
> serembe cuserembá.
>
> El negro canta y se ajuma,
> el negro se ajuma y canta,
> el negro canta y se va.
> Acuememe serembó
>   aé;
>   yambó,
>   aé...
> (Guillén, *Summa Poética* 79-80)

y las necesidades de lograr un ritmo parecido a la partitura original de Montsalvatge, tal vez fuera inevitable una deformación de los versos para la letra en inglés. A pesar de guardar las primeras jitanjáforas de la versión original, el traductor pronto se da por vencido, y recurre a imágenes clichés de la africanidad al estilo de Hollywood en esa época:

> Yambambó,
> yambambay!
> Oh hear the roaring jungle sound,
> The black man and his voice resound,
> Aóe!
> All of the life in the jungle–
> Dance the yambo on one toe.
> Yambambo, yambambay!
> Look! They're singing and they're dancing all around,
> All of them fuming and singing,
> Look! They're singing and they're dancing around,
> Giving off smoke while they're singing...

See the loincloth moving, twisting, turning,
Whenever he tumbles;
Wilder and wilder the dance gets, my goodness!
Good gracious! How he does tumble!
Yambah, yambo, Yambambay!
(Copyright Southern Music Publishing Co., 1959)

Por haber cambiado de manos tantas veces, el "Canto negro" es casi irreconocible en la versión en inglés de Thomas W. van Ess, tanto en términos formales, como en cuanto a la recuperación y valorización de la africanidad como parte de la expresión americana. Pero la traducción confirma, no obstante, cuán grande había sido la recepción de la obra de Guillén dentro y fuera de Cuba.

De regreso a la isla, el director de orquesta y compositor Félix Guerrero, que estudió en Julliard y luego en Paris, trabajaba su propia obra sinfónica *Homenaje al Sóngoro Cosongo* (Orovio 231) que también representaba un intento poético-musical.

V. Otros motivos, otras trovas

Indudablemente, son los poemas de *Motivos de son* los que han servido como fuente de inspiración para la mayoría de los músicos que han trabajado con los versos de Guillén, y aún después de casi todo un siglo, siguen teniendo resonancia. Para comprobar una vez más que los temas de Guillén producían un eco penetrante que iba más allá de los parámetros antillanos, existen las versiones de los músicos chilenos de Inti-Illimani, un conjunto notable por su labor de investigación y ejecución de música folclórica de las Américas. Por ser coleccionistas de formas tradicionales, indígenas y campesinas, no es sorprendente que Inti-Illimani también enfocara su interés en los versos con más contenido afrocubano. Su colección *Best of IntiIllimani* incluye una versión de "Mulata" que recupera los versos casi verbatum, y otra de "El negro bembón" que introduce nuevos elementos narrativos en el poema. Las estilizaciones obviamente andinas de "Sensemayá, canto para matar una culebra" en su disco *Leyenda* (1990) sugirieron hasta qué punto la poesía de Guillén había logrado un interés universal o por lo menos ampliamente latinoamericano. Su poesía entró incluso al repertorio latinoamericano teatral. En 1983, el mexicano Juan Manuel Martínez Centella dirigió la pieza "Ceremonia épica" basada en la poesía de Guillén con el grupo de teatro independiente Taller de la Comunidad en México.

Pero en las últimas décadas del siglo XX, los poemas de Guillén asumieron otro nivel de significado mucho más allá de lo folclórico o de lo costumbrista. Dentro del contexto de las dictaduras latinoamericanas acompañadas con su inevitable carga de represión y censura, el énfasis popular de los versos de Guillén cobró nueva fuerza, deslizándose de la categoría de diversión o entretenimiento, y asociándose con las luchas sociales y políticas. Un caso notable acontece con "La muralla," composición que aparece en *La paloma de vuelo popular*, publicado en 1958 en Buenos Aires:

> Para hacer esta muralla
> tráiganme todas las manos:
> los negros, sus manos negras,
> los blancos, sus blancas manos.
> Ay,
> una muralla que vaya
> desde la playa hasta el monte,
> desde el monte hasta la playa, bien,
> allá sobre el horizonte.
>
> —¡Tun, tun!
> —¿Quién es?
> —Una rosa y un clavel ...
> —¡Abre la muralla!
>
> —¡Tun, tun!
> —¿Quién es?
> —El sable del coronel ...
> —¡Cierra la muralla!
>
> —¡Tun, tun!
> —¿Quién es?
> —La paloma y el laurel ...
> —¡Abre la muralla!
>
> —¡Tun, tun!
> —¿Quién es?
> —El alacrán y el ciempiés ...
> —¡Cierra la muralla!
>
> Al corazón del amigo,
> abre la muralla;
> al veneno y al puñal,
> cierra la muralla;
> al mirto y la yerbabuena,

abre la muralla;
al diente de la serpiente,
cierra la muralla;
al ruiseñor en la flor,
abre la muralla ...

Alcemos una muralla
juntando todas las manos;
los negros, sus manos negras,
 los blancos, sus blancas manos.
Una muralla que vaya
desde la playa hasta el monte,
desde el monte hasta la playa,
bien,
allá sobre el horizonte   ...
(1995 163-165)[8]

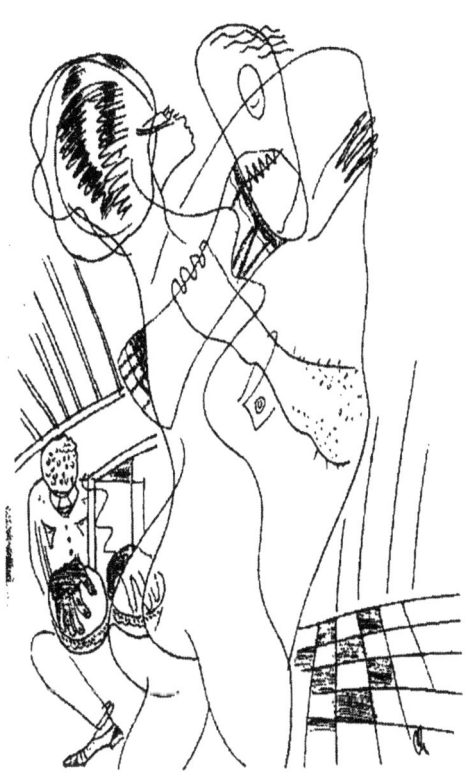

Imagen 4. Dibujo de Carlos Enríquez que aparece en *El son entero*, Buenos Aires, 1947, 19.

En 1976, la cantante española Ana Belén grabó un álbum doble titulado *La paloma de vuelo popular* que incorporó veinticuatro poemas de Guillén, musicalizados por diferentes autores, dentro de las cuales se incluía una versión de "La muralla" cuya letra reproducía el poema fielmente. "La muralla" tendría después un peso emblemático, aunque, como predijo Fernando Ortiz años antes, se ignorara quien fuera el autor de su letra. Fernández Retamar recuerda en su libro *El son de vuelo popular* (1972) una noche mientras escuchaba canciones populares en Buenos Aires, cuando "de pronto di un salto cuando reconocí, en una con música sudamericana, la letra inconfundible: 'No sé por qué piensas tú,/ soldado que te odio yo...' Era una prueba dura, que los versos habían sobrepasado, como la hermosa voz lo proclamaba, cosiendo y

---

[8] Los puntos suspensivos al final del poema son parte de su composición.

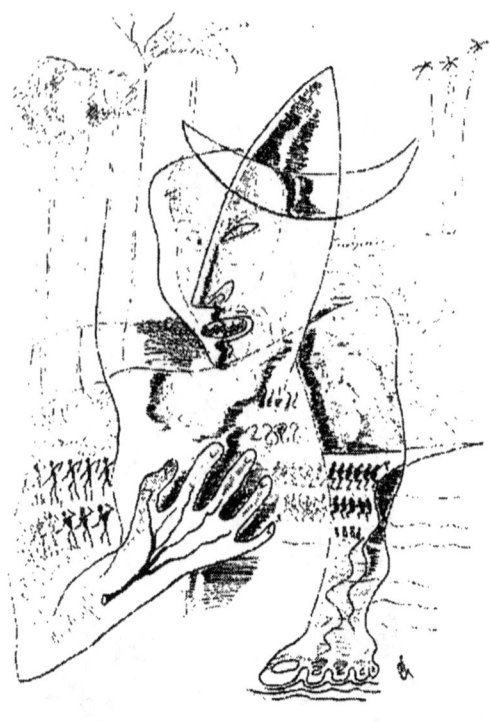

Imagen 5. Dibujo de Carlos Enríquez que aparece en *El son entero*, Buenos Aires, 1947, 51.

cantando" (47). Ese poema de *Cantos para soldados y sones para turistas*, publicado en México en 1937, también había adquirido nuevo significado dentro del contexto sudamericano de los años '70, el cual estuvo asediado por dictaduras y represiones militares, y también dentro del contexto revolucionario y esperanzador cubano de la misma época. Como muestran las biografías, Guillén mantuvo una tenaz lealtad al proyecto revolucionario cubano hasta su muerte, incorporando varias figuras y símbolos de la Revolución en su poesía posterior a 1959. Aunque para algunos críticos, ese Guillén representaba a un poeta muy alejado del éxito y brillantez de la los primeros poemas,[9] la

---

[9] Mientras que algunos críticos –Cabrera Infante es el más notable– señalan que la poesía de Guillén pierde su originalidad, cualidad y resonancia popular por la integración oficial del poeta en el Gobierno Revolucionario de Castro, otros opinan que su papel de funcionario también le roba la posibilidad de una expresión cabal de la voz negra. En cuanto a la primera postura, René escribe en "Palabra de noche sobre Nicolás Guillén" que "[h]abía dos Nicolás: el autor de *Sóngoro cosongo, West Indies Ltd., El son entero*, etc., y el poeta cortesano en el que se había convertido para preservar los privilegios que le brotaban por todos los poros de su arrogancia y fatuidad" (68). Atribuye una parte de ese percibido fracaso a las funciones oficiales de Guillén como presidente de la Unión de Escritores y Artistas Cubanos. "No se equivocaba: en ese papel, colmado de honores y de privilegios, era en realidad uno de los principales comisarios de la policía general de las ideas y de los sueños. Fue el desgarramiento íntimo que se infligió a un auténtico 'gobernador del rocío'

temática altamente revolucionaria de la obra de los años '60 encontró a nuevos discípulos en los músicos y artistas. Un ejemplo notable es la canción basada en su poema "Che Guevara," que aparece en el homenaje *Che: Hasta La Victoria Siempre* (1997), interpretada por Liuba María Hevia y el Octeto Catarsis.

En la segunda mitad del siglo vemos, si no el furor en cuanto a la música popular que produjeron sus poemas, una rica variedad de adaptaciones que atestan la flexibilidad y plasticidad de la poética de Guillén, sea pre- o pos-revolucionaria. Sin embargo, parece claro que esas apropiaciones están cada vez menos ligadas, necesariamente, a una estética afrocubana o afrocriolla. Algunos ejemplos: el compositor Juan Blanco, el primer cubano en experimentar con los géneros de la música concreta y electrónica, escribió una obra titulada *Son para turistas* en los años 50. Los poemas de Guillén también han aparecido en las canciones de Hilario González, algunas de ellas estrenadas por la Orquesta Sinfónica Nacional (Orovio 217). Finalmente, uno de los declamadores más famosos de Guillén en años recientes ha sido Pablo Milanés. Conocido compositor, guitarrista e intérprete que fue fundador y alto exponente de la *nueva trova* en los años 60, Milanés no representa ni rítmica ni temáticamente el mismo énfasis de una expresión marcadamente afrocubana. Pero Milanés sí compartía mucho con el trovador anterior de Camagüey en el hecho de que tampoco cabía en las categorías tradicionales de expresiones artísticas específicas; más bien es conocido como un *cantautor*. En 1997 salió el disco *Pablo Milanés Canta a Nicolás Guillén*, que incluye poemas o fragmentos de poemas tempranos de *Motivos de son* además de musicalizaciones de versos publicados por primera vez en el diario habanero *Hoy Domingo* en 1963, y luego incluidos en la colección *Tengo* (1964). O sea, el disco de Milanés en cierta forma representa, en forma musical, otra "summa poética" del autor. En "Responde tú", poema que hace cierto eco estructural con "La canción

---

que desde sus poemas de 1928, había puesto el derecho a soñar libremente al alcance de los cubanos de 'uno y otro color de piel'. Pero así como en la época en la que cantaba la esperanza de los ofendidos y de los humillados de su isla, Nicolás Guillén se había revelado capaz de mostrar toda su estatura de hombre rebelde y de soñador incomparable, del mismo modo, llegado al poder, hizo poco caso de la aptitud legendaria de los poetas para la rebelión y el sueño" (74). En cuanto a la segunda posición, Ian Smart afirma que aunque Guillén estuviera listo para llevar un movimiento afro-antillano a su momento máximo, este desarrollo fue "preempted by the Marxist-Leninist revolutionary process in which race consciousness is subsumed under the class struggle" ("Discovering Nicolás Guillén" 107).

del bongó" al pedir una respuesta de su lector, el hablador poético del poema se dirige al cubano que vive fuera del país, sobre todo en Estados Unidos:

> Tú, que partiste de Cuba,
> responde tú,
> ¿dónde hallarás verde y verde,
> azul y azul,
> palma y palma bajo el cielo?
> Responde tú.
> Tú, que tu lengua olvidaste,
> responde tú,
> y en lengua extraña masticas
> el well y el you,
> ¿cómo vivir puedes mudo?
> Responde tú... (*Summa Poética* 206)

Mientras en "Tú no sabe inglé" de *Motivos de son*, Vito Manuel fue regañado por manejar poco inglés, aquí el hablador poético duda que un cubano lejos de su tierra pueda siquiera hablar, y le pregunta cómo puede vivir mudo. En una época en que muchos cubanos ya habían abandonado la isla –incluso muchos escritores y artistas–, el poema constituye una crítica bastante fuerte, que sin duda "oyeron" algunos en la versión textual, pero que sin embargo llegó a muchos más en la versión de Milanés, asumiendo a su vez nuevas resonancias en el período especial.

VI. Guillén con la brocha y el pincel

Aunque nunca se separó permanentemente de la isla, Guillén sí viajó mucho durante su vida, y tuvo oportunidad de conocer a varios artistas de muchos medios más allá del texto escrito. Dijo que México fue el país extranjero que más le impresionó (Báez 318) y que más influencia tuvo en su obra, y contaba a Diego Rivera, Alfaro Siqueiros y a José Chávez Morado entre sus amistades. Cuando en 1937 se publicó en México la primera edición de sus *Cantos para soldados y sones para turistas*, Chávez Morado colaboró con unos grabados, incluso uno que se usó en la cubierta. Reconocido como un artista de marcada sensibilidad social, Chávez Morado participó en varios proyectos populares, escogiendo casi siempre temas del pueblo y la lucha social. Sus esfuerzos como coleccionista de arte popular son visibles en varios museos fundados por él.

Dados esos contactos de amistad y/o expresión con tantos músicos, actores y artistas, no es sorprendente que *El son entero* (Buenos Aires, 1947), la suma poética de Guillén de 1929 a 1946, incluyera, además de los versos, fragmentos de las partituras de los hermanos Grenet y de García Caturla y Revueltas, y unas ilustraciones lindísimas hechas en pincel, de Carlos Enríquez, conocido escenógrafo y artista plástico. Estos dibujos consisten, en general, del perfil de la figura humana –sola o en pareja– sobre la cual se superponen otros símbolos. En un dibujo, una pareja baila abrazada, mientras las nalgas de la mujer transparentan un fragmento del bongó que toca el músico y que aparece en el trasfondo.

En el dibujo que acompaña "La balada de los dos abuelos," un cuerpo de doble cabeza –una de ellas con rasgos españoles, y la otra de frente negra– tiene la historia de los barcos negreros y la sangre mixta impresa sobre el pecho y los brazos. Enríquez también colaboró con la primera edición cubana de la *Elegía a Jesús Menéndez* en 1951.

Otro reconocido artista cubano que interpretó a Guillén es Fayad Jamís. La publicación en 1967 de *El gran zoo*, una obra que muestra un uso muy intenso de la figura y la imagen y que textualmente es ya pintoresco, cuenta con varios dibujos que acompañan poemas específicos, y una cubierta genial del pintor/poeta. Un dibujo particularmente lindo se encuentra con el poema "Tenor," en el cual un cantante se contempla en un espejo.

Imagen 6. Dibujo de Fayad Jamís que aparece en *El gran zoo*, La Habana, 1967.

> Está el tenor en éxtasis
> contemplando al tenor
> del espejo, que es el mismo
> tenor
> en éxtasis
> que contempla al tenor.
>
> Sale a veces a pasear por el
> mundo
> Llevado de un bramante de
> seda,
> Aplaudido en dólares,
> Tinta de imprenta
> Y otras sustancias gananciales.
> (Aquí en el zoo le molesta
> cantar por la comida

y no es muy generoso con sus arias)...
(Guillén 1967, 61)

Mientras el cantante se encuentra en los versos y en el dibujo contemplándose, también se desarrolla otro nivel de contemplación mutua entre los dos artes de la poesía y el dibujo. Aunque los versos sugieren una burla del tenor narcisista y una crítica de su preferencia por los escenarios no cubanos donde puede ganar más, el poema también representa la duplicación del artista, con el espejo sirviendo aquí como metáfora del público. El éxtasis del intérprete viene de verse reflejado, duplicado, buscado y contemplado. No cabe duda que Guillén debe haber sentido muchas veces el placer de verse o por lo menos de ver su obra, reflexionada y reflejada de tantas formas distintas.

VII. Guillén global

Aunque Guillén murió en 1989 y ahora celebramos el centenario de su nacimiento, la apropiación e integración de su poesía a otros proyectos creativos no muestra ninguna señal de aflojamiento. Mucha de la actividad más reciente se vincula con la Fundación Nicolás Guillén en La Habana y con el Festival y Coloquio Internacional "Nicolás Guillén y la Música", que se inauguró a fines de los años 90. La Fundación ha promovido la musicalización de textos del poeta por artistas de música popular, ha realizado encuentros entre músicos, musicólogos, poetas, y ensayistas nacionales y extranjeros, y ha apoyado la producción de espectáculos artísticos que incorporan música y poesía. También cuenta con un programa de artes plásticas que "tiene su antecedente en las relaciones de amistad e intercambio que existieron entre el poeta y los artistas plásticos de la vanguardia" y que busca propiciar un espacio de reflexión de la relación entre las artes plásticas y la literatura para de esta manera perpetuar "el intenso clima de intercambio que tuvo lugar entre Nicolás Guillén y los artistas plásticos de su tiempo".

En abril de 2001, la Fundación Nicolás Guillén celebró el III Festival y Coloquio de Música y Poesía con recitales, conciertos y encuentros teóricos que enmarcaron a Guillén en los contextos de la identidad nacional además de la globalización y la masificación internacional. Aunque el horario del coloquio incluía un recital de destacados poetas como Nancy Morejón, Guillermo Rodríguez Rivera, Pablo Armando Fernández, César López y Waldo Leyva, el evento culminante iba a ser un concierto por parte del conjunto NG La Banda, que tocaría poemas musicalizados de Guillén. Con una estética muy parecida a la de Guillén, la de combinar elementos populares con un alto manejo técnico de los ritmos y de las formas tradicionales, NG La Banda nació a finales de los 80 con miembros que antes habían tocado con grupos como Los Van Van, Irakere y Ritmo Oriental, y que incorporaban elementos de son, songo o rumba, rock, jazz, y funk. Utilizando ingredientes históricos, Isaac Delgado, Giraldo Piloto, y otros miembros de NG La Banda crearon un nuevo género que llegó a ser conocido como "timba". Es notable, pero no sorprendente, que algunos de los más renombrados músicos cubanos de la actualidad sean veteranos de NG La Banda. En la realización de estas renovaciones musicales de la obra de Guillén, estos músicos demuestran, una vez más, que los poemas del maestro han volado más allá de la hoja blanca y que su trayectoria será cada vez más extensa, y cada vez menos sujeta a los márgenes, las divisiones y las fronteras.

BIBLIOGRAFÍA

Aguirre, Mirta. *Un poeta y un continente*. La Habana: Editorial Letras Cubanas, 1982.

Album de música coral cubana. Octavio marín, comp. La Habana: Editoria Musical de Cuba, 1995.

Angelitos Negros. Joselito Rodríguez, dir. West Hollywood: Mexcinema, 1948.

Augier, Angel I. "Raíz cubana de Nicolás Guillén". *La última Hora* 11/23 (10 julio 1952): 36.

Báez, Luis. *Preguntas indiscretas*. La Habana: Ediciones Prensa Latina, 1999.

Blanco, Andrés Eloy. *La juanbimbada*. Caracas: Cordillera, 1960.

Carpentier, Alejo. *La música en Cuba*. La Habana, 1961.

Depestre, René. "Palabra de noche sobre Nicolás Guillén". *Encuentros de la cultura cubana* 3 (Invierno 1996-1997): 66-76.

Extremera, Deny. "Bola de Nieve: Yo soy la canción". http://www.nnc.cubaweb.cu/cultura/cultura3.htm

Fajardo Estrada, Ramón. *Rita Montaner. Testimonio de una época*. La Habana: Casa de las Américas, 1997.

Fernández Retamar, Roberto. *El son de vuelo popular*. La Habana: Editorial Letras Cubanas, 1979.

Giro, Radamés. Selección, prólogo y notas. *Nicolás Guillén en la música cubana*. La Habana: Editorial Letras Cubanas, 1992

Guillén, Nicolás. *Summa poética*. Luis Iñigo Madrigal, ed. Madrid: Cátedra, 1995.

_____ *Páginas vueltas. Memorias*. La Habana: Unión de Escritores y Artistas de Cuba, 1982.

_____ *Motivos de son.* Música de Amadeo Roldán, Alejandro García Caturla, Eliseo Grenet, Emilio Grenet. La Habana: Editorial Letras Cubanas, 1980.

_____ *Man-Making Words. Selected Poems of Nicolás Guillén.* Translated, annotated, with an introduction by Robert Marquéz and David Arthur McMurray. La Habana: Editorial Arte y Literatura, 1975.

_____ *El gran zoo.* Ilustraciones de Fayad Jamís. La Habana: Instituto del Libro, 1967.

_____ *La paloma de vuelo popular.* Elegías. Buenos Aires: Losada, 1958.

_____ *El son entero.* Suma poética 1929-1946. Con una carta de D. Miguel de Unamuno. Textos musicales de Eliseo y Emilio Grenet, Alejandro García Caturla y Silvestre Revueltas. Ilustraciones de Carlos Enríquez. Buenos Aires: Editorial Pleamar, 1947.

_____ *Cantos para soldados y sones para turistas.* Prólogo de Juan Marinello, grabados de José Chávez Morado. México: Masas, 1937.

_____ *España. Poema en cuatro angustias y una esperanza.* México: México Nuevo, 1937.

_____ *Sóngoro cosongo.* Poemas mulatos. La Habana: Úcar, García y Cía., 1931.

Ichaso, Francisco. Reseña de Rita Montaner. *Diario de la Marina.* (10 de octubre de 1932): 6.

Inti-Illimani. *Leyenda.* Sony Music. Warner Music, Latinoamérica, 1990.

_____ *The Best of Inti-Illimani.* Xenophile, 2000.

James, Conrad, y John Pervolaris, eds. *The Cultures of the Hispanic Caribbean.* Gainesville: University Press of Florida, 2000.

Kutzinski, Vera M. *Against the American Grain: Myth and History in William Carlos Williams, Jay Wright, and Nicolás Guillén.* Baltimore: Johns Hopkins University Press, 1987.

López, Óscar Luis. *La radio en Cuba.* [1981]. La Habana: Editorial Letras Cubanas, 1998.

Marín, Octavio. *Álbum de música coral cubana.* La Habana: Editorial Musical de Cuba, 1995.

Marquéz, Robert, and David Arthur McMurray, "Introduction". *Man-Making Words. Selected Poems of Nicolás Guillén.* La Habana: Editorial Arte y Literatura, 1975. ix-xx.

Martínez Estrada, Ezequiel. *La poesía de Nicolás Guillén.* Seguido de una antología del poeta por Horacio Salas. Buenos Aires: Calicanto, 1977.

Montsalvatge, Xavier. "Canto Negro. A Negro Song". For Voice and Piano. New York: Southern Music Publishing Co., Inc., 1959.

_____ "Chévere". For Voice and Piano. New York: Southern Music Publishing Co., Inc., 1959.

Negro es mi color. Tito Davidson, dir. Los Angeles, CA: Madera C.A., 1989.
The New Grove Dictionary of Music and Musicians, 2d. Ed. New York: Grove, 2001.
Orovio, Helio. *Diccionario de la música cubana. Biográfico y técnico*. 2da. Edición. La Habana: Editorial Letras Cubanas, 1992.
Smart, Ian Isidore. *Nicolás Guillén. Popular Poet of the Caribbean*. Columbia and London: University of Missouri Press, 1990.
_____ "Discovering Nicolás Guillén through Afrocentric Literary Analysis". *The Cultures of the Hispanic Caribbean*. Conrad James y John Pervolaris, eds. Gainesville: University Press of Florida, 2000. 104-14.
Zohn-Muldoon, Ricardo. "The Song of the Snake: Silvetre Revueltas' Sensemaya". *Latin American Music Review* 19/2 (Fall/Winter 1998): 133-59.
http://www.timba.com/artists/nglabanda/index_.asp.
http://www.poesi.as/canc0016.htm

Clément Animan es nacional de Cote d'Ivoire (Costa de Marfil, África), cursó sus estudios de doctorado en España de 1995 a 2000 y desde 2000, imparte clases de Literatura y culturas latinoamericanas en la Universidad de Metz (Francia). En la actualidad, sus investigaciones versan sobre la literatura latinoamericana, los estudios culturales, el sujeto cultural, la literatura afrocaribeña y africana (hispánica y francófona), la poesía cubana, la teoría literaria y particularmente, la sociocrítica, crítica afín a la relación entre texto semiótico/literario, sociedad e ideología en el mundo hispánico y francofono.

Dolores Aponte-Ramos enseña en la Universidad de Puerto Rico. Ha escrito artículos sobre racismo y raza en América Latina. Sobre el mismo tópico dicta conferencias en EE.UU., América Latina y Europa.

Ángel Augier (Cuba, 1910). Poeta, crítico e investigador literario y periodista. Augier, Doctor en Ciencias Filológicas. Doctor *Honoris Causa* en Letras de la Universidad de La Habana. Premio Nacional de Literatura 1991. Miembro de Número de la Academia Cubana de la Lengua, correspondiente de la Real Academia Española. Miembro de la Junta de Gobierno de la Sociedad Económica de Amigos del País. Ex subdirector del Instituto de Literatura y Lingüística de la Academia de Ciencias de Cuba. Ex vicepresidente de la Unión de Escritores y Artistas de Cuba. Miembro fundador de la Unión de Periodistas de Cuba. Director fundador y actual Presidente de Honor de la Fundación Nicolás Guillén. Miembro de la Asociación Internacional de Críticos Literarios (con sede en

París). Fundador o colaborador de importantes publicaciones literarias y periodísticas. Director de la *Revista de Literatura Cubana*. Se le han otorgado diversas distinciones honoríficas, entre ellas la Orden Nacional Félix Varela en Primer Grado. Entre sus publicaciones más importantes se encuentran: *Nicolás Guillén. Notas para un estudio biográfico-crítico* (1962-1964); *La Revolución Cubana en la poesía de Nicolás Guillén* (1979); *Nicolás Guillén. Estudio biográfico-crítico* (1984); *Poesía de la Ciudad de La Habana* (2000).

Jerome Branche, de nacionalidad guyanesa, es docente en la Universidad de Pittsburgh a nivel de Assistant Professor. Ha publicado varios artículos sobre literatura Afro-hispana y caribeña. Actualmente tiene en preparación un libro a titularse *Writing the Negro: Race, Representation and the Colonial Determinant in Hispanic Literature*.

René Depestre es poeta y ensayista haitiano. Exiliado desde 1946, volvió a Haití doce años más tarde tras viajar a África y Francia. Salió de nuevo en 1959 para Cuba donde se integró a la intelectualidad revolucionaria hasta 1978. Entre su numerosa obra poética y ensayística cuentan: *Anthologie personnelle*, 1993, *Journal d'un animal marin: Choix de poémes 1956-1990*, 1990, *Bonjour et adieu à la négritude*, 1981, *Pour la révolution, pour la poésie*, 1974, "Problemas de la identidad del hombre negro en las literaturas antillanas," 1972, "Saludo y despedida a la negritud," y *Un arc-en-ciel pour l'Occident chrétien*, 1967.

Luis Duno Gottberg. (Venezolano) Ph.D. Magíster, Universidad de Pittsburgh. Certificado Doctoral en estudios culturales, Universidad de Pittsburgh. Licenciado en Letras, Universidad Central de Venezuela. Actualmente es profesor de Posgrado de Literatura Latinoamericana en la Universidad Simón Bolívar. Entre sus publicaciones recientes: "La diferencia en el caldero: Fernando Ortiz y la invención de la identidad mestiza", *La otredad en la mirada* (2001); "Administrar la cubanidad: la 'canción negra sin color'", *Territorios intelectuales, pensamiento y cultura en América Latina* (2001); actualmente coordina un volumen especial de la *Revista Estudios* titulado *Raza y cultura en América Latina*.

Keith Ellis es profesor emérito de la Universidad de Toronto. Entre sus varios libros que tratan de literatura hispanoamericana se encuentran *Critical Approaches to Rubén Darío y Nicolás Guillén: poesía e ideología*.

Roberto Fernández Retamar (La Habana, 1930) estudió en las Universidades de La Habana (donde es profesor emérito), París y Londres, ha sido profesor en la Universidad de Yale y ofrecido conferencias en otras Universidades de América, Europa y Asia, algunas de las cuales lo han hecho Doctor *Honoris Causa*. Ha publicado varias docenas de libros de poesía, estudios y ensayos; entre estos últimos, El son de vuelo popular (La Habana, 1972, 1979 [2]), sobre la poesía de Nicolás Guillén. Preside en La Habana la Casa de las Américas y dirige la revista homónima. Ha recibido distinciones como el Premio Nacional de Poesía en Cuba, la Medalla de Oficial de la Orden de las Artes y las Letras en Francia, los Premios Feronia y Nicolás Guillén en Italia y la condición de Puterbaugh Fellow en Estados Unidos.

Tomás Fernández Robaina, investigador y profesor titular. Labora desde 1962 en la Biblioteca Nacional de Cuba y es Profesor Adjunto de las Facultades de Artes y Letras y de Comunicación Social. Ha asistido a congresos nacionales y extranjeros en Estados Unidos, España, Venezuela, México y Brasil relacionados con la identidad y las relaciones raciales entre negros y blancos. Ha colaborado en revistas nacionales y extranjeras, y algunos de sus artículos y ensayos han sido incluidos en obras monotemáticas. Ha publicado *Bibliografía de Bibliografías Cubanas: Siglos XIX y XX* (1973), *Bibliografía de temas afrocubanos* (1986), *Recuerdos secretos de dos mujeres públicas* (1984), *El negro en Cuba* (1990, 1994); *Hablen paleros y santeros* (1994,1997); *Historias de mujeres públicas* (1998); *Apuntes para la historia de la Biblioteca Nacional: 1901-2001* (2001). Tiene en preparación un libro con sus textos sobre la problemática racial en Cuba antes y después de 1959.

Roberto Márquez es profesor de literatura caribeña y latinoamericana en Mount Holyoke College. Ha sido uno de los principales traductores de la obra guilleneana para el público anglohablante. En 1972 tradujo y editó *Patria o muerte! The Great Zoo and other*

Poems y el año siguiente *Man-Making Words; Selected Poems of Nicolás Guillén. My Last Name and Other Poems*, su proyecto más reciente, está por salir. Los ensayos de Roberto Márquez sobre el tema de Guillén incluyen "Racismo, cultura y revolución: Ideología y política en la prosa de Nicolás Guillén" (1980).

Marilyn Miller es Profesora Asistente de Literatura Latinoamericana en el Departamento de Español y Portugués en Tulane University, Nueva Orleans. Su investigación se centra en la problemática del discurso racial, estudiada desde los contextos comparativos caribeños y transamericanos y con atención especial en la poesía y la cultura popular. Publicaciones recientes incluyen estudios de Guillén y Langston Hughes, Nancy Morejón, Fernando Ortiz, y la guayabera. Su libro *Rise and Fall of the Cosmic Race: The Cult of Mestizaje in Latin America* será publicado pronto por la University of Texas Press.

Nancy Morejón es poeta, ensayista y directora del Centro de Estudios Caribeños de la Casa de las Américas en Cuba. En el año 2002 ganó el Premio Nacional de Literatura. Entre su numerosa obra poética y ensayística cuentan; *Recopilación de textos sobre Nicolás Guillén*, 1974, *Nación y mestizaje en Nicolás Guillén*, 1982, *Fundación de la imagen*, 1988, *Amor, ciudad atribuida, poemas*, 1964, *Octubre imprescindible*, 1982, *Piedra pulida*, 1986 y *Paisaje célebre*, 1993.

Maria C. Zielina emigró a Estados Unidos en 1982. Ejerce la docencia en California State University, Monterey Bay, con el título académico de Associate Professor. Los grados de Master of Arts y Doctor in Hispanic Literatures se los confiere la University of California, Santa Bárbara, en 1987 y 1990, respectivamente. El *Bachelor of Arts* lo recibe de California Lutheran University con la distinción de Magna Cum Laude. Se especializa en literatura latinoamericana escrita por mujeres, literatura y cultura caribeña, literatura infantil y teorías sobre cultura e identidad. Su labor de investigadora incluye el estudio de obras escritas en español por los escritores guineoecuatorianos, Maria Nsue y Donato Ndongo-Bydyogo. Es autora del libro *La africanía en el cuento cubano y puertorriqueño* y entre los artículos publicados se encuentran, "Jonatás y Manuela: una amistad transnacional y étnica", "La tipografía de la violencia en *El árbol* de Elena Garro". "Seducción y violación: uso y abuso de la violencia masculina en *Cuando la luz se quiebra*". Como docente, trabaja en el mejor uso e integración de la tecnología en el aprendizaje de lenguas extranjeras a nivel universitario. Resultados de su labor como investigadora y docente y su interés por la tecnología se revelan en los varios *web pages* creados sobre "El día de los muertos" que se diseminan tanto en el Internet como en las páginas de eventos anuales de su universidad. Distinciones: en el otoño de 2001, su universidad le otorgó período sabático para la primavera de 2003, que lo utilizará para realizar investigaciones sobre la identidad de los afromestizos mexicanos en la región de Veracruz y Acapulco, en México.

www.ingramcontent.com/pod-product-compliance
Lightning Source LLC
Chambersburg PA
CBHW071405300426
44114CB00016B/2189